本书为国家社会科学基金项目
"互联网视听产业的版权纠纷及其法律规制研究"（14BXW032）的最终成果

西南政法大学新闻传播学系列丛书

网络视听版权
规制论

RESEARCH ON THE REGULATION OF
NETWORK AUDIOVISUAL COPYRIGHT

陈笑春　著

社会科学文献出版社
SOCIAL SCIENCES ACADEMIC PRESS (CHINA)

目 录 CONTENTS

绪

论

INTRODUCTION

1969 年 10 月 29 日，美国加利福尼亚大学洛杉矶分校（UCLA）教授伦纳德·克兰罗克（Leonard Kleinrock）向斯坦福研究院（Stanford Research Institute）的一台电脑传递了包含五个字母的单词"Login"，但在键盘输入"Lo"之后，由于传输系统的故障，仅仅传输了"Lo"，这两个字母标志着互联网的诞生。到 2021 年，互联网的发展已经迈入了第 52 年。半个多世纪以来，互联网早已融入社会生活的各个方面，成为沟通政治、经济、文化与日常生活的桥梁和纽带。

根据中国互联网络信息中心（CNNIC）2021 年 2 月发布的第 47 次《中国互联网络发展状况统计报告》①，截至 2020 年 12 月，我国网民规模达 9.89 亿，其中手机网民规模为 9.86 亿。②

庞大的网民数量，带动了我国互联网经济的发展。2020 年 5 月发布的《中国网络版权产业发展报告（2019）》③ 显示，我国网络版权产业市场规模达 9584.2 亿元；其中，"网络视频业态迎来了新一轮高速增长，网络长视频（不含动画）、网络短视频和网络直播的整体产业份额占比已经接近 29%"④。《2020 年中国网络视听发展研究报告》⑤ 显示：截至 2020 年 6 月，我国网络视听用户规模达 9.01 亿。2019 年网络视听产业的市场规

---

① 《中国互联网络发展状况统计报告》的发布始于 1997 年 11 月，该报告是由中国互联网络信息中心（CNNIC）发布的有关互联网发展数据的报告之一。

② 第 47 次《中国互联网络发展状况统计报告》（全文），中国网信网，2021 年 2 月 3 日，www. cac. gov. cn/2020 – 02/03/c_1613923423079314. htm。

③ 《中国网络版权产业发展报告》是国家版权局网络版权产业研究基地从 2017 年起发布的年度报告。国家版权局的另一份相关年度报告是从 2014 年开始由中国信息通信研究院发布的《中国网络版权保护年度报告》，该报告在 2013 年由工信部电信研究院发布。

④ 《中国网络版权产业发展报告（2019）》，国家版权局网站，2020 年 9 月 17 日，www. ncac. gov. cn/chinacopyright/upload/files/2020/0/17/17105857106. pdf。

⑤ 《中国网络视听发展研究报告》是由中国网络视听节目服务协会从 2015 年起在每一年的中国网络视听大会上发布的年度报告。

模为 4541.3 亿元。① 在媒介融合的语境下，不仅互联网视听生产主体会扩大生产的范围，传统媒体的大量原创内容也将互联网作为整合和传播的主要平台。根据 12426 版权监测中心②发布的《2020 中国网络短视频版权监测报告》，2019 年 1 月至 2020 年 10 月，12426 版权监测中心累计监测到 3009.52 万条疑似侵权短视频，其中独家原创作者被侵权率高达 92.9%。③

对于包括视听产业的内容产业来说，原创力是推动产业发展的第一动力，如果不保护好创作者的利益，就无法维持他们创作的激情，不能向群众持续提供更多更好的视听产品。因此，法律法规和相关政策从版权保护和版权宣传等方面不断加强版权保护，以提高全社会的版权意识，版权权利人也在法律框架下采取各种措施加大对作品的保护力度。

2008 年 6 月，国务院颁布了《国家知识产权战略纲要》，首次将知识产权工作提升到国家战略高度来进行统筹推进和整体部署。④ 2014 年 12 月 29 日，国家知识产权局在北京公布了国务院印发的《深入实施国家知识产权战略行动计划（2014—2020 年）》，首次明确提出"努力建设知识产权强国"的新目标，推动知识产权密集型产业发展。⑤ 随后，国务院又在 2015 年 12 月印发《关于新形势下加快知识产权强国建设的若干意见》⑥，进一步明确知识产权在经济发展中的战略地位。在视听产业 20 多年的发展历程中，相关立法和文件的制定从来就没有停止过。截至 2020 年底，有关视听产业的法律法规、行政规章和其他规范性文件共有 422 部（份）。在每年的"剑网行动"等行政执法活动中，涉及视听产业版权的违法活动都

① 訾谦：《触达用户超 8 亿，短视频如何"吸睛"又"吸金"》，新华网，2020 年 10 月 25 日，www.xinhuanet.com/fortune/2020 – 10/25c_1126653694.htm。
② 12426 版权监测中心，其前身是中国版权协会版权监测中心，目前是一个第三方版权服务机构。
③ 陈静：《中国网络短视频版权监测报告：热门影视剧等成侵权热点》，中国新闻网，2020 年 11 月 30 日，http：//www.chinanews.com/cj/2020/11 – 30/9351166.shtml.https：//baijiahao.baidu.com/s? id = 1684799282285496557&wfr = spider&for = pc。
④ 《知识产权战略》，国家知识产权局官网，2008 年 6 月 11 日，http：//www.sipo.gov.cn/ztzl/ywzt/zscqzl/200806/t20080612_406335.html。
⑤ 《深入实施国家知识产权战略行动计划（2014—2020 年）》，新华网，2015 年 1 月 4 日，http：//news.xinhuanet.com/2015 – 01/04/c_1113870665.htm。
⑥ 《国务院印发〈关于新形势下加快知识产权强国建设的若干意见〉》，新华网，2015 年 12 月 22 日，http：//news.xinhuanet.com/politics/2015 – 12/22/c_1117542989.htm。

会成为重点治理对象。①

互联网视听产业已经成为国民经济中的重要产业形态，但同时，规制领域的频繁变动也与新产品的不断开发、新权益主体的不断增加、新媒介技术的不断更新所带来的版权争议相关。《视听节目著作权司法保护实务综述及大数据分析白皮书（2013—2017）》显示：著作权纠纷分为合同纠纷和侵权纠纷，在 2013~2017 年审结的视听节目著作权纠纷案件中，侵权纠纷数量占案件总数的 99.11%。② 不仅是数量上的增加，争议的内容也出现了越来越多现行法律难以规制的情形。版权纠纷伴随着中国互联网视听行业的诞生和发展，这其中既有继承于传统媒体和互联网综合网站时期的版权争议特征，也有在媒介融合语境下行业自身发展带来的新的版权议题，这些"新""旧"议题在知识产权规制体系全球化变动的当下产生了多元化的纠纷内容和判断方式，使得这一领域出现了较为复杂的研究论题。

（一）核心概念界定

本书的研究对象是互联网视听产业的版权纠纷。在 20 多年中国互联网视听产业的发展中梳理出这一产业形态中已经产生的、有相对固定表达方式的产品形态的外延，以及从这些种类丰富的外延中提炼出互联网视听产业的内涵是本书需要做的重要工作：界定第一个核心概念——互联网视听产业。版权纠纷则是本书的第二个核心概念。围绕互联网视听产业中具有泛化意义的版权客体所产生的产业主体之间的矛盾、争议都被纳入本书的研究视野。这一范围远远超过了版权法律意义的纠纷范畴，但这正是针对未来规制调整的可行的、有价值的研究范围。这是因为这些法律规制尚未

---

① 自 2005 年起，国家版权局联合国家网信办、工信部、公安部持续开展打击网络侵权盗版"剑网行动"，针对网络侵权盗版的热点难点问题，先后开展了网络视频、网络音乐、网络文学、网络新闻转载、网络云存储空间、应用程序商店、网络广告联盟等领域的专项整治，集中强化对网络侵权盗版行为的打击力度。如"剑网 2018"专项行动以网络侵权多发领域为重点目标，集中整治了网络转载、短视频、动漫等视听领域侵权盗版行为。参见赖名芳《中宣部版权管理局负责人就"剑网 2019"专项行动答记者问》，《中国新闻出版广电报》2019 年 4 月 26 日。

② 《中国视听节目领域首份司法实务白皮书发布——"速览"网络视听节目侵权现状》，新华网，2018 年 12 月 12 日，http://www.xinhuanet.com//zgjx/2018-12/c_137673619.htm。

有定论或难以有定论，它们是社会和产业对于现行法律制度的反馈，只有通过这些反馈，法律才能成为一种变动的社会制度的实现路径。法律规制是本书的第三个核心概念。从规制的意义来看，法律是规制体系的重要组成部分。法律体系本身就是等级分明、构成复杂的有机体系。从产业的角度来说，产业的规制还来自行政主管、行业组织与生产者之间的"上""下"管理关系所产生的约束性文件、生产者之间的或者是基于生产者之间的"平行"关系所缔结的自律条约等。这些纵横交错的内容也构成了互联网视听产业的规制体系的一部分。

1. 互联网视听产业

互联网视听产业由物质硬件和内容产品两个部分组成。从物质硬件来看，个人计算机、电视机、收音机、手机等各类电子设备都是接收终端，这些设备借助于交换器，将服务器通过互联网传输的信号转化为视听节目，这些节目就是互联网视听产业的内容产品——视听产品。在个人计算机互联网时期，门户网站和论坛是用户的主要入口，文字和图片是内容产业的主要产品形式；在移动互联网时期，社交媒体成为入口，音频和视频占用了互联网流量的最大比例。[1] 从内容产品来看，视听已经成为媒体、互联网和通信进行交集的主要形式。

在目前的研究成果和相关报告中，视听新媒体、网络视听产业和互联网视听产业是三个含义相近、交叉使用的概念。其中网络视听产业和互联网视听产业的差异来自基于计算机技术视角和基于传播媒体视角对英语Internet 表述的差别，不存在含义上的根本不同。[2]

从概念的缘起来看，网络视听产业和互联网视听产业的概念起点晚于视听新媒体。视听新媒体是在"三网融合"的背景下，以广播电视内容行业的传播技术和传播范围的改变为描述的基点，主要概括在技术嵌入和变革中广电内容的传播和盈利方式的变化。网络视听产业或者互联网视听产

---

[1] 根据 Sandvine 的《2018 年全球互联网现象报告》（*The Global Internet Phenomena Report*），仅视频就贡献了互联网 58% 的下行流量，引自 Sandvine《2018 年全球互联网现象报告》，网经社，2018 年 11 月 5 日，http://www.100ec.cn/detail--6479085.html。

[2] 在计算机领域中，网络是信息传输、接收、共享的虚拟平台，通过网络把各个点、面、体的信息联系到一起，从而实现这些资源的共享。互联网又称国际网络，互联网始于1969 年美国的阿帕网，是网络与网络串连成的庞大网络，这些网络以一组通用的协议相连，形成逻辑上的单一巨大国际网络。

业则是在媒介深层融合的语境下，以独立产业形态的生成作为描述的基点，主要探讨以互联网为平台、以网络视听企业为主体、以视听内容为产品的产业形态。

视听新媒体的概念与"三网融合"的政策有着密切的联系。事实上，从全球互联网视听产业的发展历程来看，最早与网络融合发展的视听产业来自传统的广电媒体，而非门户网站，更不是稍后才出现的视频网站。关于视听新媒体的起始时间，有人以 1997 年 12 月 26 日中央电视台计算机网络与国家互联网连通，试运行央视国际互联网站作为起点。① 2003 年 9 月 9 日开播的上海东方宽频网络电视则是"广电行业内第一家网络宽频电视专业网站"②。时任上海东方宽频传播有限公司总经理芮斌在 2009 年 8 月接受采访时也强调，"东方宽频要做的是网络电视，而非网络视频"③，因为"网络电视和网络视频有很大的区别，网络视频只是单纯的上传节目和赚点击率，对于内容的采集和把关没有网络电视严格，而网络电视提供的内容则要遵循传统电视台对内容的'采集、编辑、播放和统计'四大关键流程，以保障内容的质量"④。

目前对视听新媒体的界定方式主要有两种。一种是把生产于传统广播电视电影的内容投放于互联网，由此生成的各种视听业务形态称为视听新媒体。其外延主要包括网络广播影视、IP 电视、互联网电视、手机电视等。国家新闻出版广电总局发展研究中心发布的《中国视听新媒体发展报告（2013）》，将视听新媒体概念描述为："由传统广播影视与互联网新型传媒载体融合发展而来的新兴产业"。⑤ 另一种是从外延和内涵上进行了拓展性的解释，认为"近十年中出现的，在传播形式和空间上发生重大

---

① 赵京文：《网络视听改革发展 20 年：综合治理引领行业行稳致远》，国家广电智库，2018 年 11 月 6 日，https：//mp. weixin. qq. com/s/4TKesocHVvFQ - rbb - Mt82g。

② 《上海东方宽频牵手国际同行 美主流网络可看中文电视》，《人民日报》2006 年 4 月 18 日，第 11 版。

③ 许凤婷：《东方宽频：我们不是网络》，网易科技，2009 年 9 月 15 日，http：//tech. 163. com/09/0915/11/5J8FE15E000915BF. html。

④ 许凤婷：《东方宽频：我们不是网络》，网易科技，2009 年 9 月 15 日，http：//tech. 163. com/09/0915/11/5J8FE15E000915BF. html。

⑤ 国家新闻出版广电总局发展研究中心：《中国视听新媒体发展报告（2013）》，社会科学文献出版社，2013，第 1 页。

变化的视听业务形态叫做视听新媒体"①，还有研究者更进一步认为"新媒体技术不断嵌入传统广电产业，对视听产业价值链进行重构"②。持有第二种观点的研究者认为并不完全是广电业的转型才形成了视听新媒体。他们通常认为视听新媒体的外延更广泛一些，还包括"移动多媒体广播电视和公共视听载体"③或者"网络视频、手机电视和互联网电视"④。在两种观点中，对于外延认识的差别主要在于网络广播电视和网络视频，差别虽小，但这意味着研究视角的根本差异：前者认为视听新媒体是传统广电媒体发展到网络阶段的新的业务形态；后者则认为这是媒介融合的产物，是技术带来的重构性变革，而非只是传统产业的新业务。后者更接近于"网络视听产业"或"互联网视听产业"的概念内涵。

2004年6月15日，国家新闻出版广电总局颁布的《互联网等信息网络传播视听节目管理办法》，将以互联网协议（IP）作为主要技术形态，以计算机、电视机、手机等各类电子设备为接收终端，通过移动通信网、固定通信网、微波通信网、有线电视网、卫星或其他城域网、广域网、局域网等信息网络，从事开办、播放（含点播、转播、直播）、集成、传输、下载视听节目服务等活动定义为网络视听服务。这是在规制体系中较早出现以"互联网""网络""视听"为关键词的部门规章性文件。

2008年2月3日，国家广播电影电视总局、信息产业部发布《广电总局、信息产业部负责人就〈互联网视听节目服务管理规定〉答记者问》，主要内容包括鼓励国有战略投资者投资互联网视听节目服务企业、鼓励互联网视听节目服务单位积极开发适应新一代互联网和移动通信特点的新业务等，这是较早明确提出互联网视听产业中的核心产品"互联网视听节目"概念的政府文件。但可以看出，节目这一提法是从广播电视产业融合转型的角度提出的。

2007年，欧盟出台的《视听媒体服务指令》（Audiovisual Media Serv-

① 庞井君：《当前中国视听新媒体产业发展的几点思考》，《电视研究》2011年第5期。
② 易前良：《技术、市场与规制：我国视听新媒体产业发展整体回顾》，《声屏世界》2015年第8期。
③ 庞井君：《当前中国视听新媒体产业发展的几点思考》，《电视研究》2011年第5期。
④ 唐建英：《我国视听新媒体市场的并购与联盟策略》，《中国广播电视学刊》2014年第7期。

ices Directive）用"视听媒体"（Audiovisual Media）取代了欧共体原有的《电视无国界指令》（EC - Television Directive）中的"广播电视"，将传统媒体、IP 电视、互联网广播电视、手机电视、移动多媒体等视听媒体都囊括在内，并将视听媒体的服务内容划分为"线性视听"和"非线性视听"两类①，划分标准是用户在时间和节目中的控制程度。随着媒介融合程度的深入，这两类内容的边界日趋模糊，多种视听媒体服务集成化的"大视听"产业已成为发展趋势。② 这种"大视听产业"更为接近互联网视听产业的概念。

2012 年 12 月 1 日，由国务院发布的《国务院关于印发服务业发展"十二五"规划的通知》将加快影视产业、影视动画产业、影视纪录片产业、影视制作产业和网络视听产业的发展作为文化产业的发展重点。这一通知是第一个使用网络视听产业这一概念的正式文件。

中国网络视听节目服务协会成立于 2011 年，是网络视听领域唯一的国家级行业组织（一级协会），协会会员单位涵盖了网络视听行业全产业链，是我国互联网领域规模最大的行业协会之一。该协会从 2015 年起每年发布《网络视听产业发展研究报告》。2015 年的报告提出了网络视听产业是"以内容 IP 为核心，进行多层次、多元化开发，打造包括网络文学、影视作品、动漫作品、游戏、文创产品等于一体的完整的产业链"③。这一表述具有本书所称的以独立产业形态的生成作为描述基点的特征。2018 年的报告认为网络视频、网络音频、网络直播是构成网络视听产业的主要组成部分。

在这一概念中，"内容 IP"在整个产业中居于核心的地位。事实上，视听产业在有的国家被直接归为"版权产业"的一种；在有的国家则被认为属于"内容产业"或是"创意产业"的构成部分。《中国网络版权产业发展报告（2017）》中的"版权核心产业"④，指的是通过网络技术和应用，完全地从事创造、生产与制造、表演、传播与展出，发行与销售依赖

---

① 前者是服务提供者根据固定时间表把内容推送给用户的服务，后者是用户决定时刻的媒体服务。引自彭锦《欧盟视听新媒体产业创新对中国的启示》，《中国广播》2014 年 5 期。

② 彭锦：《欧盟视听新媒体产业创新对中国的启示》，《中国广播》2014 年第 5 期。

③ 《报告：2015 年 76.7% 的视频用户选择用手机观看网络视频》，中国经济网，http：/www.ce.cn/culture/whcyk/cysi/201601/27/t20160127_8581975.shtml。

④ 这一分类是根据世界知识产权组织（WIPO）2003 年发表的《版权相关产业经济贡献调查指南》中的核心版权产业、相互依存的版权产业、部分版权产业及非专用支持产业四个产业组做出的。

网络和版权保护的内容作品的产业,其五个子类范畴是"网络游戏""网络文字作品""网络广告服务""网络视频""网络音乐演艺"。其中的网络游戏、网络视频和网络音乐演艺都可直接归属于视听产业的外延范畴。

本书针对互联网视听产业的版权纠纷进行研究,因此,研究中所称的互联网视听产业的界定以产品的版权意义为中心,可以具体描述为:以具有独创性的版权作品为核心,以视频、音频和直播类产品的生产为主要形式,在信息网络进行传播和营销,并开发出集文学、影视、动漫、游戏、直播和周边商品等于一体的产业链条,并通过版权分销、广告和增值类服务等获取商业利润的产业形态。

需要说明的是,视听产品和版权意义的视听作品是两个不同的概念。凡是视听产业中的内容产品都是视听产品;但只有具有独创性,并符合我国成文法规定的作品类型才是版权意义的视听作品。

《中华人民共和国著作权法》(以下简称《著作权法》)(2010)中与视听作品有关的是第 3 条中的"电影和以类似摄制电影的方法创作的作品"。在 2020 年 11 月颁布的第三次修订的《著作权法》中则直接采用了"视听作品"的概念。

本书将互联网视听产业中的内容产品,从生产者视角,参考两个分类标准进行描述:第一是以生产者对于作品传播控制力的标准进行一级分类;第二是参照版权作品的表达形式特征进行具体作品的列举式分类。互联网视听产业的产品分为非直播类和直播类产品两个类型。非直播类产品是将做好的"成品"投放到互联网空间去,生产者对于作品传播的控制是比较弱的。直播类产品是制作、呈现、播出、观看同步的产品,生产者对于作品传播的控制相对较强。非直播类产品中视频类产品和音频类产品的构成比较丰富,具体来说,根据生产者的不同,可以分为互联网电视、网络视频、网络音频、游戏产品、模板产品、音乐产品等。直播类产品根据生产者不同,可以分为新闻类直播、体育赛事直播、游戏直播和社会直播等。(见表 0 - 1)

表 0 - 1 互联网视听产业产品的类型

分类视角	分类标准	互联网视听产业产品类型	产品构成
生产者视角	生产者对于作品传播控制相对较强	直播类产品	新闻类直播、体育赛事直播、游戏直播和社会直播等

续表

分类视角	分类标准	互联网视听产业产品类型	产品构成
生产者视角	生产者对于作品传播控制相对较弱	非直播类产品	互联网电视、网络视频、网络音频、游戏产品、模板产品、音乐产品等

2. 版权纠纷

版权一词来自英语单词 Copyright，直译就是复制权利，这是因为在现代意义的版权制度出现之前，版权实际上是为了保护"复制者之权"的。[①] 现代版权的"作者中心"转向，将版权这种独占权利赋予作品的创作者，并允许他们通过版权权利的转让获得相应的报酬。在我国，这种权利叫做著作权。[②] 版权（著作权）是作者和其他权利人基于版权作品所享有的人身权利和经济权利的统称。版权权利内容在各个国家的规定不尽相同，我国《著作权法》第10条以列举的方式规定了著作权的权利内容，其中精神权利包括发表权、署名权、修改权、保护作品完整权4项；版权经济权利则有复制权、发行权、出租权、展览权、表演权、放映权、广播权、信息网络传播权、摄制权、改编权、翻译权、汇编权等12项。

版权是一种独占权利，也就是说法律赋予版权人相关权利并禁止他人使用。同时，法律允许版权人许可他人行使经济权利并以此获得报酬。围绕版权权利的争议来自第三人未经版权人同意行使版权权利的情形，其中既有对人身权利的侵害，也有对经济权利的侵害。近年来，由于版权议题在国民经济和社会生活中的重要程度日益增加，进入或者没有进入法律程序的版权争议也常常在媒体上以新闻的形式出现，成为社会热议的话题。

在传统媒体时期，版权权利人对作品的控制非常方便，这一方面是由于媒介技术是一种专门技术，需要购买价格昂贵的技术设备，还要对使用者进行培训；另一方面在于这一时期传播平台的数量有限，对能够进入平台进行大众传播的内容有着非常严格的控制。在互联网时代，版权作品的

---

① 比如我国北宋时期曾规定如想刻印《九经》，须先由国子监批准。15世纪末威尼斯曾授予特定出版商为期5年的印刷出版专有权。引自郑成思《版权法》（上），中国人民大学出版社，2009，第4、10页。

② 《中华人民共和国著作权法》第57条："本法所称的著作权即版权。"

生产、传播和复制变得便利。在视听领域，因为音视频剪辑软件的广泛应用以及音视频领域中共享网站和应用程序（App）的激增对内容需求的渴求，专业制作内容（PGC）、用户自制内容（UGC）呈几何级数增加。以短视频领域为例，"抖音"问世不到三年时间，日活跃用户突破了3.2亿。[①]在巨大的体量基础上，音视频产业的规模和盈利都非常可观，世界级的平台企业不断在中国出现。也正是在技术、平台、产业的合力下，内容产品的大量需求与版权作品独创性的要求构成了矛盾。因此，版权侵权和疑似侵权的各种争议不断出现。

在这种环境下，在产业中拥有更大话语权的专业生产者和平台往往在版权交易中占据更为有利的地位。因为整个视听产业的集体化协作生产和链条式开发，使得单一作者或者源头作者很难将作品"组装"完成并多渠道传播，从而将其"变现"为经济效益。也正因为视听产业的这种复杂局面，现代版权的"作者中心"逐渐开始偏移，甚至出现了作者权利边缘化的趋向。因此，本书不仅关注版权纠纷的数量、内容及其呈现的特征，也更希望在产业内部以及在更大的版权全球生态中讨论这些特征产生的原因。

"纠纷"在汉语中较早来自司马相如《子虚赋》："岑崟参差，日月蔽亏；交错纠纷，上干青云"，其原本是表示交错杂乱的意思。从法律意义来说，版权纠纷是民事纠纷的一种。民事纠纷又称民事争议，是指平等主体之间发生的，以民事权利义务为内容的社会纠纷。民事纠纷的解决途径有公力救济、社会救济和自力救济三种。公力救济包括诉讼和行政裁决，社会救济包括调解（诉讼外调解）和仲裁，自力救济则包括自决与和解。

法律意义的版权纠纷是指版权权利人与作品使用人或其他任何第三人，就版权的行使产生的争议，版权纠纷主要包括版权侵权纠纷和版权合同纠纷两大类。

本书通过对视听产业发展20多年的版权纠纷数据的整理发现，在互联网视听产业的版权纠纷中常见的争议是版权侵权纠纷。《视听节目著作权司法保护实务综述及大数据分析白皮书（2013—2017）》也证实，

①　《抖音日活跃用户破3.2亿：最近半年猛增7000万》，凤凰网，2019年7月9日，https：//tech.ifeng.com/c/7oAeL4uEnA3。

2013 年至 2017 年进入司法程序的案件中，90% 以上属于版权侵权纠纷。① 同时，版权侵权纠纷中主要针对的是版权实体权利，版权合同纠纷更多的是涉及合同订立中和合同履行中相关问题引起的争议。因此，相比版权合同纠纷，对版权侵权纠纷的梳理和研究更能实现通过版权纠纷这一切入点专注视听产业及其如何在未来调整规制体系的研究主旨。

本书中的侵权纠纷有两种情形。一种是由于第三人对版权权利的直接侵害所导致的纠纷，也就是行为人实施了对《著作权法》第 10 条规定的一项或者多项权利造成损害后果的行为，在这样的情形下，根据我国法律规定，无论侵权人是否具有主观过错，都应承担侵权责任，其方式包括赔偿损失、消除影响和赔礼道歉等。另一种是将互联网作为传播和技术语境的视听产业在侵权纠纷发生时，还有可能在版权人和网络服务的平台以及相关服务维权方之间产生争议，出现即使第三方没有直接实施侵权行为，也应当承担相应侵权责任的情形。这两种情形下侵权主体之间的纠纷都是本书研究的范围。

我国《著作权法》规定，调解、仲裁和诉讼是三种处理著作权纠纷的方法。换言之，进入调解、仲裁和诉讼的纠纷都应是本书的研究对象。但基于焦点聚焦的原则以及对诉讼数据库的相对完整性和争议的矛盾性的考虑，本书将主要以进入诉讼的互联网视听产业版权纠纷案例作为样本展开研究。

如果从泛化的意义来讲，版权纠纷还应该包括另一种情形：尽管双方或者更多方就版权问题产生了冲突和争议，但没有诉诸法律，没有进入司法程序，也就是说并没有任何一方提起调解、仲裁或者诉讼。尽管这些争议不包括在本书的主要样本范围，但如果把这些纠纷排除在研究之外却不妥当，这是因为其中不乏因为涉及产品的传播力、争议双方的影响力，或者争议内容的新鲜性受到关注，甚至在社会上形成较为广泛讨论的案例。其中一些纠纷之所以没有采取法律途径来解决，有时是因为根据现有法律规制尚难以调解。比如在模板产品（TV Format）领域，表现尤为明显。关于模板侵权的争议在一段时间内频繁发生，15 年前中国收视率排名靠前的

---

① 《视听节目著作权司法保护实务综述及大数据分析白皮书（2013—2017）》，新华网，2018 年 11 月 28 日，http://www.xinhuanet.com/video/2018 - 11/28/c_1210004595.htm。

综艺节目模板几乎都有版权争议,这也是亚洲模板产业发展的相似道路,但提起诉讼的寥寥无几,因为就全球为数不多的进入诉讼的案例来看,原告胜诉的几率并不大,因为模板并没有作为版权作品进入任何国家的成文法律。① 近年来关于"鬼畜视频"② 和"同人作品"③ 等的相关争议,也并不是从一开始就诉诸法律,而是争议双方的论辩在社交媒体上传播,或许最终也不会进入法律程序,但争议的内容却提示了视听产业内部因版权产生的新的权利义务关系的讨论。因此,如果在研究中放弃这一部分争议,实际就放弃了在更大的空间审视法律与视听产业的互动以及未来可能的对规制调整的需求。在本书的前期研究中,有针对新闻媒体对版权议题的报道进行的研究,发现版权议题在媒介报道中均偏重泛版权类议题的报道,专业化的版权探讨反而薄弱。同时,版权议题的形成和发展通常会经过小范围关注的版权议题潜伏期,之后逐渐形成专业性更强的版权议题;在引起公众舆论注意的同时,也试图通过媒体和公众的力量去寻找可行性路径来缓和现有矛盾,这是成熟扩大期;经过舆论发酵的成熟议题所带来的争议的解决阶段,可以称之为版权议题的后续期。这也表明能够最终得到新闻正式报道的版权纠纷,是版权实践与版权法律以更加细节化和复杂化的方式进行的互动,这也是版权公共领域的积极建构过程。

因此,本书对版权纠纷的外延做出了广义的界定,将这部分虽然没有

① 1990 年《英国广播电视法》(草案)(British Broadcasting and Television Act)曾尝试将电视节目模板作为一种独立的作品类型进行版权保护,但最终因争议较大而搁浅。

② 鬼畜来源是日本弹幕视频网站 NICONICO 动画,原本的名字为应为音 MAD,但在中国,由最早出现的音 MAD《最终鬼畜妹フランドール?S》中的"鬼畜"略称而得名。音 MAD,是一种使用素材中的乐器对所选 BGM 进行演奏的视频形式。引自《不明真相的吃瓜群众围观:鬼畜到底是个什么鬼?》,网易新闻,2016 年 8 月 29 日,http://news.163.com/16/0829/17/BVLER38D000181KO.html。
2018 年 3 月 22 日,国家广电总局发布《关于进一步规范网络视听节目传播秩序的通知》,坚决禁止非法抓取、剪拼改编视听节目的行为,普遍认为这一规定主要是针对"歪曲、恶搞、丑化经典文艺作品""擅自截取拼接经典文艺作品、广播影视节目和网络原创视听节目"的行为。引自《网络视听节目新规,关于"鬼畜视频"的权威说法来了》,新华网,2018 年 3 月 25 日,http://www.xinhuanet.com/politics/2018-03/25/c_1122587135.htm。

③ 该词源自日本,意为借用知名作品(小说、漫画、游戏、影视剧等)中的人物形象、姓名、性格设定等元素而重新创作的作品。引自袁博《同人作品是合法创作还是事涉侵权?》,《法人》2017 年第 8 期。同人作品中又包括与视听作品相关的同人游戏、同人音乐、同人视频等。

进入法律程序但引起了社会讨论的案例囊括进来，形成了以诉讼案例作为研究主体样本，进入正式报道的版权争议案例为补充的外延范围。围绕版权实体权利产生的版权侵权纠纷，包括进入诉讼的纠纷案例和得到正式新闻报道的案例构成了本研究中的版权纠纷的样本。

3. 法律规制

规制一词在古代汉语中主要是以名词出现，第一种意思是表示较小的器具的形状和容量或者较大的建筑的形态和规模，比如宋代何薳的《春渚纪闻·墨磨人》中"其墨匣亦作半笏样，规制古朴，是百余年物"、宋代周辉的《清波杂志》卷五中也有"中山府有夕阳楼，辉出疆日，骑马自楼下过，在城之隅，规制甚小"等；第二种意思就是指官方的用于社会各个领域，带有治理性质的规定和规范。比如范仲淹在《再进前所陈十事》中所称"请密定规制，相时而行"。《现代汉语词典》第5版中，"规制"一词解释为"规则、制度"和"（建筑物的）规模形制"。在《牛津现代高级英汉双解词典》中名词 Regulation 和动词 Regulate 都具有调节的含义，进而引申为"有系统地管理"和"规则、规定、法令、命令"的意思。

在学术语境中的"规制"一词首先来自经济学，"依据一定的规制，对构成特定社会的个人和构成经济的经济主体的活动进行限制的行为"。① 美国经济学家施蒂格勒认为：规制作为一项规则，是对国家强制权的运用，是应利益集团的要求为实现其利益而设计和实施的。② 事实上，规制已经渗透在各个社会领域，过去的 30 年中，规制已经成为公共政策、法学和经济学的共同话语。特别是在实践层面，规制的专业化程度显著提高，甚至在国际和国家层面都出现了"规制共同体"③。因此，规制是"公共机构对那些社会群体重视的活动所进行的持续集中的控制"④ 这一说法得到了较为广泛的认可。

---

① 〔日〕植草益：《微观规制经济学》，朱绍文、胡欣欣等译，中国发展出版社，1992，第 1 页。
② Stigler, G. J., "The Theory of Economic Regulation", *Journal of Economics & Management Science* 2, 1971 (1), p.3.
③ 〔英〕罗伯特·鲍德温、马丁·凯夫、马丁·洛奇：《牛津规制手册》，宋华琳、李鸻、安永康、卢超译，宋华琳校，上海三联书店，2017，第 5 页。
④ Phlip Selznick, "Focusing Organizational Research on Regulation," in Roger G. Noll, ed., *Regulatoty Science and the Social Science*, University of California Press, 1985.

本书的"法律规制"则有两种理解，第一是作为名词的法律规制。作为名词的规制（Regulation 或者 Regulatory），是指法律、法令、规章、程序、要求、行政准则、普遍应用的行政裁决（Administrative ruling of general applications）、行政诉讼、决策或行动的总称①，是"针对私人行为的公共行政政策，它是从公共利益出发而制定的规则"②。第二种解释则是作为动词的法律规制（Regulate），是指由法律、法规、政策等构成的体系，又指制定这些规范性文件以及实施这些规范的行为。

本书的法律规制的研究范围对上述外延做了进一步的扩大：不管是名词意义还是动词意义的法律规制，其规制制定和实施的主体都是公共权力的主体，即立法机构、行政和司法机关。本书将由行业性组织和平台性机构制定和实施的对整个行业和平台具有普遍约束力的规范性文件也纳入考察的范围。这是因为在互联网视听产业内部，新的技术带来的版权难题造成了许多现行法律存有争议的空间，因为法律的新增和修订具有相对的稳定性和复杂的程序性，这些空间将在一段时间（或者说较长一段时间）里无法通过对法律法规的调整来及时进行填补。并且，目前正在发挥作用的、更为灵活、涉及范围更小的规范对于未来的法律法规的调整来说，还具有"试验田"的意义，即通过局部的规则制定和实施，检验其与各种主体之间的关系、对行业发展的影响以及与公共利益的平衡等，这为未来的法律规制的整体性调整提供了实践基础。"应将规制拓展至特定范围的一系列任务，包括设定规则、收集信息、建立反馈或监督机制，并设立纠正违反规范行为的回应机制。"③

"新技术也改变了现行规制体制的前沿，在此情境下，处于对新技术或变迁中的技术加以控制的需要，把规制推向了中心地位。"④ 具体到互联网视听产业的现实格局，目前的网络空间中，大的平台既是网络服务的提供者，同时也因为自身体量的巨大，成为了信息获取的主要通道，并驱动着

---

① 施本植等：《国外经济规制改革的实践及经验》，上海财经大学出版社，2006，第 4 页。
② 〔美〕丹尼尔·史普博：《管制与市场》，余晖等译，上海三联书店、上海人民出版社，1999，第 7 页。
③ 〔英〕科林·斯科特：《规制、治理与法律：前沿问题研究》，安永康译，清华大学出版社，2018，第 5 页。
④ 〔英〕罗伯特·鲍德温、马丁·凯夫、马丁·洛奇：《牛津规制手册》，宋华琳、李鸻、安永康、卢超译，上海三联书店，2017，第 6 页。

整个社会的平台化。① 因此，网络平台已经成为拥有一部分话语权的业务管理者。同时，在出现法律尚难判断的新的争议和关系中，除了行政主管机关，还有版权集体管理组织和自律组织实际上也起到了居中调和的作用。

　　基于上述考察，作为本书研究对象的法律规制的范围由两个部分组成（见图0-1）。第一部分是由国家立法机关和行政机关制定的法律规范性文件所构成的相对静态的规制体系，包括中国已经加入的国际公约以及这一规制体系的实施和运作的过程，也会对其他国家和地区的相关法律规范性文件进行参考性研究。第二部分是由版权集体管理机构、行业自律联盟和互联网平台机构所制定的、针对具体的作品对象或一定范围的网络空间进行管理的，并具有相应的约束力的静态性规范及其实施过程。本书将最为稳定的成文法内容作为规制重点展开研究。

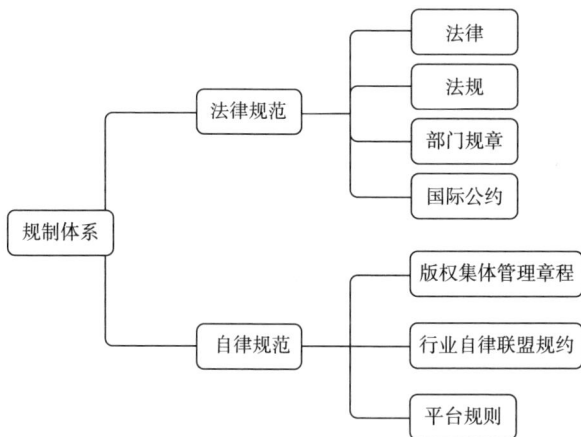

图0-1　规制体系的文件构成

　　本书对法律规制做出的广义的、动态的界定对于具体的产业实践来说是恰当的。因为规制来源多样并且缺乏聚焦，因此在国家体系中经常遭遇碎片化的规制权力，而且公共的、私人的和日益增加的混合组织常常共享

---

① 荷兰皇家艺术与科学院主席 José van Dijck 教授在 2018 年的欧洲传播学大会（European Communication Conference）上发表名为《平台的地缘政治：欧洲能学到什么？》（*The geopolitics of platforms：lessons for Europe*）的演讲。她认为，目前的世界版图上有两大系统或者两个 "Big Five" 正在主导着一个不断平台化的全球社会，而且他们处于竞争关系之中，分别是：美国的平台系统，以 Facebook 为代表的五大互联网公司；中国的平台系统，以阿里巴巴、腾讯为代表的中国五大互联网公司。

规制权力。有研究者就此提出了"规制空间"的理论：在规制空间中，须关注规制空间内所有规制资源与主体，要利用规制空间中不同主体的相互依存关系，来制定标准、实施监督与规制执法。①

在本书中，成文法律及其构成的相互作用的体系具体在视听产业中的内容、实施以及变动是论题中"法律规制"的主要意指。中国是一个成文法国家，研究法律规制体系的题中之义是具有法定效力的法律规范，这对于当下问题的"诊断"和未来规制的调整具有重要意义。本书之所以将外延扩展至以法律为主，兼顾其他具有行政性或者组织性自上而下意义的规制文件，这是为了描述法律规制与社会政治、经济、文化等多领域的互动以及在全球化语境下，中国规制与世界规制的互动。从产业角度来看，视听产业在发展中的版权纠纷不仅是一个依据法律进行判断或者秉持一定的法律视角进行争议的过程，更可以视做变动中的版权制度在这个新兴产业的场域内是如何与国家治理的整体目标、经济运行的资源配置、版权文化和版权观念产生具体的交集和影响。从制度角度来看，版权制度本身也在经历全球化的变革，研究中国视听产业中的版权纠纷、规制变动，实际上也是中国版权制度在视听产业场域内与他国版权制度的改革和国际化版权体系的建构的对话。以期未来中国"从国际规则的适应者和遵循者向参与者、建设者转变"②。"在规制研究中，应该动态地审视规制法律规范与政治、经济、社会、文化因素的互动，动态地审视规制过程，关注规制法的制定过程、制度安排和实施效果，进而修正规制的规范、政策与目标，来推动规制体系的改革与优化。"③

（二）相关研究综述

互联网视听产业版权是一个跨学科研究的领域，其成果在新闻传播学和法学都有出现，偏重于基于产业特点的版权问题的研究，研究者既有新闻传播领域的，也有其他研究领域如法学、管理学、政治学。考虑到这一

---

① 宋华琳：《迈向规制与治理的法律前沿——评科林·斯科特新著〈规制、治理与法律：前沿问题研究〉》，《法治现代化研究》2017 年第 6 期。

② 《围绕"著作权法的修订"建言资政》，中国法院网，2019 年 5 月 14 日，https://www.chinacourt.org/index.php/article/detail/2019/05/id/3889892.shtml。

③ 胡敏洁：《从"规制治理"到"规制国"》，《检察日报》2018 年 11 月 6 日，第 3 版，http://newspaper.jcrb.com/2018/20181106/20181106_003/20181106_003_5.htm。

领域以新闻传播研究者为主的客观情况，本书还在视听产业版权问题研究文献综述的基础上加入互联网版权研究的相关内容。从法律规制角度而言，互联网版权研究是基于整个网络环境的版权问题和法律规制的考察，研究者中的相当一部分集中在法学研究者，与互联网视听产业的研究者由于学科的不同，其研究的视角和进路有较大不同，基于本书研究的核心论题是版权纠纷的研究，对互联网版权研究的综述可以关注到版权制度在网络环境下的调适和新动向、新思路，通过以上两个研究领域的梳理和分析，将为本研究的跨学科性奠定良好的研究视野。

　　本书采用的研究文献数据来源于中国期刊全文数据库（CNKI）、万方数据库及其他的数据信息检索，采用高级检索模式，然后再以"主题"为检索项，以"互联网视听产业""网络视听产业"① 与"版权""著作权""侵权""纠纷"为检索词，两两组合，以"精确匹配"方式来提高查准率，剔除如通告、会议、报道等不相关的研究文献，共找到符合检索条件的研究论文 7832 篇（检索日期为 2018 年 12 月 30 日）。其发表年度趋势如图 0 - 2 所示。

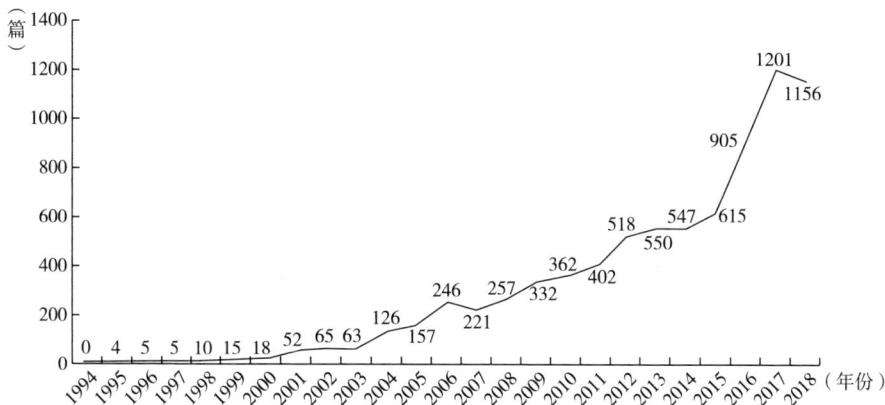

图 0 - 2　国内相关论文发表年度趋势

　　分析文献发现，国内最早研究视听产业版权的论文出现在 1995 年，之后直到 2004 年前，相关论文数量一直保持在 100 篇以下。从 2004 年开始与本书直接相关的互联网视听产业的成果开始出现，发文数量也有较大上升，

———————————

① 检索发现以互联网或网络查询视听产业的相关内容，显示的数据是一致的。

并在 12 年中整体保持较快的上升趋势。2016 年,相关研究成果出现大幅增长,发文数量比上一年增长近 50%,且最后三年发文数量都在 1000 篇左右。

从发文主题的分布来看游戏和直播研究领域发文数量最多,占比超过 70%,其余研究则集中在网络视频、互联网电视和在线音乐,网络音频和节目模板的相关研究则相对较少,具体见图 0-3。

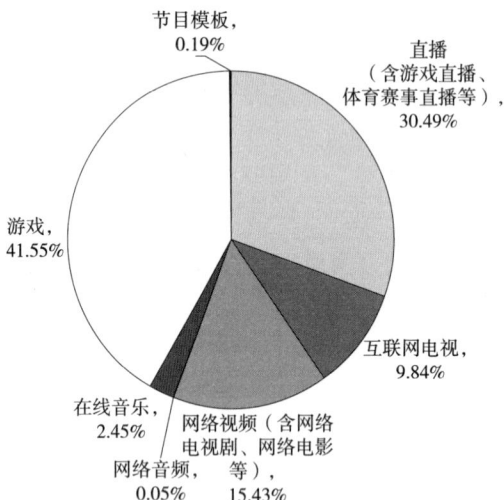

图 0-3 不同客体的相关研究比例

从已有的成果来看,在 2004 年以前,研究与视听相关的广电媒体的成果比较多,对于本书定义的互联网视听产业的研究从 2004 年以后才逐渐开始出现,并在 2007 年之后快速增加。早期的针对互联网视听产业的成果多集中在现象描述和"呼吁"的阶段,研究者普遍认为,互联网视听产业的版权"乱象"丛生,"盗版侵权、版权诉讼增加是目前产业发展的困境"[1],要形成网站、著作权人和网络用户之间良性互动的版权生态环境[2]、提高全民网络版权意识[3]和推动法律法规的完善等才能使产业得到可持续发展。[4] 一直到近十年,针对互联网视听产业版权纠纷进行系统研究的成果

---

[1] 邹举:《让朝阳产业走出灰色地带——论视频网站版权问题的综合治理》,《电视研究》2010 年第 4 期。

[2] 刘燕:《网络视频产业的版权困局与对策分析》,《中国出版》2011 年第 10 期。

[3] 晋延林:《谈网络视频版权保护》,《电视研究》2010 年第 6 期。

[4] 白帆:《电视节目网络传播的版权问题》,《电视研究》2007 年第 5 期。

都不算多。杨斌艳从音视频领域政府与企业对话的社会学描述，对我国近
10 年来的互联网音视频传播领域的发展变化进行了梳理和分析。① 张春艳
从参与利益者的角度对产业版权问题的全貌进行了梳理。② 王光文在其博
士论文《论我国视频网站版权侵权案件频发的原因与应对》中从网络平台
的角度阐释了视频网站版权侵权的法律原因和产业原因。③ 虽然系统研究
的成果不多，但研究者在围绕不同客体类型的产权纠纷研究中成果相对
颇丰，这些成果几乎包含了所有已知的互联网视听产业的产品类型。除
此之外，学术研究者显示出比较明显的专业差异：新闻传播学的研究者
偏好以具体的案例来探讨纠纷本身呈现出来的一些新问题，着眼点偏重
产业特征的"实用"立场。不少法学研究者也进入这一领域进行研究，这
一部分研究者的优势在于能够提供一种具体的理论视角，但常常会因为与
产业研究和实践的差距让视听产业的相关版权实践成为验证某种法学理论
的例证。

1. 互联网视听产业的客体研究

互联网视听产业版权的基础研究主要呈现出两个方面的内容：第一个
方面探讨了以版权作品为核心的客体内涵；第二个方面则以具体客体类型
为核心研究了客体的外延及可版权性的问题。

第一个方面以视听作品的内涵进行研究，讨论了新的作品形式带来的
保护"困境"及其解决路径。张玉敏、曹博较早提出用视听作品的概念统
一影视作品与录像制品。④ 陈锦川从视听作品版权纠纷的共性问题分析了
"类似电影的作品"类型。⑤ 樊雪以司法实践中有关视听类作品和制品的案
件为基础，探讨了审判实践的共性问题。⑥ 张春艳对作品、作者、著作权归
属、已有作品作者的权利、著作权边界和表演者权方面进行了全面研究。⑦

---

① 杨斌艳：《我国互联网音视频传播的发展及其规制变迁》，《新闻与传播研究》2012 年第 5 期。
② 张春艳：《视听作品著作权研究——以参与利益分配的主体为视角》，知识产权出版社，
　　2015，第 1 页。
③ 王光文：《论我国视频网站版权侵权案件频发的原因与应对》，博士学位论文，华东师范
　　大学，2012，第 1 页。
④ 张玉敏、曹博：《录像制品性质初探》，《清华法学》2011 年第 1 期。
⑤ 陈锦川：《关于涉及视听作品著作权纠纷的几个问题》，《中国版权》2010 年第 1 期。
⑥ 樊雪：《视听类作品、制品著作权法律问题研究》，《中国版权》2017 年第 3 期。
⑦ 张春艳：《视听作品著作权研究——以参与利益分配的主体为视角》，知识产权出版社，
　　2015，第 2 页。

王迁认为电影作品的内涵和外延在当下的行业语境下都应该予以拓展,[①]
梁晶晶、方圆、孙国瑞等研究了视听作品获得著作权法保护的条件。[②]

在图 0-3 中占比最大的游戏研究中,研究者普遍意识到游戏受版权法律保护的必要性,但在具体路径上有不同的观点。董颖等将视频游戏作品四类作品分别保护。[③] 王迁认为虚拟角色所包含的原创性也应得到保护。[④] 田辉则认为应将计算机游戏作为独立的作品纳入著作权法保护范围。[⑤] 华劼认为网络游戏与游戏直播节目具有可版权性。[⑥]

直播视听类型多样,其"固定"特征不一致,但研究普遍认为其均具有作品的一般特征,应予以著作权保护。赵双阁、艾岚认为体育赛事直播节目在整体定性上既非影视作品又非录像制品,应属于汇编作品。[⑦] 王自强区分了体育赛事转播权和体育作品著作权。[⑧] 卢海君认为我国《著作权法》应将体育赛事节目统一纳入著作权中进行保护。[⑨] 严波认为宜采"作品保护说",建议通过司法解释或典型判例将体育赛事直播节目纳入作品范畴予以保护。[⑩] 赵银雀、余晖、冯晓青等认为电竞动态画面定性为"以类似摄制电影的方法创作的作品"有利于网络游戏设计者、直播平台、玩家和其他相关主体之间的关系的平衡。[⑪]

视频版权问题的研究集中在传统电影和类电作品网络传播的版权问题以及新形式的视频的版权问题上。刘元华对网络文学改编影视剧的保

[①] 王迁:《电影作品的重新定义及其著作权归属于行使规则的完善》,《法学》2008 年第 4 期。

[②] 梁晶晶、方圆:《视听作品的版权保护研究》,《出版广角》2013 年第 4 期。孙国瑞、刘玉芳、孟霞:《视听作品的著作权保护》,《知识产权》2011 年第 10 期。

[③] 董颖、邹唯宁、高华苓:《视频游戏作品所包含的艺术类著作权》,《电子知识产权》2004 年第 11 期。

[④] 王迁:《论网络游戏整体画面的作品定性》,《中国版权》2016 年第 4 期。

[⑤] 田辉:《论计算机游戏著作权的整体保护》,《法学论坛》2017 年第 5 期。

[⑥] 华劼:《网络游戏及游戏直播节目著作权问题研究》,《编辑之友》2018 年第 6 期。

[⑦] 赵双阁、艾岚:《体育赛事网络实时转播法律保护困境及其对策研究》,《法律科学(西北政法大学学报)》2018 年第 4 期。

[⑧] 王自强:《体育赛事节目著作权保护问题探讨》,《知识产权》2015 年第 11 期。

[⑨] 卢海君:《论体育赛事节目的著作权法地位》,《社会科学》2015 年第 2 期。

[⑩] 严波:《体育赛事直播节目版权保护路径探析》,《中国版权》2017 年第 5 期。

[⑪] 赵银雀、余晖:《电子竞技游戏动态画面的可版权性研究》,《知识产权》2017 年第 1 期。冯晓青:《网络游戏直播画面的作品属性及其相关著作权问题研究》,《知识产权》2017 年第 1 期。

护路径进行了分析。① 向勇、李天探讨了新媒体电影的版权保护问题。②
孙飞、张静认为社交性和互动性强的特点使短视频著作权保护面临新的
挑战。③

　　节目模板的研究成果并不显著。程德安认为电视节目模板可以借助戏
剧保护形式，通过著作权法进行保护。④ 沈苹认为通过"巧妙地操作"，现
有的版权法能够给予电视节目形式以适当保护。⑤ 罗莉则认为可综合运用
版权法、合同法、商标法和商业秘密法等法律进行保护。⑥ 模板的研究因
为相关立法实践陷入低潮，但又因电视节目在网络语境中的模式化趋向重
新进入研究者的视野。邓秀军、刘静从电视节目模板生成和运行的场域、
网络分享场域的电视节目模板的新特征、网络分享环境下的节目模板侵
权、节目模板网络分享侵权行为的追诉和网络分享中的版权保护等五个层
面来电视节目模板版权保护机制。⑦

　　图 0-3 显示，不多的网络音频研究集中于在线音乐，大都在对许可制
度的探讨上。孙松认为直接许可制度的独家授权模式因行政性指导意见的
否定无法开展；集中许可制度的广泛授权模式存在着一定的制度障碍。⑧
熊琪通过"音乐产业效益—音乐著作权许可模式—著作财产权体系变革"
之间的关联，分析了音乐著作权许可模式与网络技术的冲突。⑨ 傅淳、李
静以中央人民广播电台的具体实践讨论了有声书的版权开发。⑩ 蒋凯结合
我国音乐著作权管理和诉讼的现状对包括在线音乐在内的音乐版权问题进
行了系统研究。⑪

① 刘元华：《网络文学改编影视剧著作权保护的启示——以著作权法与合同法制度为视角》，《出版广角》2019 年第 13 期。
② 向勇、李天昀：《试论新媒体电影的版权保护问题》，《艺术评论》2012 年第 3 期。
③ 孙飞、张静：《短视频著作权保护问题研究》，《电子知识产权》2018 年第 5 期。
④ 程德安：《论电视节目版式（模板）的法律保护》，《新闻界》2005 年第 6 期。
⑤ 沈苹：《电视节目形式创意的版权保护》，《中国广播电视学刊》2005 年第 3 期。
⑥ 罗莉：《电视节目模版的法律保护》，《法律科学（西北政法学院学报）》2006 年第 4 期。
⑦ 邓秀军、刘静：《电视节目模板网络分享场域的版权保护机制研究》，《中国广播电视学刊》2017 年第 7 期。
⑧ 孙松：《我国数字音乐著作权许可模式的动因、路径与展望》，《编辑之友》2018 年第 7 期。
⑨ 熊琪：《数字音乐之道：网络时代音乐著作权许可模式研究》，北京大学出版社，2015。
⑩ 傅淳、李静：《中央人民广播电台在有声阅读领域的探索与实践》，《中国广播》2018 年第 4 期。
⑪ 蒋凯：《中国音乐著作权管理与诉讼》，知识产权出版社，2008。

2. 互联网视听产业的主体及权利归属研究

这一部分的成果针对视听作品版权及其邻接权归属问题以及利益分配展开，此类研究在强调了视听作品可版权性的基础上，对其权利归属和在作品传播过程中产生的邻接权归属进行探讨。李伟民认为中国在安排"电影作品"的归属制度上兼采英美法和大陆法的做法，传统"电影作品"的法律制度无法满足现实需要；以"视为作者"原则安排"视听作品"的归属制度，更加符合版权法原理和基本逻辑。① 张春艳认为我国立法在确定视听作品著作权归属时要运用激励理论鼓励投资和创作，合理配置著作权。② 曲三强研究了影视作品作者与著作权人、影视作品与基础作品、整体影视作品与可以单独使用的作品和影视作品与后续演绎作品的法律关系。③

创作者的"二次获酬权"在《中华人民共和国电影产业促进法》出台之前和《著作权法》修订的过程中在学术界经过了较大争议，其争议热点集中在三方面，一是如何界定权利主体，二是如何确定权利内容的范围，三是如何确保权利的实现。李雨峰、刘名洋认为二次获酬的计算标准只能以达到预期收益来界定。达到预期收益以后，得到的所有利润，都要从中计算二次获酬的费用。二次获酬权应当由立法确定，但具体的计算和支付方式，应当由当事人约定。④ 曾青未认为应当赋予作者公平的获酬权，包括二次获酬的权利。⑤ 吴小评认为条文中规定的"后续利用"从何时算起，收益分配比例如何等问题使得二次获酬权权利内容不明，可借鉴国际和国外的法规完善我国二次获酬权的立法。⑥ 张春艳提出我国不宜引入"分享收益型"的二次获酬权，可以引入视听作品中音乐作品作者的"额外报酬型二次获酬权"⑦。此外，对

---

① 李伟民：《视听作品著作权主体与归属制度研究》，《中国政法大学学报》2017 年第 6 期。
② 张春艳：《我国视听作品著作权归属模式之剖析与选择》，《知识产权》2015 年第 7 期。
③ 曲三强：《论影视作品的法律关系》，《知识产权》2010 年第 3 期。
④ 李雨峰、刘名洋：《论视听作品的二次获酬权》，《湖南社会科学》2017 年第 3 期。
⑤ 曾青未：《论视听作品的利益分配——以作者的公平获酬权为视角》，《知识产权》2017 年第 4 期。
⑥ 吴小评：《论视听作品的作者"二次获酬权"》，《学术交流》2013 年第 5 期。
⑦ 张春艳：《视听作品作者"二次获酬权"之检讨与选择》，《江苏师范大学学报（哲学社会科学版）》2015 年第 6 期。

二次获酬权也有反对的声音。周园、邓宏光认为视听作品作者的利益分享权是源于作者与制片者签订合同而产生的权利，因此应当以制片者为请求对象。所有视听作品作者都可以与制片者对视听作品的利益分享权进行约定。① 顾明霞认为我国二次获酬权在立法上，对权利主体中的导演、主要表演者定义模糊，条文中在界定视听作者时使用"列举＋兜底"的模式，条文中使用的"作者等"使权利主体变得更为模糊。② 戴哲从比较法角度、必要性和可行性角度认为我国应当慎重考虑引入二次获酬权制度。③

在邻接权的研究方面，广播组织者权的讨论主要围绕着是否"扩张"至网络进行。有研究者对这种"扩张"持反对观点，许福忠认为根据现行著作权法律的规定，尚不能将通过互联网转播广播组织广播节目的行为视为《著作权法》（2010）第45条规定的转播行为。④ 大多数研究者对"扩张"的现实意义予以肯定。牛静认为广播组织权的国际保护制度和《世界知识产权组织保护广播组织条约基础提案草案》（Revised Draft Basic Prosal for the WIPO Treaty on the Protection of Broadcasting Organizations）可以为我国广播组织权保护提供借鉴。⑤ 赵双阁、艾岚认为信息传播技术从深层次改变了广播组织的生存状态，于是广播组织寻求权利的扩张也就成为顺理成章的事情。⑥ 王迁认为应当对广播组织的转播权进行扩张，使之能够控制通过任何技术手段和媒介实施的同步传播行为。⑦ 菅成广还认为有必要同时设立重播权。⑧ 张华生认为我国《著作权法》中的广播组织权主体应涵盖

---

① 周园、邓宏光：《论视听作品作者的利益分享权——以〈中华人民共和国著作权法〉第三次修订为中心》，《法商研究》2013年第3期。
② 顾明霞：《视听作品的"二次获酬权"——兼评〈著作权法修改草案（送审稿）〉相关规定》，《法制博览》2016年第5期。
③ 戴哲：《视听作品"二次获酬权"研究——以〈著作权法〉修改为契机》，《上海政法学院学报》2013年第12期。
④ 许福忠：《广播组织权中的转播权不应延伸至互联网领域》，《人民司法》2013年第2期。
⑤ 牛静：《广播组织权的保护制度探析》，《新闻界》2009年第1期。
⑥ 赵双阁、艾岚：《广播组织权制度扩张的必要性探析》，《青年记者》2017年第13期。
⑦ 王迁：《论广播组织"转播权"的扩张——兼评〈著作权法修订草案（送审稿）〉第42条》，《法商研究》2016年第1期。
⑧ 菅成广：《网络广播组织权的保护——以扩张广播组织权为中心》，《新闻界》2012年第1期。

网络媒体。[①]

以《视听表演北京条约》的缔结为契机，表演者权成为视听作品邻接权领域讨论最为热烈的话题。姚岚秋认为在表演者对视听节目中的表演图像是否享有权利的问题上，我国针对录像制品和影视作品给出了不同的规定，反映到实践中差异较大。[②] 苏志甫认为表演者除有权表明身份及保护形象不受歪曲外，对其在视听作品中的表演不享有独立的表演者权。[③] 李永明认为当表演是根据演出单位意志编排，并且由演出单位主持和指导并提供物质条件，又由其承担相应责任时，演出单位可视为该演出的表演者。[④] 陈化琴则认为应取消表演者的"演出单位"的立法规定，直接把表演者界定为自然人。[⑤]

3. 互联网视听产业的版权侵权研究

如前文所述，侵权纠纷是视听产业版权纠纷的主要类型，从前期成果来看，大致可以分为两类，一是侵权认定及救济研究，二是侵权责任及其免责研究。

第一是侵权认定及救济研究。王利民提出版权二分法，认为非引进境外影视作品在中国境内具有"享有的版权"和"禁止的版权"，认为不论对非引进境外影视作品的何种版权的以"侵权"方式行使，均应当承担民事责任并应当赋予版权人以相应的救济权。[⑥] 徐聪颖认为权利人对赔偿范围面临着极大的因果关系证明难题，无法有效根据传统民法的"差额理论"主张赔偿。为提升法定赔偿的精细化水平，法官应分别从作品的商业价值、侵权情节、加重或减轻判赔的影响因素等三个维度展现其裁判思路。[⑦] 李杨认为未经网络游戏作品著作权人同意，通过网络进行网络游戏直播，构成向公众播放作品行为，落入应当由网络游戏作品著作权人"享

① 张华生：《体育赛事网络转播权利保护探析——播放者视角》，《法治与社会》2018 年第 21 期。
② 姚岚秋：《视听节目中的表演者权利解析》，《中国广播》2014 年第 10 期。
③ 苏志甫：《表演者对其参演的视听作品不享有独立表演者权》，《中国版权》2015 年第 6 期。
④ 李永明：《论表演者权利的法律保护》，《浙江大学学报》2002 年第 4 期。
⑤ 陈化琴：《论我国表演者权的立法和完善——以〈视听表演北京条约〉为视角》，《哈尔滨师范大学社会科学学报》2012 年第 6 期。
⑥ 王利民：《境外影视作品版权二元保护论》，法律出版社，2012，第 7 页。
⑦ 徐聪颖：《侵犯影视作品信息网络传播权的司法判赔问题研究——以 414 件民事判决为样本的实证分析》，《河北法学》2016 年第 11 期。

有的其他权利"（"播放权"）的排他范围内。①

深层链接侵权问题是侵权认定方面热点话题。王迁认为"深层链接"只是为用户提供了从同一"传播源"获得作品的不同途径，因此不构成"信息网络传播"行为；对于破解其他网站的技术措施并相应提供"深层链接"的行为，可以通过禁止规避技术措施的条款进行规制。② 林子英、崔树磊认为采用盗链手段的视频聚合平台违背被盗链的视频网站的意志，应在著作权法上认定为信息网络传播权的直接侵权行为。③ 刘宁、谢思美认为司法实践对深层链接的性质存在不同的认定标准，从而导致直接侵权与间接侵权的不同规制途径。④ 王教柱、刘美婧认为网络服务提供者对来源于未经授权的第三方的影视资源构成帮助侵权。⑤ 徐伟认为通过借助诉讼法中的推定规则，可有效证成网络服务提供者主观知道。⑥

私人复制及其补偿金救济方面也有一定成果。张今认为其是私人复制领域协调权利人、技术发明者和消费者之间利益关系的最佳方案。⑦ 范彧以德国版权补偿金制度为借鉴，提出了我国建立版权补偿金制度的参考意见。⑧ 黄瑶、禹思清认为我国应适时建立起著作权补偿金制度，从根本上解决 P2P 技术的侵权问题。⑨ 吕炳斌认为有必要对行业协会集体管理和补偿制度、国家宏观调控和征税补偿制度这两种可供选择的版权补偿制度安排进行分析和比较。⑩

第二是侵权责任及其免责研究，其中关于网络服务者的"间接侵权责

---

① 李杨：《网络游戏直播中的著作权问题》，《知识产权》2017 年第 1 期。
② 王迁：《论提供"深层链接"行为的法律定性及其规制》，《法学》2016 年第 10 期。
③ 林子英、崔树磊：《视频聚合平台运行模式在著作权法规制下的司法认定》，《知识产权》2016 年第 8 期。
④ 刘宁、谢思美：《视频聚合平台深层链接的法律规制》，《北京邮电大学学报（社会科学版）》2017 年第 6 期。
⑤ 王教柱、刘美婧：《影视作品信息网络传播侵权事实及责任界定——作品信息网络传播权侵权案件评析》，《天津法学》2017 年第 4 期。
⑥ 徐伟：《网络服务提供者"知道"认定新诠——兼驳网络服务提供者"应知"论》，《法律科学（西北政法大学学报）》2014 年第 2 期。
⑦ 张今：《数字环境下私人复制的限制与反限制——以音乐文件复制为中心》，《法商研究》2005 年第 6 期。
⑧ 范彧：《数字时代的版权新问题：私人复制与版权补偿金》，《编辑之友》2012 年第 5 期。
⑨ 黄瑶、禹思清：《著作权补偿金制度在我国的确立模式——以解决 P2P 文件共享技术侵权问题为视角》，《电子知识产权》2008 年第 7 期。
⑩ 吕炳斌：《P2P 下载的版权补偿制度的两种模式分析》，《图书馆杂志》2009 年第 9 期。

任"研究较多。吴伟光认为网络服务提供者应作为"善良管理人",不能利用安全港条款"通知—删除"责任模式来逃脱义务。① 王光文认为可把两个基本理念作为视频网站经营者免责的基础：一是履行注意义务；二是"合理人"标准与"红旗"标准。② 于志强提出"避风港"规则的发展趋势是适用于红旗标准的广泛应用。③ 李颖、宋鱼水认为对"明知"概念的不同理解，导致法官只能发挥主观能动性，在法律框架内依据其对法条的"原意理解""文本理解"和司法价值观进行法律适用。④ 张伯娜认为解决与短视频相关的问题亟须厘清影响合理使用的因素。⑤

4. 互联网视听产业的相关立法和治理研究

相关立法研究主要体现在著作权法和专门法研究、刑法保护研究和对他国法律的借鉴研究以及从互联网治理的角度进行的与行政法相关的研究。

第一是著作权法和专门法研究方面。于帆提出我国应在计算机信息安全、网络域名注册管理、公众多媒体通信管理及国际互联网管理等方面完善和制定相关法律法规。⑥ 孟祥娟认为要对侵权视频上传用户予以行政处罚，提高法定赔偿金额，引入"惩罚性赔偿机制"；对视频聚合链接行为的侵权认定应采取实质呈现标准。⑦ 姚兵兵认为基于著作权许可产生的诉讼更加不规范，应从著作权许可使用权的性质、诉权理论、著作权集体管理、诉讼信托等方面加以论证，以便规范诉讼主体，统一司法裁判尺度。⑧

第二是刑法保护研究方面。谷永超认为一是数字化的"复制发行"应纳入版权犯罪的"复制发行"范围；二是网络环境下不再强调营利这一目

① 吴伟光：《视频网站在用户版权侵权中的责任承担——有限的安全港与动态中的平衡》，《知识产权》2008 年第 4 期。
② 王光文：《论视频网站 UGC 经营者的版权侵权注意义务》，《国际新闻界》2012 年第 3 期。
③ 于志强：《我国避风港规则适用的发展趋势》，《南都学坛（人文社会科学学报）》2012 年第 3 期。
④ 李颖、宋鱼水：《论网络存储空间服务商合理注意义务——以韩寒诉百度文库案判决为切入点》，《知识产权》2013 年第 6 期。
⑤ 张伯娜：《短视频版权保护与合理使用判断标准探究》，《出版发行研究》2019 年第 3 期。
⑥ 于帆：《论网络环境下知识产权的法律保护》，《法制与社会》2011 年第 9 期。
⑦ 孟祥娟：《论网络视频产业版权运营及其法律规制》，《学术交流》2017 年第 10 期。
⑧ 姚兵兵：《视听作品著作权诉讼主体问题研究——以深圳声影公司系列案为视角》，《中国版权》2016 年第 2 期。

的；三是很难确定作品复制件的数量及违法所得数额，定罪标准应更明确。① 有研究者提出制定独立的"经济犯罪法"，完善我国现行刑法对于知识产权的相关规定。② 杨辉认为要建立专门的网络执法机构和执法监督机构，以应对网络知识产权侵权的技术强、隐蔽性、侦破难等特点。③ 童珊认为要提高司法和行政保护网络知识产权的效率。④ 吴雨豪认为聚合类网站提供 P2P 技术和网络链接的行为可能承担共犯责任。⑤

第三是与行政法研究相关的方面。田小军、刘政操认为多元治理的立体维权是治理网络盗版问题的有效策略。⑥ 陈敏利认为政府与法律部门的外在监管应和行业内主动监管相结合来解决版权矛盾。⑦ 张仁汉认为从文化安全角度对视听新媒体的监管中存在"虚监""漏监""滥监"等诸多监管不到位的现象。应从监管的体制、法制和机制三重视角进行整体性制度创新，以期在国家文化安全的背景下进一步提升视听新媒体的监管成效。⑧

在对其他国家相关法律的研究中，研究者对美国视听版权保护法律的研究较多，其次是对法国、德国、俄罗斯和日本这四个国家的法律研究。从文献内容来看，主要包括六个方面的研究，一是对网络服务商著作权侵权问题的研究，二是对版权合理使用的研究，三是对作品权利归属与使用的研究，四是对作品例外立法考察，五是对著作权集体管理制度的考察研究，六是对刑事法案修订研究。

郭丹研究了美国的网络知识产权双重救济模式，认为侵权救济与保险补偿的结合对于维护网络知识产权具有一定的益处。⑨ 张岚认为美国版权产业试图通过法律途径消灭新技术，版权产业和立法机关应采取版权新思

① 谷永超：《网络环境下版权犯罪的刑法新解读——以"复制发行"为视角》，《青年记者》2016 年第 31 期。
② 陈斌、邓立军：《网络知识产权犯罪的刑事立法完善》，《人民检察》2011 年第 16 期。
③ 杨辉：《试论侵犯网络知识产权犯罪》，《法制与社会》2008 年第 23 期。
④ 童珊：《论网络环境下的知识产权保护》，《法制与社会》2012 年第 6 期。
⑤ 吴雨豪：《聚合类网络服务商著作权侵权的刑事处罚边界》，《电子知识产权》2014 年第 9 期。
⑥ 田小军、刘政操：《网络视频版权生态维系与多元治理的立体维权》，《中国版权》2014 年第 6 期。
⑦ 陈敏利：《网络视频业版权纠葛解决路径探析》，《新闻界》2014 年第 13 期。
⑧ 张仁汉：《视听新媒体协同监管体系建设研究——以国家文化安全为视角》，《社会科学战线》2016 年第 6 期。
⑨ 郭丹：《网络知识产权之双重救济模式——以美国为例》，《学术交流》2009 年第 2 期。

维来实现行业的新发展。① 覃斌武、刘聪通过考察 "视听作品例外" 立法
例，介绍了美国禁止规避技术措施例外制度。② 肖冬梅、张舒琳、彭城考
察了美国 "访问视频游戏" 的立法。③ 张慧霞、沈菲研究了美国 UGC 规则
及其对我国的借鉴意义。④ 郑悦迪通过立法比较，提出英国保护电影版权
方面可资借鉴的经验。⑤ 胡云红分析了相关国际条约、中国和日本的著作
权法，对电影作品作者精神权利的保护进行了探讨。⑥ 贺琼琼关注了法
国反网络盗版立法中如何协调信息自由与版权保护的关系。⑦ 赵丽莉研
究了法国版权规制中版权技术保护措施的新内容。⑧ 欧阳君认为德国著
作权法明确了原作品作者在整部电影作品中的法律地位，明确了电影作
品的著作权归属。⑨ 邵燕认为德国 "谷歌法" 的出台凸显了版权与新技
术之间的激烈冲突，在适用技术中立原则时必须结合侵权法的责任认定
标准⑩。

5. 版权的技术保护和技术的版权保护

随着大数据技术和人工智能的发展，技术与版权的研究逐渐成为一个
重要的话题，主要包括版权保护技术研究和技术的版权保护商以及相关的
冲突与争议。王迁系统讨论了何种技术受版权法保护、"有效" 技术措施

---

① 张岚：《美国版权产业法律变化管窥——以新技术为背景》，《人民论坛》2010 年第 26 期。

② 覃斌武、刘聪：《美国禁止规避技术措施例外制度评析 (八)——视听作品例外立法例考察》，《图书馆论坛》2017 年第 10 期。

③ 肖冬梅、张舒琳、彭城：《美国禁止规避技术措施例外制度评析 (七)——规避技术措施访问视频游戏的立法例考察》，《图书馆论坛》2017 年第 8 期。

④ 张慧霞：《美国 UGC 规则探讨——兼论网络自治与法治的关系》，《电子知识产权》2008 年第 5 期。沈菲：《我国 UGC 版权侵权治理机制之优化——以美国 UGC 规则为样本的考察》，《编辑之友》2017 年第 3 期。

⑤ 郑悦迪：《中英电影作品著作权立法比较研究——兼评〈著作权法 (修订草案送审稿)〉相关规定》，《传播与版权》2018 年第 5 期。

⑥ 胡云红：《著作权法中电影作品的界定及作者精神权利的保护——以中日著作权法制度为中心》，《知识产权》2007 年第 2 期。

⑦ 贺琼琼：《信息自由与版权保护：法国反网络盗版立法最新发展及评述》，《法国研究》2012 年第 1 期。

⑧ 赵丽莉：《版权技术保护措施信息安全遵从义务——以法国〈信息社会版权与邻接权法〉第 15 条为视角》，《情报理论与实践》2012 年第 1 期。

⑨ 欧阳君：《比较中德两国关于电影作品著作权的归属问题》，《经济视角》2011 年第 3 期。

⑩ 邵燕：《从 "谷歌法" 看版权与新技术之间的冲突与合作》，《科技与出版》2013 年第 11 期。

的标准、是否禁止直接规避技术措施的行为、保护技术措施与合理使用的矛盾以及如何遏制权利人对技术措施的滥用等五个方面的问题。① 易前良认为新媒体技术的嵌入重构了内容产业链，未来的关键还在于规制政策的逐步完善。② 文正茂、赵荣停认为要对技术措施进行适当限制，以此减弱其对合理使用造成的妨碍。③

　　在具体的相关技术研究方面，吕本富、韩宇卿认为链接具有经济价值，是一种新的知识产权形式。④ 马骁认为超链接技术引起的法律纠纷涉及了版权、商标权和不正当竞争等许多知识产权方面的争议。⑤ 张烁通过对 BT 下载原理及其特点的介绍来阐明其工作原理，并就其是否侵犯网络知识产权等问题进行阐述。⑥ 张敏、马海群分析了由 P2P 技术引发的侵权形式，并提出版权管理对策。⑦ 此外，还有研究涉及 RSS 技术⑧、VPN 技术⑨等版权相关问题研究。

　　在人工智能技术与版权的关系上，随着 2017 年 7 月中国发布的《新一代人工智能发展规划》、同年美国发布的《人工智能未来法案》（Future of Artificial Intelligence Act of 2017）以及 2018 年 7 月欧盟 28 个成员签署的《人工智能合作宣言》（Declaration on Cooperation in the Field of Artifical Intelligence）等一系列文件的出台，人工智能与版权的研究已经成为另一个重要领域。有研究者讨论了人工智能的整体规制问题，⑩ 也有研究成果是关于主体研究的，比如尹卫民讨论了版权权利主体的问题、⑪ 陶乾讨论了

---

① 王迁：《版权法对技术措施的保护与规制研究》，中国人民大学出版社，2018。

② 易前良：《技术、市场与规制：我国视听新媒体产业发展整体回顾》，《声屏世界》2015年第 8 期。

③ 文正茂、赵荣停：《论网络环境下版权技术措施与合理使用的冲突与协调》，《法制与社会》2010 年第 10 期。

④ 吕本富、韩宇卿：《互联网上侵权行为研究》，《研究与发展管理》2004 年第 1 期。

⑤ 马骁：《网络链接中的知识产权问题研究》，《河北法学》2001 年第 1 期。

⑥ 张烁：《BT 下载技术与网络侵权问题》，《法制与经济》2009 第 11 期。

⑦ 张敏、马海群：《P2P 文件共享技术对网络知识产权的影响探讨》，《情报科学》2007 年第 6 期。

⑧ 蔡丽萍：《RSS 技术对网络知识产权的影响探析》，《图书馆理论与实践》2010 年第 8 期。

⑨ 张志：《VPN 技术与知识产权保护及读者权益维护探讨》，《黑龙江科技信息》2011 年第 1 期。

⑩ 吴汉东：《人工智能时代的制度安排与法律规制》，《法律科学（西北政法大学学报）》2017 年第 5 期。

⑪ 尹卫民：《论人工智能作品的权利主体——兼论人工智能的法律人格》，《科技与出版》2018 年第 10 期。

数据处理者权的问题。①

更多的成果围绕人工智能生成物的版权属性展开。王迁认为迄今为止人工智能内容都是应用算法、规则和模板的结果，不能体现创作者独特的个性，并不能被认定为作品。② 李伟民则认为，如果将人工智能的智力成果认定为非作品，这种观点与社会现实不符、与发展人工智能产业精神相悖、与法的价值矛盾。③ 尹卫民认为将人工智能作品定性为著作权客体，与思想表达二分法原则并不相悖，也有利于维持"著作权—邻接权"二元结构体系，且能够进一步彰显知识产权是私权这一属性。④ 熊琦认为人工智能生成内容的结果可以根据独创性判定标准来认定。⑤ 刘影认为根据人工智能创作过程对人的依赖程度，将人工智能生成物类型化为来自于人类的生成物（第一类生成物）和非来自人类的生成物（第二类生成物）。在人工智能技术成熟到一定阶段时，有必要打破《著作权法》的规定给予第二类生成物著作权法上的保护。⑥ 梁志文认为英国立法保护"计算机生成的作品"表明知识产权法可以兼容人工智能创造物的保护。在理论上，构建以人类读者（受众）为基础，而不是以人类作者、发明人为中心的版权法和专利法理论，即可解决人工智能创造物的法律地位问题。⑦ 张春艳、任霄认为人工智能已经由算法输入决定输出的低级阶段转入通过"自我学习"进行创作的高级阶段，人工智能创作物因达到"作品需要体现的独创性"而成为可以受著作权法保护的作品。⑧

值得一提的是，与互联网视听产业相关的报告自 2011 年以来逐年增长，主要是因为行政主管机关进行的年度报道书写，这些年度报告

---

① 陶乾：《论著作权法对人工智能生成成果的保护——作为邻接权的数据处理者权之证立》，《法学》2018 年第 4 期。

② 王迁：《论人工智能生成的内容在著作权法中的定性》，《法律科学（西北政法大学学报）》2017 年第 5 期。

③ 李伟民：《人工智能智力成果在著作权法的正确定性——与王迁教授商榷》，《东方法学》2018 年第 5 期。

④ 尹卫民：《论人工智能作品的权利客体属性》，《科技与出版》2018 年第 6 期。

⑤ 熊琦：《人工智能生成内容的著作权认定》，《知识产权》2017 年第 3 期。

⑥ 刘影：《人工智能生成物的著作权保护初探》，《知识产权》2017 年第 9 期。

⑦ 梁志文：《论人工智能创造物的法律保护》，《法律科学（西北政法大学学报）》2017 年第 5 期。

⑧ 张春艳、任霄：《人工智能创作物的可版权性及其权利归属》，《时代法学》2018 年 8 月。

已经持续数年，提供了历年来互联网视听产业和版权相关问题的一手数据（见表 0 - 2）。

表 0 - 2 行政主管机关发布的相关年度报告

序号	出版时间	报告名称	出版单位
1	2015 年 12 月	《2015 年中国网络视听发展研究报告》	中国网络视听节目服务协会
	2016 年 12 月	《2016 年中国网络视听发展研究报告》	中国网络视听节目服务协会
	2017 年 11 月	《2017 年中国网络视听发展研究报告》	中国网络视听节目服务协会
	2018 年 11 月	《2018 年中国网络视听发展研究报告》	中国网络视听节目服务协会
	2019 年 5 月	《2019 年中国网络视听发展研究报告》	中国网络视听节目服务协会
2	2019 年 4 月	《2018 年中国网络版权保护年度报告》	中国信息通信研究院（国家版权局委托）
	2018 年 4 月	《2017 年中国网络版权保护年度报告（简版）》	中国信息通信研究院（国家版权局委托）
	2017 年 4 月	《2016 年中国网络版权保护年度报告》	中国信息通信研究院（国家版权局委托）
	2016 年 4 月	《2015 年中国网络版权保护年度报告》	中国信息通信研究院（国家版权局委托）
3	2019 年 4 月	《2018 年中国网络版权产业发展报告》	国家版权局网络版权产业研究基地
	2017 年 4 月	《2017 年中国网络版权产业发展报告（摘要版）》	国家版权局网络版权产业研究基地
4	2019 年 4 月	《2017 年中国版权产业的经济贡献调研报告》	中国新闻出版研究院
5	2011 年 3 月	《中国视听新媒体发展报告（2011）》	国家广播电视总局网络发展研究中心
	2013 年 6 月	《中国视听新媒体发展报告（2013）》	国家广播电视总局网络发展研究中心
	2015 年 7 月	《中国视听新媒体发展报告（2015）》	国家广播电视总局网络发展研究中心
	2017 年 7 月	《中国视听新媒体发展报告（2017）》	国家新闻出版广电总局网络视听节目管理司、国家新闻出版广电总局发展研究中心
	2018 年 8 月	《中国视听新媒体发展报告（2018）》	国家新闻出版广电总局网络视听节目管理司、国家新闻出版广电总局发展研究中心

序号	出版时间	报告名称	出版单位
6	2012 年 8 月	《2012 中国网络视听产业报告》	中国（上海）网络视听产业基地
	2014 年 6 月	《2014 中国网络视听产业报告》	中国（上海）网络视听产业基地
7	2015 年 8 月	《2014 上海网络视听产业报告》	上海市网络视听行业协会
8	2016 年 5 月	《浙江数字出版网络视听：新媒体发展报告（2014~2015）》	浙江省新闻出版广电局

此外，高校、业界和司法界的研究机构也不定期发布相关研究报告、蓝皮书和白皮书，其中涉及与互联网视听产业版权相关的内容，如《中国互联网视听行业发展报告（2018）》①、《2019 中国网络精品评估报告》②《腾讯知识产权保护白皮书》③、《知识产权侵权司法大数据专题报告》④ 等。

这些研究报告主要偏重数据的采集、呈现和比较，为政府决策提供一手的宏观数据，理论视角的关照较弱。

综上，现有的互联网视听产业版权问题的相关研究，对基础概念、法律保护、侵权研究等问题均有涉及。此外，研究还呈现出以下不足。

第一，产业研究者普遍认识到版权纠纷成为互联网视听产业发展"瓶颈"，并因此呼吁通过调整规制和增强版权意识等来解决这一问题。法学研究者则从立法技术上试图解决视听实践中不断出现的新问题。这两种研究路径在逻辑上都存在一个"断层"，就是缺少对产生纠纷的原因进行的深入分析。互联网视听产业的版权纠纷具有产业继承关系导致的版权归属争议以及正在调整和补充的法律规制之于现实的矛盾互动，厘清这些内部和外部原因，才能在法律规制的修订中进行有针对性的调整，并通过司法实践的示范性效应，逐渐建立起健康的版权秩序，引导形成良好的版权意识。

第二，上述的研究无论是从新闻传播学还是法学研究的视角，大都针对法律的"困境"展开，这些研究关注的具体问题使得成果呈现出"微观

① 陈鹏主编《中国互联网视听行业发展报告（2018）》，社会科学文献出版社，2018。
② 这一报告是由国家广电总局发展研究中心、北大视听传播研究中心和上海国际影视节中心联合调研并于 2019 年 6 月 11 日于上海国家电影电视节发布。
③ 腾讯公司于 2017 年 4 月 17 日发布这一报告。
④ 最高人民法院信息中心于 2017 年 7 月 5 日发布这一报告。

性"视角：从治理诉求出发，研究具体问题的有效解决方案。但如表 0－2
所示，直接针对互联网视听产业的相关研究的积累已经超过 10 年，众多个
体研究中逐渐呈现出一些共性问题。对于相关法律规制的调整来说，这些
共性问题的探讨更有意义。同时，对于整个版权法律规制的改革而言，视
听产业也仍然是一个局部问题，对局部问题进行探讨，也是为整体问题的
分析提供支撑。

第三，对他国法律的研究从早期的以规避立场，主要偏重对侵权豁免
规则的研究，发展到后来的更加全面的研究，也对其中更加科学和符合现
实的规制内容和规制技术进行了介绍，提出了借鉴的建议，但这些建议是
基于立法和司法实践技巧的现实性进行讨论的，并且其基础是他国的产业
实践。互联网视听产业面对的是全球竞争，我们还需立足中国产业发展和
创新能力的现实，为这些可能的借鉴提供本土化的关照以及为参与国际规
则的制定进行有利于我国的边界探讨。

（三）研究的问题、意义和框架

本书是从发展脉络中探寻互联网视听产业各阶段的版权问题的共性特
征，并主要以"专业化制作"的视听节目为研究对象，以典型案例勾勒现
有法律规制面对的挑战，进而从产业发展和传播环境两个方面分析造成版
权纠纷的原因，并从国际条约和他国经验借鉴资源，提出有法律规制的调
整方向与路径。

1. 研究的问题

版权纠纷伴随着中国互联网视听产业的发展，产业发展的继承关系、
视听作品的特殊表达和数字技术传播造成的多元权利主体、新的保护对象
和变化的权利内容延伸出来的矛盾和争议对目前的法律规制提出了挑战。
互联网视听产业产生了哪些新的版权问题？这些问题产生的动因来自哪
里？这些问题与现有法律规制体系是如何互动的？未来的规制体系调整是
以"作者为中心"还是以"产业为导向"，抑或以"作品中心"为基本诉
求和价值驱动？具体的实施路径是怎样的？这些是本书的核心问题。

2. 研究的意义

互联网视听产业的版权问题研究属于综合性研究，其中既包括对视听
产业版权实践和纠纷的关注，也包括对全球相关版权研究的讨论。因此，

本研究具有实践和理论两个方面的意义和价值。

第一是立足文化产业保护,为政府决策和相关立法提供学理论据。互联网视听产业的版权纠纷制约了产业的健康发展,影响了中国文化产业的品牌和形象;甚至美国、日本等国也正在针对中国的"非法播放"制定对策。本书立足中国产业发展的现实,界定出合理的权利保护和侵权认定的边界,以便为目前的"多头管理"提供统一的理论内核,为下一步的政策制定和立法建设进行学理准备。

第二是推动知识产权和文化产业研究的跨学科理论建构。很多国家都有知识产权法,我国的相关研究决定着中国互联网视听产业在未来国际规则中的话语权,应及时跟进。另一方面,针对现有成果存在单纯探讨法律技术和笼统呼吁加强管理的"脱节"现象,本研究属于跨学科的系统研究,希望推动这一领域的理论建构。

3. 研究的框架

本书以版权问题探寻互联网产业知识产权的核心问题,并从产业特征和传播环境的"内""外"视角探讨纠纷的深层原因,最后立足我国产业现实,结合国际经验,对法律规制提出调整方向和路径。

第一章基于已经判决的诉讼纠纷建立核心案例库,呈现版权纠纷在中国互联网视听产业发展各阶段的特点。除了整体勾勒年代分布,还在此基础上根据纠纷数量的变化,将其分为三个不同时期,并以主体、客体、侵权方式、判罚和规制变动作为指标,分析各个阶段的不同特征,后面的几个部分将就这几个指标的分析结果展开论述。

第二章和第三章是现象逻辑层,主要从主体、客体和侵权三个方面进行了分析。在主体部分中,以版权纠纷中的行为主体来讨论,这实际比版权权利人的外延范围更大。因为在视听产业的版权纠纷中,权利人话语和非权利人话语交织在一起,主体的身份构成往往比较复杂。在客体部分中,主要分析围绕现行法律中符合规定的作品类型的纠纷以及围绕"溢出"法律边界的作品的纠纷,反映了产业实践与法律规制之间的矛盾互动。在侵权部分,则讨论了行为、责任和免责情形在核心案例中的总体特点。其中,侵权行为中不仅讨论一般侵权行为,更讨论了与间接侵权行为相关的问题。

第四章是原因逻辑层。第一、二、三章的产业视角实际呈现出版权纠纷的"内因",比如跨屏传播形成的权利多元、深度开发带来的客体类型的多样以及技术升级造成责任边界的模糊等。第四章从"外因"分析版权规制体系的全球化调整的相关问题。主要从互联网对传统版权规制的挑战以及规制体系全球化贸易中的失衡和多种利益格局在立法改革中的争议进行讨论。

　　第五章主要将其他国家和地区与视听产业版权问题相关的规制现状和调整角度进行了资料的梳理和整合,为下一步提出我国规制改进的路径提供参考。这一部分主要分析了欧盟、英国、美国、日本、韩国以及中国的香港、台湾地区与报告关注的主体、客体和侵权问题相关的内容的规定和调整。

　　第六章则在以上讨论的基础上提出我国互联网视听产业相关规制调整的改进路径,主要就改进的整体方向和前面几个部分分析的普遍问题提出以"产业中心"为主要思路的调整转向,并就主体、客体、侵权三个方面的问题提出具体的解决路径。

第一章 CHAPTER 1

伴随版权纠纷发展的中国互联网视听产业

本章从时间纵轴切入，对我国互联网视听产业版权问题呈现出的阶段性特征进行梳理，实际也是以版权纠纷为视角关照中国的互联网视听产业的发展历程。这一部分建立的样本库从 2003 年开始，到 2018 年 12 月 31 日截止。① 将 2003 年作为研究的起点，主要是因为这一年的"天虎音乐网侵权案"② 被称为"中国网络音乐维权第一案"。同时，2003 年也是国家广播电影电视总局定义的广播影视"网络发展年"③。

---

① 因为本报告修订的时间为 2019 年上半年，这一期间的典型案例也会作为例证出现在报告中。
② 该案的主要经过为：原告香港华纳、正东和环球唱片三家公司指出，2001 年 12 月，被告天虎音乐网在网站上向用户提供 MP3 格式的音乐下载和在线试听服务，且未经三家公司的合法授权，侵权华纳、正东和环球唱片三家公司总计 28 张专辑，319 首歌曲。成都市中级人民法院审理认为，虽然被告登载了要求用户在下载后的 24 小时内删除歌曲并购买正版唱片的版权声明，但其擅自上传音乐作品并在网上传播的行为，未经合法授权，所以其所做出的"版权声明"并不能说明网站尽到了义务，不能够免除其赔偿责任。同时，被告天虎音乐网自己承认侵权。据此，法院一审判决天虎音乐网赔偿各唱片公司每张专辑损失 1 万元，加上其他共计赔偿 37 万余元。该案是我国出现的比较早的互联网音乐侵权案，对网络音乐版权意识的增强有十分重要的意义。引自王云辉《国内首例网络音乐侵权案：唱片公司胜诉》，搜狐网，2003 年 10 月 13 日，media. news. sohu. com/35/48/news2/4364835. shtml。
③ 张海涛：《以发展为第一要务全面推进广播影视数字化、网络化——张海涛同志在 2003CCBN 报告会上的讲话》，《广播电视信息》2003 年第 4 期，第 3 ~ 8 页。

第一节　互联网视听产业版权纠纷概况

本书选择"中国裁判文书网"① 为主要的案例检索库。操作方式是在高级搜索模式下,以"版权""著作权"为一级关键词搜索全文,在检索结果的基础上,再使用"网络音频""网络视频""网络游戏""网络直播""短视频""节目模版""网络音乐""赛事直播""游戏直播"九个互联网视听产业下的子类别②作为关键词进行全文的二次检索,并去除重复样本。最后以各关键词检索之后得到的所有数据之和作为样本。此外,为了保证数据样本的全面性,还将北大法宝网站,北京、上海、广州知识产权法院,杭州、北京、广州互联网法院等相关法院的网站和公众号,国家版权局、国家广电总局等行政主管机关的网站以及国内主要研究机构发布的相关案例作为补充性来源。

一　版权纠纷的总体年代分布

统计结果显示,版权诉讼的数量从 2003 年的仅 3 件,增长到 2018 年的 185 件③,详见图 1-1。

从不同年份案例数的变化,可以看到两个明显的节点:一个是 2008年,这一年的版权纠纷案例数量为前六年的最高值;另一个是 2013 年,2013 年的版权纠纷案例数量为这一阶段的最高值,从 2013 年起版权纠纷

---

① 中国裁判文书网(http://wenshu.court.gov.cn/)于 2013 年 7 月开通。截至 2019 年 6 月30 日,中国裁判文书网累计公开裁判文书 71525933 篇,总访问量突破 28.3 亿人次。中国裁判文书网已经逐渐成为全球体量最大、影响力最大的裁判文书网。

② 这是本书对互联网视听产业的客体外延的界定,也是讨论视听版权作品构成的基础,在本书第二部分将会展开相关论述。

③ 最后检索日期:2019 年 6 月 1 日。

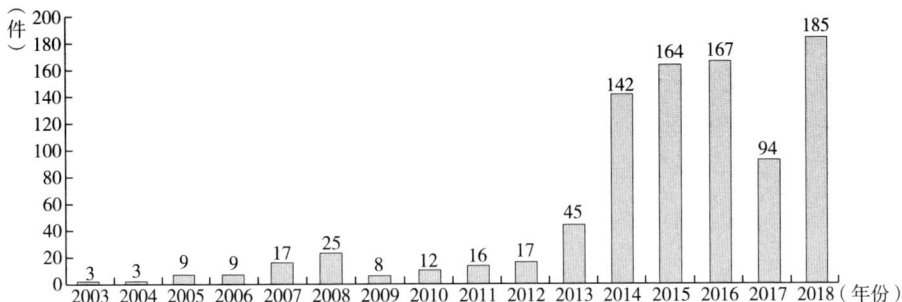

图 1-1　互联网视听产业版权纠纷的总体年代分布

案例数量又进入了新一轮的增加。本书以这两个节点作为划分的依据，将中国互联网视听产业的版权纠纷问题初步分为三个阶段：第一个阶段是 2003 年到 2007 年，在此阶段，互联网视听产业版权纠纷案例数量不多，版权维权和司法实践处于初步产生和起步的阶段；第二个阶段为 2008 年到 2012 年，这一阶段纠纷案例的数量有所增加，但企业及个人的维权意识不断提升，并且随着司法实践的丰富，规制内容也开始完善；第三个阶段为 2013 年到 2018 年，此阶段的纠纷数大幅上升，同时也对相关法律规制的改革提出了更多的要求。

二　网络视频版权纠纷的年代分布

2005 年改编自古龙著作的电视连续剧《小鱼儿与花无缺》网络播放纠纷①

---

① 该事件的第一重争议在于《小鱼儿与花无缺》于网上首播，招致电视台的不满。《小鱼儿与花无缺》一剧 2005 年 5 月 29 日起在广州电视台综合频道开播。但在广州电视台开播前十天，2005 年 5 月 19 日，该剧就在"优度宽频"（www.viewtoo.com）网站进行了全球首播。该首播使购买了此剧播出权的广州电视台、哈尔滨电视台、武汉电视台等多家电视台非常不满。对此，时任广州电视台总编室主任王建忠表示："我们强烈谴责片方这种行为！片方违背了电视剧发行最基本的'游戏规则'，为了一点蝇头小利，不惜伤害购片方的利益，太不道德！"优度宽频网站却指出："我国《著作权法》有明确规定，电视台获得的是一部剧的发行权，而网站得到的是'信息网络传播权'，两者概念上不会重叠，两种媒体也不会有冲突。是在电视台看还是用宽频看，观众有自己的选择权。"在 2005 年 5 月初，优度宽频网站首播之前，技术人员发现有 20 多家私人网站在提供此剧的非法免费下载服务。因此，优度宽频网站将"博客中国"等 30 多家网站告上法庭，被认为是中国电视剧网络维权的第一案。引自《〈小鱼儿与花无缺〉争议声中开播》，新浪网，2005 年 6 月 30 日，https://news.sina.com.cn/o/2005 - 06 - 30/08386308894s.shtml。

为较早的网络视频版权纠纷案例。由此作为起点，2005 年到 2007 年的网络视频版权纠纷案例都仅为个位数。2008 年上升为 18 件，2009 年到 2012 年又出现下滑，2013 年后网络视频版权纠纷总体呈现增长趋势，如图 1 - 2 所示。

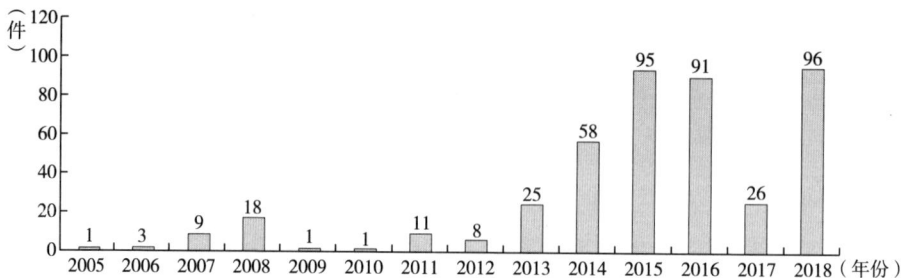

图 1 - 2　网络视频版权纠纷的年代分布

总体上看，2005 年到 2012 年，网络视频版权纠纷案例共计 52 件。2014 年，与网络视频相关的纠纷案例有所增加，为 58 件，这与中国网络视频行业的发展和扩张趋势是相关的。2016 年，统计到的相应案例有下降的趋势，这是因为 2015 年之后，我国网络视频正版化快速推进。

从行业发展来看，56 网、土豆网、酷 6 网、优酷网、六间房等视频网站自 2005 年起陆续成立，风险投资的投资热情明显高涨。① 这一时期的网络视频内容主要依靠网友自制。随着内容需求的增长，专业制作内容逐渐开始成为最重要的视听资源。用户个人在网络上"分享"的视听内容具有版权风险。到了 2010 年，乐视网、酷 6 网、优酷网、土豆网等视频网站纷纷上市。② 对比前期的"野蛮生长"阶段，上游影视方对视频版权的保护

---

① 数据显示，2005 年，中国网络视频行业的投资项目有 9 起，相关投资金额约为 4270 万美元，比如策源投资 100 万美元于 PPstream，IDG 技术创业投资基金（IDGVC）投资 50 万美元获得土豆网 30% 的股权，软银中国等投资 20 万美元于 PPlive，成为基金等投资 200 万美元于优酷网。2006 年投资项目约 10 起，金额 4000 万余美元；2007 年投资项目 10 起，涉及投资金额约 1.42 亿美元；2008 年的投资事件同样达到 10 起，涉及的投资金额约为 1.8 亿美元。从 2007 年起，平均单笔投资金额出现了大幅增长的情况。到 2008 年，平均单笔投资金额已经超过 1800 万美元。而且这些投资大多是 C 轮或 C 轮以上融资。

② 比如 2010 年 8 月，乐视网在中国创业板上市，而酷 6 网则借壳华友世纪在美国纳斯达克上市；2010 年 12 月，优酷网在纽约证券交易所上市；2011 年 8 月，土豆网在纽约证券交易所上市。

意识和措施逐渐增强。同时，土豆网、56 网、酷 6 网等视频网站的用户自制内容模式，仍然是盈利无望而又面临大量版权问题的发展模式，在国家打击盗版的种种措施下已现败势。在此情况下，视频内容正版化成为产业的发展趋势。

2009 年 12 月发展起来的爱奇艺首先采取了 Hulu 的正版视频模式，主要做长视频和专业性内容，一方面免费提供给用户，一方面以广告作为收益。随着视频内容版权价格的不断提升，少有网站能够独家买断热播影视剧版权，为减少巨额亏损，大型视频网站开始采取版权购买与内容自制同时推进的路径。比如，爱奇艺率先尝试"网络自制节目"和"网络自制剧"。这一阶段对互联网视听内容的评价标准逐渐从内容标准转变为网络流量、数据评价法。

近几年，中国网络视频行业逐渐结束了以流量为核心的"跑马圈地"阶段，形成了爱奇艺、优酷、腾讯视频三家头部平台，精品内容资源重新成为最核心的竞争力。同时，以抖音、快手为代表的短视频、知识付费内容、微综艺、技术类内容（VR/AR）、原创动漫等新型网络视听新业态逐渐显现市场优势。[1] 另外，在我国广电行业实行制播分离和国家大力推进三网融合的背景下，传统广电播出机构积极创办提供专业内容的互联网电视，如中国中央电视台创办的"中国网络电视台"、湖南卫视创办的"芒果 TV"、浙江广电创办的"深蓝网"等。其中，2014 年起"芒果 TV"开始执行内容独播战略，这一举措使得以优质版权为核心的商业模式逐步形成。

三　网络音频版权纠纷的年代分布

从图 1 - 3 可以看到，2003 年到 2014 年网络音乐版权纠纷案例都停留在个位数，从 2015 开始，网络音乐版权纠纷开始出现较大幅度的增长，其中 2016 年达到 55 件。

---

[1]　以弹幕视频网站哔哩哔哩（B 站）为例，2015 年 1 月获得掌趣科技华人文化产业投资基金等投资方 2420 万美元的 A 轮融资；2015 年 7 月，获 CMC 资本等投资方 7525 万美元的 B 轮融资；2016 年 5 月，获君联资本等再投 1.5463 亿美元的 C 轮融资；2017 年 5 月，获 CMC 资本 1.07 亿美元的 D 轮融资；2018 年 3 月，公司 IPO 上市获 4.83 亿美元；2018 年 10 月，获腾讯投资 3.176 亿美元的战略投资。

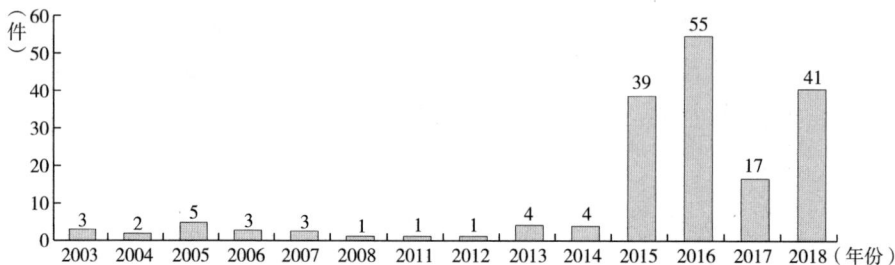

图 1-3 网络音频版权纠纷的年代分布

注：因第一手数据统计不够全面，图 1-3 中 2009、2010 年数据空缺，但上述问题不影响对行业总体趋势的判断。

　　早期的网络音频版权纠纷案件以音乐门户网站实施的侵权行为为主。音乐门户网站的侵权行为主要是未经版权人许可，网络内容提供商直接将有版权问题的音乐上传到网站传播，供用户下载；或者音乐门户网站本身并不直接上传盗版音乐，而是为用户提供存储空间，用户在网站的共享空间内上传歌曲，这种情形下，音乐门户网站未经授权向公众提供有版权问题音乐的下载和视听服务，可能构成侵权，如"骑士音乐网侵犯版权案"就属于此类。①另一类情形则是网络链接侵权、搜索引擎侵权或者 P2P 软件侵权。

　　2015 年，国家版权局在《关于责令网络音乐服务商停止未经授权传播音乐作品的通知》中要求未经授权的音乐作品必须在 2015 年 7 月 31 日前全部下线。截至 2018 年，中国 96% 的消费者使用正版音乐，远高于 62% 的全球平均水平。②但几大音乐服务商的相互诉讼频繁发生。腾讯音乐、酷狗音乐、网易云音乐、阿里音乐等各大音乐平台之间都进行过诉讼。大量情节显著轻微、个人化的侵权行为没有进行诉讼。

　　此外，电影、电视剧、综艺节目、网络游戏，甚至网络直播、短视频中的音乐"翻唱"等问题引发了一系列版权纠纷。比如沈庆委托华乐成盟诉上海灿星未经授权使用其音乐案③、VFine Music 起诉短视频 MCN 机构 papitube 商用

---

① 一审：安徽省滁州市南谯区人民法院（2011）南刑初字第 00027 号；二审：安徽省滁州市中级人民法院（2011）滁刑终字第 00045 号。

② 国际唱片业协会：《2018 音乐消费者洞察报告》，搜狐网，2018 年 10 月 16 日，http://www.sohu.com/a/275926813_172553。

③ 该案中，音乐人沈庆因为《寂寞是因为思念谁》先后被《中国好声音第三季》（该季亚军帕尔哈提演唱）、《中国好声音第四季》（由该季冠军张磊演唱）翻唱未经授权而将上海灿星制作等公司诉至法庭。

音乐侵权案①、中国音乐著作权协会诉斗鱼直播平台案②等就属此类。

四　网络游戏版权纠纷的年代分布

2012 年前网络游戏领域的版权纠纷案例较少，共统计到 33 件。2012 年之后，网络游戏版权纠纷案开始增加，增长速度平缓，但游戏涉及的纠纷往往因为对现行规制提出较大挑战而受到社会的广泛关注（见图 1－4）。

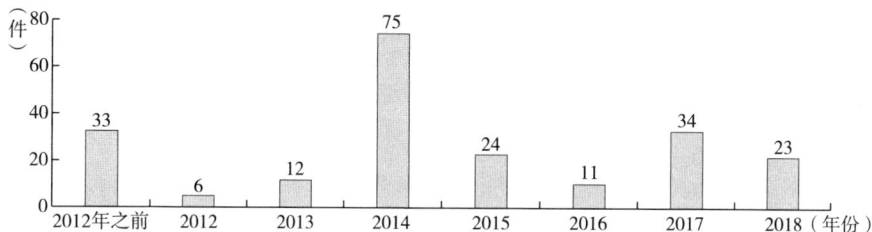

图 1－4　网络游戏版权纠纷的年代分布

网络游戏领域版权争议之一是源代码的简单复制。如 2012 年的伍迪兵等侵犯版权和商业秘密案③、2018 年的广东龙小卫等侵犯版权

---

① 2018 年 8 月，papitube 旗下视频博主@ Bigger 研究所在广告短视频 "2018 最强国产手机大评测！" 中，未经授权使用了日本音乐厂牌 Lullatone 的原创歌曲 *Walking On the Sidewalk*，相关视频全平台总播放量超过 2309 万次，转赞评数据超过 25 万条。VFine Music 音乐版权平台的经营者北京音未文化将经营 papitube 的北京春雨听雷网络科技有限公司及关联方徐州自由自在网络科技有限公司诉至法院，并索赔经济损失及维权合理开支共计 25 万余元。北京互联网法院第五次开庭并做出一审判决，被告方 papitube 制作的短视频配乐未经授权，使用了涉案音乐构成侵权，判令被告赔偿原告版权方 VFine Music 及音乐人 Lullatone 经济损失 4000 元及合理支出 3000 元，共计 7000 元。引自白金蕾《MCN 侵权第一案：胜诉仅获赔七千 VFine 继续上诉》，新京报网，2019 年 9 月 2 日，http：//www.bjnews.com.cn/finance/2019/09/02/622309.html。

② （2018）京 0491 民初 935 号民事判决、（2019）京 73 民终 1384 号。终审认定，斗鱼公司直接提供了包含涉案歌曲《恋人心》的相关涉案视频，侵害了中国音乐著作权协会的信息网络传播权，应该承担相应的侵权责任。

③ 该案的主要经过为：2010 年，被告人伍迪兵担任珠海金山软件有限公司高级开发经理期间，违反其与公司签订的保密合同约定，将该公司享有著作权的《剑侠世界》网络游戏软件的源代码向被告人李玉峰披露。2011 年 6 月至 10 月间，被告人李玉峰伙同孙笑天、宋明阳利用非法获得的游戏软件的源代码，私自架设服务器，经营游戏《情缘剑侠》，注册会员达 1 万余人，非法经营额为人民币 110 余万元。北京市海淀区人民法院于 2012 年 9 月 29 日以（2012）刑初字第 3240 号刑事判决书做出判决，被告人伍迪兵犯侵犯商业秘密罪，判处有期徒刑二年，罚金人民币 20 万元。

案①等，均是泄露游戏源代码的案件。网络游戏领域的另一种版权纠纷的形态主要是外挂以及私服，比如 2005 年上海游塘存架设《传奇 3》私服案②、2007 年闫少东等人架设私服运营《精灵世界》牟利案③、2016 年胡海梦等人私自架设服务器运营其网络游戏《问道》案④、2018 年蔡某某等

---

① 该案的主要经过为：2017 年 6 月始，被告人龙小卫在未经著作权人广州多益网络股份有限公司许可的情况下，到泰国协助他人架设、运营私服游戏《歪歪神武》。2017 年 9 月，被告人李勃加入《歪歪神武》的运营。其间，二人负责通过 QQ 与玩家沟通，进行游戏推广，并联系游戏充值平台管理员将玩家充值金额转至指定银行账户。2017 年 9 月始，被告单位机械牛网络科技（苏州）有限公司和被告人程刚，在明知《歪歪神武》运营方利用互联网运维私服游戏的情况下，仍通过"派爱支付"平台与《歪歪神武》私服网站进行连接，为《歪歪神武》提供玩家充值通道和支付结算，并按比例收取手续费。经鉴定，《歪歪神武》游戏程序对著作权人自主研发的《神武》游戏程序进行了非法复制。经核算，2017 年 9 月 28 日至 2018 年 1 月 23 日，被告单位机械牛网络科技（苏州）有限公司为《歪歪神武》支付结算玩家充值金额共计 362 万余元。2018 年 12 月 25 日，广州市黄埔区法院判决，被告人龙小卫犯侵犯著作权罪，判处有期徒刑二年，并处罚金 2 万元；被告人李勃犯侵犯著作权罪，判处有期徒刑一年六个月，并处罚金 1 万元；被告单位机械牛网络科技（苏州）有限公司犯帮助信息网络犯罪活动罪，判处罚金 3 万元；被告人程刚犯帮助信息网络犯罪活动罪，判处有期徒刑十个月，并处罚金 1 万元。
② 该案的主要经过为：2004 年 8 月，游塘存伙同叶伟龙等人未经著作权人许可，先后从他处非法取得 7 套《传奇 3》网络游戏版本，将其改名为《天子传奇》，并私自架设游戏服务器终端，在互联网上以会员制形式非法提供游戏服务。截至 2005 年 5 月，《天子传奇》游戏服务器终端在互联网上运营近 4 个月，会员玩家接近 2000 人次，非法所得人民币 50 余万元。上海市普陀区法院宣判，被告游塘存被一审判处有期徒刑 3 年，缓刑 3 年，并处罚金人民币 4 万元。
③ 该案的主要经过为：2006 年 5 月，闫少东从他人处购得实际使用权人为上海某网络科技公司的《精灵复兴》网络游戏程序的复制版《精灵世界》，便与王琪共同投资合作，由王投资两台服务器，闫少东负责招聘相关人员等。随后，他们租借了武汉一房屋，将两台服务器先后托管在武汉电信公司某机房及广东茂名市一网络公司，并在广西某电信分公司租借了私服运营所需的虚拟下载空间。2007 年 1 月，他们将私服运营地点转移到重庆市的一出租房内，并把服务器转至重庆一家科技发展公司来托管，继续私服运营。陈科、陈某（未成年）、王友杰被闫少东聘为工作人员，共同参与网络游戏私服运营，分别负责网络游戏网站建设、客户服务等工作。经查，5 人非法经营和违法所得已经触犯《刑法》的相关规定。最终，法院依法宣判，闫少东等 5 名被告人非法私服运营网络游戏《精灵世界》，构成侵犯著作权罪。
④ 该案的主要经过为：2016 年 6 月至 7 月间，胡海梦伙同冯廷震、刘剑非，未经著作权人厦门吉比特网络技术股份有限公司及其独家运营商北京光宇在线科技有限责任公司许可，私自架设服务器，运营其网络游戏《问道》，收取玩家充值款共计人民币 15 万余元。北京市海淀区人民法院判决胡海梦、冯廷震、刘剑非犯侵犯著作权罪。

人非法取得腾讯网络游戏《逆战》的源代码并制作成外挂程序案①等。网络游戏的侵权形式呈现出多样性，素材抄袭、"换皮"等为主要类型，包括对游戏人物设计、游戏地图、音乐、游戏logo、游戏情节的抄袭等。

五 网络直播版权纠纷的年代分布

从数据统计看，网络直播相关版权纠纷案例较早出现于2009年，但一直到2016年，进入诉讼案例都比较少。从2017年开始，随着网络直播平台的发展，相关版权纠纷有所增长。

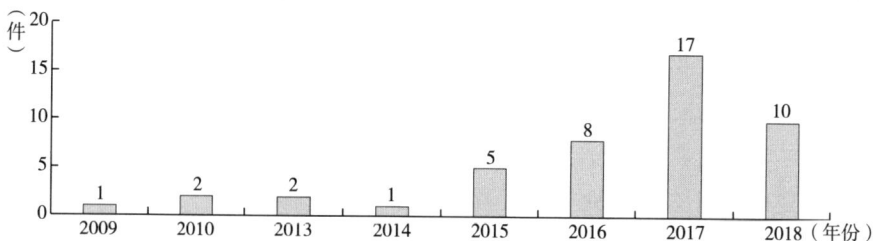

图1-5 网络直播版权纠纷的年代分布

注：因第一手数据统计不够全面，图1-5中2011、2012年数据空缺，但上述问题不影响对行业总体趋势的判断。

2000年9158开创网络视频聊天业务之后，QQ、YY语音、呱呱、六间房等平台就曾推出视频直播，主要是基于PC秀场的娱乐直播，并未获得很好的反响。2010年以后随着4G技术的普及，游戏直播带领网络直播进入"2.0阶段"。最早的游戏直播出现在2012年3月的YY直播（2014年更名为虎牙直播），这是我国第一家推出直播游戏业务的企业。斗鱼直播和战旗TV等其他平台在2014年初也相继成立。此外，腾讯的TGA直播

---

① 该案的主要经过为：2016年4月，蔡某某未经腾讯公司授权和许可，非法取得《逆战》游戏辅助透视源码，并编译生成可执行外挂程序，分别交给王某某、熊某某在网上销售，牟利13万余元。2016年12月，黄某某未经腾讯公司授权和许可，从他人获取《逆战》游戏外挂程序，交给熊某某在网上销售，牟利10万余元。2017年4月，李某某未经腾讯公司授权和许可，非法取得《逆战》游戏辅助透视源码，并编译生成可执行外挂程序，交给熊某某在网上销售，牟利1万余元。另查明，2016年6月间，黄某某还非法获取公民个人信息资料共计7233条。湖北省嘉鱼县人民法院依法宣判，被告人蔡某某、熊某某、王某某犯侵犯著作权罪，被告人黄某某犯侵犯著作权罪、侵犯公民个人信息罪，分别被判处有期徒刑，并追缴没收违法所得49万余元。

等平台也纷纷成立。2015 年，智能手机的成本降低和无线网络的全面铺开，使网络直播进入了以手机直播和泛娱乐为特点的"3.0 阶段"。映客、花椒等手机直播 App 开始大量涌现。2016 年之后更多的普通用户参与到直播中来。同年，微鲸科技 VR、花椒直播等均将 VR 技术用于视频直播领域，网络直播进入了"4.0 阶段"。

赛事直播（如体育和游戏赛事）相关纠纷也在增长。与"斗鱼直播"相关的系列案例是游戏直播的一个缩影。斗鱼公司涉及了数个赛事直播版权纠纷，如"斗鱼网络科技有限公司与幻电信息科技有限公司侵害作品信息网络传播权案""2015 年耀宇诉斗鱼版权侵权纠纷案"等。斗鱼先后和微软、中国音乐著作权协会、字节跳动、爱奇艺、腾讯等大型公司发生了侵权争议。

根据上面对相关案例特征的梳理，本书将伴随互联网视听产业发展的版权纠纷划分为三个阶段。

第一阶段为萌芽阶段（2003 ~ 2007 年）。此阶段的互联网视听产业行业雏形显现，纠纷案例尚少，互联网侵权盗版问题比较突出。在这一阶段，出现了网络视频网站、网络广播、IPTV、网络电视等互联网视听产业子类别，互联网视听产业快速成长。同时，以盗版光盘为代表的线下影视剧盗版模式，逐渐转向了线上的服务器存储为代表的盗版模式。新旧盗版模式同时并存，盗版问题成为了影响互联网视听产业健康发展的主要问题。

第二阶段为发展阶段（2008 ~ 2012 年）。此阶段互联网视听产业流量竞争加剧，纠纷案例增加，纠纷以非授权传播为主。对互联网视听内容的评价标准逐渐变为趋于单一的网络流量、数据评价法。因此，这一阶段的版权纠纷主要呈现为以拉动流量为诉求的非授权传播方式。用户个人在网络上"分享"的视听内容带来了大量的版权纠纷，一些视频网站受到竞争压力对侵权情形持放任的态度，导致非授权传播泛滥。

第三阶段为井喷阶段（2013 ~ 2018 年）。此阶段的互联网视听产业内容驱动增强，纠纷案例大量增加，新样态的侵权行为增多。互联网视听行业已经走过单纯以流量为核心的"跑马圈地"阶段，各个平台除了购买电影、电视、综艺、音乐、动画等版权内容之外，还大力采购体育赛事、游戏赛事等资源的新媒体版权。同时，各网络视听服务商均重视开发自制版权内容以提高自身对视听内容的主导权。抄袭和疑似抄袭的行为成为新的纠纷点，一些具有争议的创作方式，以"洗稿""混剪"等形式出现。

第二节　行业雏形显现，纠纷案例较少
（2003～2007年）

以2003年发生的"香港华纳、正东和环球唱片三公司诉天虎音乐网未经授权向公众提供MP3下载和在线试听侵权案"的"网络音乐维权第一案"为开端，到2007年，这一阶段的案例数量较少，其中音频与视频相关的纠纷数量最多。这一阶段纠纷的原因都比较单一，其模式往往是由过去的以盗版光盘为代表的线下影视剧盗版模式转向了线上的各类新型盗版模式。

一　侵权诉讼多发于制作企业之间

通过数据收集到此阶段的纠纷案例41件。从分布地域来看，诉讼地在北京、上海、广州和深圳这四个一线城市的案例数量就占到了35件，占比近90%。这一时期内，无论是原告方还是被告方大都为企业，占比94%；涉及个人的视听版权纠纷案件较少，占比6%（见图1-6）。

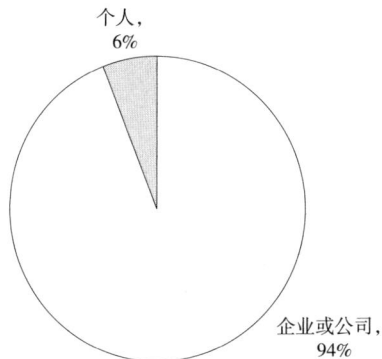

图1-6　2003～2007年案例主体类型分布

原告方为企业的版权纠纷诉讼案例有 33 件。其中，传统唱片公司作为原告方的案例最多，典型案例如"正东、新力和环球唱片公司诉北京音乐极限网案""滚石唱片公司诉鸿联公司案"等。在一些案例中，外国企业与中国企业之间也发生了音乐版权诉讼，如"韩国文化放送公司诉中国联通有限公司浙江分公司和北京百度网讯科技有限公司著作权侵权案"① 中的原告方是韩国公司。

在版权意识尚不成熟的阶段，只有那些拥有较大规模的企业，出于发展目的才会关注版权问题，并愿意以成本更高的诉讼方式解决版权纠纷。从统计数据看，五年间以个人作为原告的案例仅统计到 5 件。

该阶段共统计到涉及刑事犯罪的版权案例 3 件。以"2007 年杨建委通过服务器下载或邮寄移动硬盘的方式盗卖国外电影案"② 为例，该案中，杨建委等人操纵其名下三家公司在互联网上为数百家公司提供电影作品下载，这些影片来自盗版 DVD 或者压缩盘，其中的 782 部存在侵权情形。这是全国第一例网络侵犯电影著作权刑事案例。另外行政处罚的案例有 3 件。

二 网络音视频侵权案例较多

这一阶段，网络音频纠纷一共有 16 件，网络视频纠纷有 13 件，网络游戏纠纷有 2 件。总体上看，这一阶段的版权纠纷案例主要以对网络音视频的侵权较多，其他案例也有所增加。（见图 1－7）

（一）音频侵权

这一时期网络音频是主要的纠纷对象，特点之一在于网络音频相关纠纷的起诉主体常常是传统的音乐唱片公司，被起诉主体往往是互联网公司。之所以会如此，主要原因在于新兴的网上音乐还处于"野蛮生长"的阶段，没有互联网公司购买音乐版权的通路，网络传播音乐作品以盗版作

---

① 该案中，原告韩国文化放送公司诉称，被告在未经原告许可且未支付报酬的情况下，以盈利为目的，通过百度影视网站提供电影作品《大长今》在线视频点播服务，已经侵犯了原告的合法权益。该案的原告韩国文化放送公司（MBC）为韩国企业，该案因此涉及外国企业与中国企业之间的版权诉讼。

② 《网售侵权影片非法获利 当事人首被追究刑责》，中国新闻网，2017 年 11 月 28 日，ht-tps：//ww. chinanews. com/it/h/wxw/news/2007/11－28/1089678. shtml。

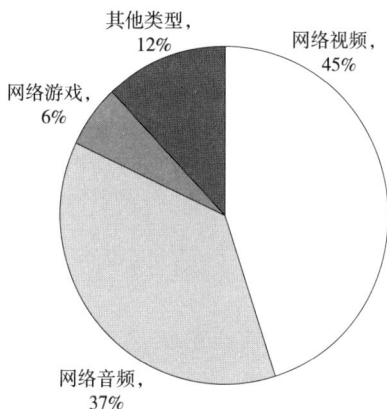

图 1-7 2003~2007 年案例客体类型分布

品为主体。

2003 年"华纳公司诉榕树下网站侵犯歌曲著作权案"中,华纳公司发现榕树下公司在其网站"榕树下"上向网站用户提供华纳公司获得授权的作品如《一笑而过》等共计 10 首歌曲的下载和试听服务,法院判处榕树下网站赔偿华纳音乐股份有限公司 1.5 万元。此案为音频侵权领域较早的案例。

(二) 视频侵权

这一时期网络视频版权侵权逐渐成为版权纠纷的主要客体之一,纠纷的数量共有 13 件。在"2006 年美国二十世纪福克斯电影公司、华纳兄弟娱乐公司等诉搜狐公司未经许可非法传播《指环王》等十部电影案"① 中,

---

① 该案中,搜狐公司未经许可擅自将《指环王》等十余部电影放到自己网站上,供网站用户下载,且未在影片中提及内容删除原则,遭到国外电影公司起诉。该案起诉方均为国外的著名电影公司,国外电影公司认为搜狐公司的做法构成了对其电影作品的侵权,要求搜狐公司立即删除网站上的影视作品,并对侵权行为道歉,赔偿版权人的经济损失。2006 底,北京市第一中级人民法院受理了该案件,并对搜狐公司的侵权行为进行查证。针对搜狐的侵权行为,北京一中院对其做出了赔偿十部电影版权拥有方的五家电影公司共计 108 万元人民币的处罚。其中,二十世纪福克斯电影公司获赔 25 万元,哥伦比亚电影工业公司得到了 19 万元的赔偿,新线制片公司得到 14 万元赔偿,华纳兄弟娱乐公司则获得 24 万元赔偿,环球城市制片公司获赔金额为 25 万元。这起案件中,比较有代表性的是它涉及了国外公司与国内公司之间的互联网视听产业版权纠纷问题。引自郭志霞《搜狐擅自提供影片下载被判赔偿百万》,TechWeb 网,2006 年 12 月 28 日,http://www.techweb.com.cn/news/2006-12-28/135389.shtml。

法院判决搜狐公司赔偿 100 余万元。该案代表了这一时期网络视频版权侵权的主要形态：非法盗播或非法提供下载服务。这一时期因尚无版权授权的先例，加之互联网"共享"传播特征带来的便利性以及自制节目资源的不充足，将电影、电视等专业制作节目资源"搬运"到网络平台的行为屡见不鲜。

（三）游戏侵权

2003 年至 2007 年，游戏版权纠纷案例有 2 件，主要的问题均为架设私服。2005 年 7 月"游塘存等人私自架设《传奇 3》游戏服务器终端案"代表了这一时期游戏版权纠纷的主要模式：明知著名游戏有合法运营商的情况下，仍未经网络游戏版权人许可，通过非法获取网络游戏程序等手段，将网络游戏复制、改编并在互联网上发布。这些复制或改编后的网络游戏和原来的正版游戏相似度非常高，但价格低廉，向游戏玩家收取入会费、出售虚拟游戏币、出售游戏装备等，成为"私服"的主要获利方式。

三　侵权方式的技术含量较低

该阶段网络视频侵权手段主要以服务器存储模式为主，侵权成本也较高。使用该侵权模式的网站与正规的网络视频服务提供商一样，都需要自己的服务器和带宽，不同之处就在于这些内容没有获得版权授权。以 2004 年百度公司推出的 MP3 搜索服务为例，使用者在百度中输入歌名，就能搜索到歌曲的在线试听和下载服务，百度公司提供 MP3 音乐文件的下载链接，但这些下载链接大都未获得授权。网络游戏领域则以私设服务器（私服）的形式出现。

四　经济赔偿占裁判结果的最大比例

本阶段的裁判结果中小额经济赔偿的占比较大，数额在 15 万元以下的占到近 70%，大的互联网服务提供商之间因版权问题而产生的赔偿金额会略大，但其数额上没有突破现行规定的范围，普遍较低（见图 1-8）。

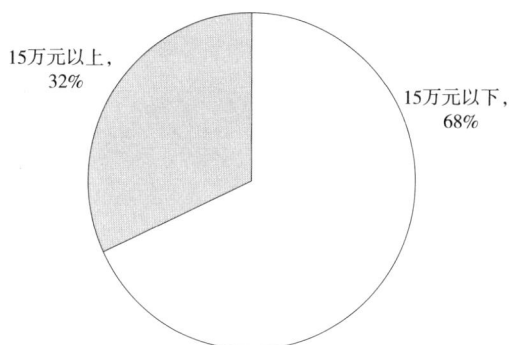

图 1 - 8　2003~2007 年案例赔偿金额数额占比

从赔偿方式看，经济赔偿和行政罚款是本阶段对侵犯版权行为的主要处罚方式。在 35 件统计案例中，使用经济赔偿的裁判结果共 28 件，占到了总数的 80%；第二类则是行政处罚中的行政罚款，统计到 3 件，包括 2 例游戏私服案和 1 例网络视频案，占总数的近 9%；另有 4 件其他赔偿方式的案例。

五　版权规制体系初建

在我国加入世界知识产权组织的重大背景下，世界知识产权组织缔结的相关条约也在我国生效。尽管我国关于视听产业之间相关的规制还处于刚刚起步的阶段，但迫切的互联网版权保护需求成为了最大的推动力，促使相关规制尽快制定与完善。

2003 年到 2007 年，共统计到相关法律 2 部，法规（行政法规、地方行政法规）9 部，规章（部门规章、地方规章）48 部，自律规定（版权集体管理机构规定、平台规定和行业规定等）5 部，加入的国际公约 16 部，司法解释 8 部，共计 88 部（见图 1 - 9）。

这一阶段涉及网络音频的规制文件有 33 个，涉及网络视频的规制文件有 36 个，涉及网络游戏的规制文件有 11 个；同时这一阶段的版权纠纷案例以网络音频和网络视频的侵权案件为主，表明了后发式规制的情形。（见图 1 - 10）

这一时期增加的规制文件以行政规章为主，也表明行政主管机关在视听规制领域的积极作为。

司法解释，8，
9%　　　法律，2，
　　　　2%　　法规，9，
　　　　　　　10%

国际公约，16，
18%

自律规定，5，
6%

规章，48，
55%

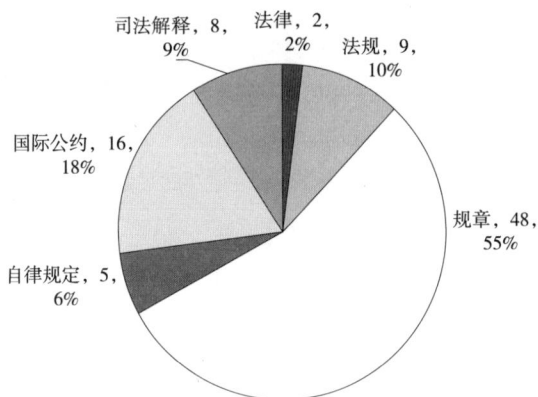

图 1 - 9　2003～2007 年版权规制分类情况

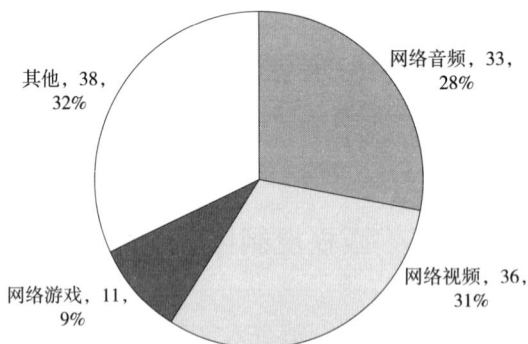

其他，38，
32%

网络音频，33，
28%

网络游戏，11，
9%

网络视频，36，
31%

图 1 - 10　2003～2007 年版权规制涉及领域情况

　　2003 年，国家广播电影电视总局通过《互联网等信息网络传播视听节目管理办法》，明确了互联网等信息网络中开办各种视听节目栏目的类型，明确了"国家广播电影电视总局是信息网络传播视听节目的主管部门"，并提出了 12 条禁止的内容。同年，文化部的《互联网文化管理暂行规定》明确了互联网文化产品的类型包括"音像制品、游戏产品、演出剧（节）目、艺术品、动画等其他文化产品"五类，并对违反该规定的行为制定了处罚原则和标准。

　　2004 年 6 月 15 日，国家广播电影电视总局通过了《互联网等信息网络传播视听节目管理办法》的修订案，规定国家对从事信息网络传播视听节目业务实行许可制度。

　　2005 年 4 月，国家版权局与信息产业部联合发布了《互联网著作权行政保护办法》，目的在于加强互联网信息服务活动中信息网络传播权的行政保护。

2006 年 7 月，《信息网络传播权保护条例》出台。这一条例主要是"为保护著作权人、表演者、录音录像制作者的信息网络传播权"而设立的。

2006 年，文化部印发了《网络音乐发展和管理的若干意见》，严格了市场准入并实施网络音乐产品的内容审查制度。

第三节　流量竞争加剧，纠纷案例增多
(2008～2012 年)

互联网视听产业从以内容带来受众增加以提升广告收入的传统盈利模式发展到了新的赢利模式：以网络流量来替代传统的"人头计算方式"。网络流量分为上行流量和下行流量。下行流量是网络下载带来的流量，比如将视频、在线音乐下载到个人电脑或者手机端。上行流量则是上传到互联网的流量，比如发起交互式对话，上传视频内容到"云"等。上行和下行的流量都是因为人对网络的使用，流量越大，代表可能聚集的人群更多。在 2008～2012 年这一时间段内的版权纠纷也因而呈现出以拉动流量为诉求的"非授权传播方式"侵权为主的特征。

一　平台企业成为侵权诉讼的主要主体

这一阶段内的相关案例为 78 例，版权纠纷的原告方主要是法人或其他组织，涉及的主体包括网络视频平台、电视台等，其中网络平台常常出现在纠纷案例中，比如凤凰视频诉 PPTV 盗播案。① 还出现了传统媒体作为原告方起诉网络平台的案例，比如 2011 年"优酷网盗播江苏卫视《非诚勿扰》案"②。这个案例中，优酷网没有经过江苏卫视的授权，把《非诚勿扰》节目放到平台上供人点播和观看。这一案例也反映了网络平台内容生

---

① 朱瑞：《为网络盗版侵权赔偿"诊脉开方"》，《人民法院报》2014 年 9 月 14 日，第 3 版。
② 该案中，作为国内十分热门的相亲节目，《非诚勿扰》的观众群体非常庞大，优酷网未经允许在自己的平台上盗播《非诚勿扰》，给节目制作方江苏卫视造成巨大的经济损失。最终，法院判决优酷网赔偿江苏卫视人民币 100 万元，传统媒体的维权之战取得了一定的成果。

产能力的不足。这一阶段大部分大型网络视听平台几乎都有成为被告的可能，说明平台若不能作为生产者，将很难在互联网视听产业的竞争中生存。

在网络游戏领域，网络游戏市场继续扩大①，"外挂""私服"等问题长期禁而不止，这些"外挂""私服"案件多以个人侵权为主。

二　各客体侵权案例均有发生

这一时期，围绕网络音频、网络视频、网络游戏等客体的版权纠纷均有发生，总体上并没有出现更多的新样态。统计到 2008 ~ 2012 年间的版权纠纷案例共计 78 件，其中网络音频版权纠纷案例 3 件，网络视频版权纠纷案例 39 件，网络游戏版权纠纷案例 19 件，网络直播版权纠纷案例 3 件，其他案例 14 件（见图 1 – 11）。

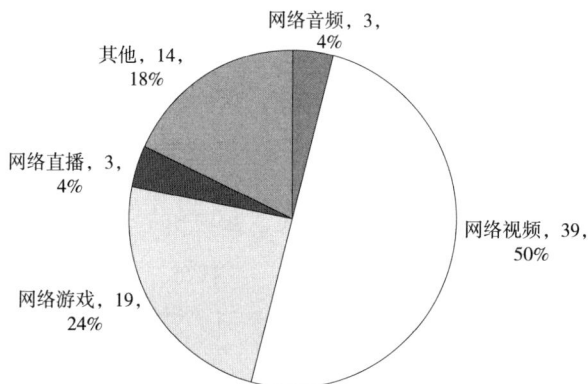

图 1 – 11　2008 ~ 2012 年侵权案例客体类型分布

（一）音频侵权

2008 ~ 2012 年间，网络音频的版权纠纷减少，仅统计到相关案例 3 件。尽管诉讼案例较少，但这五年间的网络音乐侵权争议仍然不少。大量

---

① 网络游戏市场规模在 2008 年为 207.8 亿元，2009 年为 258 亿元，2010 年达到 327.4 亿元，2011 年增长到 468.5 亿元，2012 年进一步增长到 603 亿元。引自文化部《2012 中国网络游戏市场年度报告》，中国政府网，2013 年 5 月 3 日，http：//www.gov.cn/gzdt/2013 – 05/03/content_2395361.htm。

个人侵权现象存在侵权人数基数大、侵权行为显著轻微等原因，权利人并没有通过诉讼进行广泛的维权。

（二）视频侵权

关于视频作品的互联网版权纠纷案件 39 例，占总体案例的 50%。网络视频是这一阶段版权纠纷的主要客体，其中主要是传统媒体和专业制作者的节目因网络播放产生的侵权争议。

这五年间，有关电视节目的纠纷案件总量有所增加，电视节目相关纠纷案件的总数不多但有向网络发展的趋势，比如"2010 年的北京世纪超星信息技术发展有限责任公司诉优酷网擅自播放专题片一案"① 是专业制作者与网络平台之间的纠纷，内容涉及 596 部学术专题片，索赔金额达 1072 万元。

这一阶段纠纷的另一个特点是平台企业也开始以版权人的身份，出现在原告席，经历了内容不足的困境，这些互联网企业一方面开始购买正版视听作品，另一方面也逐渐身兼视听产品的生产者。

（三）网络直播侵权

2008 年北京奥运会期间，与体育赛事转播相关的版权纠纷案件受到了较大的关注。在北京奥运会期间，央视网及搜狐、新浪等九家转播网站的日均页面访问量总数达到 63.96 亿页次；日均不重复独立用户数为 1.38 亿，用户数占到中国 2008 年 2.53 亿网民总数的约 54.55%。② 2008 年，央视国际网络有限公司就因为涉嫌赛事转播侵权先后起诉了"世纪龙"与"迅雷"两家公司，其中"央视国际网络有限公司诉深圳市迅雷网络技术

---

① 此案的主要经过为：2010 年 12 月 2 日，北京世纪超星信息技术发展有限责任公司（超星公司）因优酷网将超星公司拥有版权的 57 名教授和知名学者的授课视频上传到优酷网一事将优酷网诉至法院。超星公司起诉称其签订协议，请杜继文、雷颐、韩正之等著名教授和学者录制了一系列的视频教学课程。但 2010 年 1 月，优酷网上出现了大量未经超星公司许可的公开课专题片，网友可以在优酷网上随意下载或在线观看这些视频内容，其中部分视频作品的片头或片尾已被优酷网删除并加入优酷网自己的广告。2010 年 3 月，超星公司曾对优酷网提起诉讼，并在法院调解下达成协议。但优酷网未依照调解协议停止侵权并赔偿，因此超星公司再次提起诉讼，并将索赔金额提高至 1072 万元。

② 严波：《现场直播节目版权保护研究》，博士学位论文，华东政法大学，2015。

有限公司著作权侵权及不正当竞争纠纷一案"被媒体称为北京奥运会版权侵权第一案。该案中，原告央视国际网络有限公司起诉被告迅雷公司"迅雷看看"直播频道未经授权在线实时转播了"CCTV–奥运频道"的体育中心特别节目"与圣火同行"。

三　基于 P2P 技术的侵权成为纠纷的主要类型

随着网络平台数量的增多和平台角色的转型，网络播出平台的内容来源趋于多元，既有来自传统视听媒体的音视频作品，也有来自网络平台上的视听作品资源；既有网友上传的个人资源，也包括企业生产的专业化资源。P2P 技术下网友"分享"造成的侵权争议是主要的纠纷类型。

（一）P2P 技术"分享"的海量资源和多样的平台

基于 P2P 技术相继出现了 BT、电驴等网络协议程序以及 BTChina 种子资源网站、VeryCD 电驴资源网站等。在 2011 年前后，P2P 平台大多因为版权问题关站或进行整改。[①]"北京慈文影视制作有限公司诉广州数联软件技术有限公司信息网络传播权纠纷案"是我国第一个网络服务提供者承担版权侵权责任的案例，也是 P2P 侵权的较早案例。此外，还出现了定向链接、盗版网站等播放器复合模式，用户可通过客户端来实现定向搜索、播放、下载，这也引发了新的版权纠纷。快播、西瓜影音、吉吉影音等影视应用都使用了复合模式。

（二）音乐侵权纠纷以搜索链接服务侵权为主

随着智能手机和移动互联网的普及，智能手机逐渐取代了台式电脑成为了移动和便携的网络音乐收听和下载渠道，音乐 App 成为了用户管理音乐的主要模式。除 P2P 分享造成的侵权纠纷，在线音乐侵权还体现在搜索链接服务侵权方面。2010 年 8 月，传统唱片公司环球、华纳和索尼对百度公司提供 MP3 搜索链接服务侵权提起诉讼，索赔金额高达 6350 万元。从

---

① 艾瑞咨询：《2019 年中国网络视频版权保护研究报告》，艾瑞网，2019 年 3 月 6 日，ht-tp：//report. iresearch. cn/report/201903/3342. shtml。

2011 年起，互联网音乐平台开始积极采购音乐作品版权，中国网络音乐正版化的尝试逐渐有了成果。[①]

（三）网络游戏侵权纠纷仍以"私服""外挂"等侵权方式为主

网络游戏版权纠纷案仍以"私服""外挂"问题为主，但涉案金额也较大。以"安徽合肥艺凌网络科技有限公司侵犯著作权案"为例，该案中，以项敏为主的涉案嫌疑人暗中经营盛大游戏旗下的传奇游戏的私服程序，账面非法经营额高达 1000 万余元。

四 小额经济赔偿仍为主要的裁判结果

通过对这一阶段内所有案例赔偿结果的统计发现，这一阶段的判决仍然以经济赔偿为主，占到了赔偿方式的 91%（见图 1 - 2）。

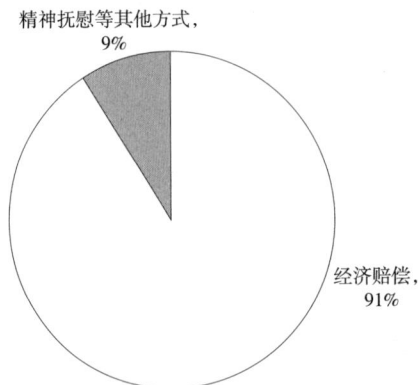

图 1 - 12   2008 ~ 2012 年案例赔偿方式占比

我国《著作权法》（2010）规定，根据版权所有者的实际损失或者侵权人的违法所得，确定侵权人的赔偿数额。对于不能确定的，酌情在五十万元限度之内判决。[②] 专业制作的视听作品的高成本，使得在这一赔偿限制下，权利人的损失得不到合理的赔偿。以"2008 年中国电影集团诉酷 6

---

① 艾瑞咨询：《2018 年中国泛娱乐版权保护研究报告—简版》，艾瑞网，2018 年 6 月 6 日，http://report.iresearch.cn/report/201806/3222.shtml。

② 《著作权法》（2010）第 49 条。

网侵权案"为例，原告称被告在《赤壁》公映初期就未经授权在网上提供在线播放服务。在影片上映首日，原告就已向被告发出律师函，要求其不要播放影片。北京市海淀区法院认为，被告在接到原告律师函后，继续以分享收益来鼓励用户上传包括该影片在内的侵权作品，应承担共同侵权责任，判决被告赔偿原告人民币 5 万元。① 由于规定赔偿数额较低，有的判罚开始突破这一"天花板"。"北京天盈九州网络技术有限公司与上海聚力传媒技术有限公司侵害作品信息网络传播权纠纷案"中，一审法院判决被告赔偿原告经济损失及合理开支 59.1 万元；二审判决的赔偿范围则包括原告的经济损失及为制止侵权行为所支付的合理开支 171.149 万元，突破了我国《著作权法》规定的赔偿限度。② 2020 年 11 月颁布的《著作权法》第 54 条已经将"权利使用费难以计算"的赔偿上限调整为 500 万元。尽管如此，相较于动辄亿万级的专业视听作品市场，这一赔偿仍然太少。未来落实"惩罚性赔偿"将是一个可行途径。

五　版权规制体系的持续修订

这一阶段共统计到相关法律 5 部，法规（行政法规、地方性法规）15 部，规章（部门规章、地方政府规章）62 部，自律规定（版权集体管理机构规定、平台规定和行业规定等）2 部，国际公约 15 部，司法解释 4 部，和上一阶段相比，总体数量有所上升。行政机关通过针对性的规制制定和修正，与法律规定一起形成了对互联网视听产业版权保护的合力。这一阶段国家新闻出版总署、文化部、国家版权局、国家信息产业部等部门均有相关规制性文件出台。（见图 1 - 13）

这一阶段，以网络音频、网络视频、网络游戏等视听客体为中心的版权纠纷均有发生，从规制涉及的领域看，涉及网络音频的有 38 部，涉及网络视频的有 50 部，涉及网络游戏的有 26 部（见图 1 - 14）。

网络音乐方面，2009 年 9 月文化部发布了《关于加强和改进网络音乐

---

① 王光文：《论我国视频网站版权侵权案件频发的原因与应对》，博士学位论文，华东师范大学，2012，第 76 页。

② 上海市浦东新区人民法院（2013）浦民三（知）初字第 374 号；上海市第一中级人民法院（2013）沪一中民五（知）终字第 222 号。

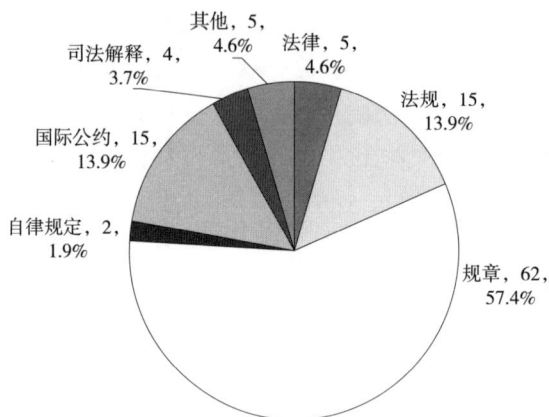

图 1 - 13　2008～2012 年规制分类情况

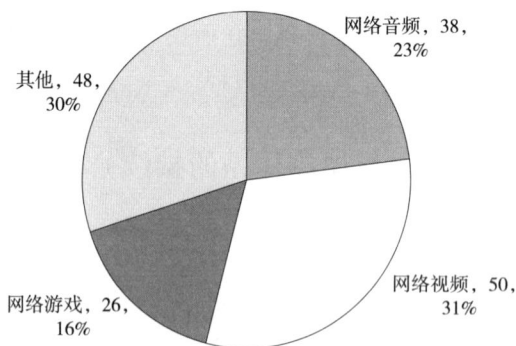

图 1 - 14　2008～2012 年规制涉及领域情况

内容审查工作的通知》；在网络游戏方面，中央机构编制委员会办公室 2009 年 9 月印发了《关于印发〈中央编办对文化部、广电总局、新闻出版总署"三定"规定中有关动漫、网络游戏和文化市场综合执法的部分条文的解释〉的通知》；在网络视频方面，2010 年 10 月国务院办公厅《关于印发打击侵犯知识产权和制售假冒伪劣商品专项行动方案的通知》正式发布，2010 年 11 月，国务院办公厅又在《关于贯彻落实全国知识产权保护与执法工作电视电话会议精神任务分工的通知》中进一步明确了 23 个相关部门和单位的分工和合作要求。

《著作权法》的第二次修改在 2010 年完成。此次修改调整了两个内容：一处是修改了违禁作品的规定，另一处是增加了著作权登记的规定。

2010 年 11 月 25 日，最高人民法院颁布了《最高人民法院关于做好涉及网吧著作权纠纷案件审判工作的通知》，该通知对自行提供影视作品的网吧经营者的侵权认定及其赔偿损失责任的承担等进行了具体的解释。

国家版权局、工业和信息化部、国家广播电影电视总局于 2008 年 6 月 20 日颁布了《关于严禁通过互联网非法转播奥运赛事及相关活动的通知》，这一通知对第 29 届奥运会的"零盗版率"奇迹①起到了保驾护航的作用。

---

① 中国互联网络信息中心（CNNIC）、万瑞数据：《北京 2008 奥运会互联网传播效果研究报告》，2008。

第四节 内容驱动增强，纠纷案例激增
（2013～2018 年）

2015 年以来，短视频、知识付费内容、微综艺、技术类内容（VR/AR）等视听新业态不断出现，互联网电视累计覆盖终端和激活终端持续上升，制作精良的内容逐渐成为视听行业最核心的竞争力。互联网视听行业进入了重视优质内容和版权保护的阶段。优酷、爱奇艺和腾讯视频在竞争中发展成为互联网视听行业的"头部平台"①。在内容与技术的共同驱动下，版权纠纷案例数量增大，同时，对互联网视听产品的规制保护力度也在增强。

一 网络服务提供商成为主要诉讼主体

2013～2018 年本书样本库中的版权纠纷案例 797 例。仅从数量上看，这一阶段的版权纠纷数大幅增长，居于三个阶段中最多的一个时期，见图 1－15。

2013 年 5 月 7 日，百度收购 PPS 视频业务并与爱奇艺合并。2018 年 3 月 29 日，爱奇艺在纳斯达克上市。2015 年 10 月，阿里巴巴花费 56 亿美元收购优酷土豆（合一集团）。② 在市场竞合的过程中，爱奇艺、优酷、腾

---

① 2015 年，爱奇艺整体市场份额为 56.4%，合一集团为 47.0%，腾讯视频为 38.9%，各项指标均排在各大视频网站的前列；2016 年，市场份额超过 50% 的只有爱奇艺、优酷、腾讯视频三家；2017 年，爱奇艺、优酷、腾讯视频三家日活跃人数占全网的 77%，使用时长占 76%，处于市场第一梯队；2018 年上半年，通过优酷三大平台收看过网络视频节目的用户占整体网络视频用户的 89.6%，其他视频平台的用户使用率进一步下降，市场格局进一步清晰。

② 王杨：《阿里巴巴 56 亿美元现金买下优酷土豆 创中国互联网"第一并购"》，观察者网，2015 年 10 月 16 日，http://www.guancha.cn/economy/2015_10_16_337830.shtml.

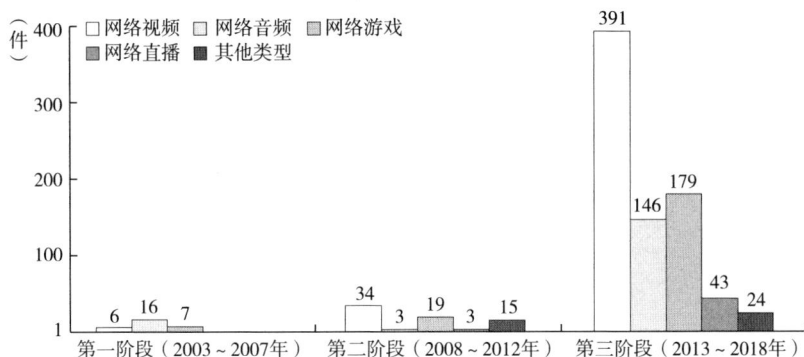

图 1-15　各阶段不同客体版权纠纷数量

讯视频逐渐发展成为网络视听行业的三大头部平台，三者之间的版权竞争也更加激烈，版权纠纷在各平台之间发生得更为频繁。仅在 2016 年，爱奇艺与暴风、乐视与暴风、腾讯与合一、爱奇艺与合一、爱奇艺与腾讯等互联网企业之间就发生了几起视听版权诉讼。

二　游戏及直播侵权诉讼大幅增加

以盗播为主要模式的侵权有所减少。数据显示，2013 年以后中国网络视频用户付费的比例持续升高，但同时网络音频、网络视频等侵权案例仍呈现上涨趋势，网络视频作为客体的诉讼仍然是最多的（见图 1-16）。这期间网络游戏和网络直播侵权诉讼的数量大幅增加。

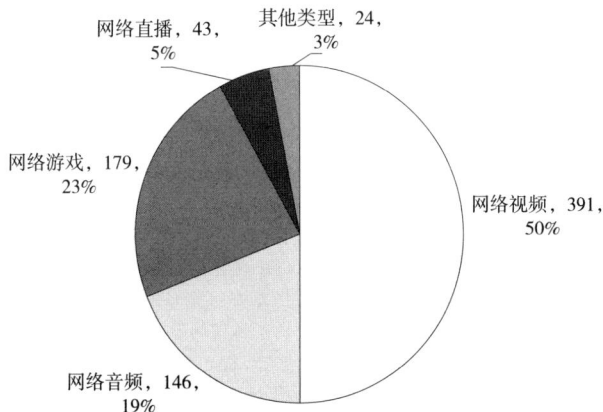

图 1-16　各领域侵权案例分布

（一）视频侵权

在本书建立的案例库中，这一阶段共统计到侵权纠纷 391 件。在综合治理下，网络视频版权纠纷案例增长放缓，略有反复。2014 年版权纠纷案例数量为 142 件，2015 年、2016 年、2018 年的案件分别为 164 件、167 件、185 件，仅 2017 年的案件略有下降，为 94 件。

近年来大量的网络小说被改编成电视剧，一方面给推迟出版的原著带来了被"抄袭"的风险，另一方面，小说在视听产业中的变现也催生了快速创作的需求，导致由原著的抄袭风险引发的视听作品的抄袭诉讼。2016 年，小说《锦绣未央》被指涉嫌抄袭，引发了当时正在热播的同名电视剧的侵权风险。此外，电视剧《甄嬛传》的原著小说《后宫·甄嬛传》、《三生三世十里桃花》的原著小说《三生三世十里桃花》、《楚乔传》的原著小说《11 处特工皇妃》、《如懿传》的原著小说《后宫·如懿传》等都有过抄袭争议，一些争议进入了诉讼程序。

（二）游戏侵权

2013～2018 年，我国网络游戏行业除了存在对游戏代码、画面、人物形象、情节、音乐的抄袭，也存在对游戏玩法的抄袭争议。如 2014 年暴雪公司诉游易公司《卧龙传说》抄袭《炉石传说：魔兽英雄传》游戏模式和游戏设定一案。① 这一时期伴随着手游的快速发展，一些手游与街机游戏、端游、海外游戏以及不同的手游之间互相抄袭的争议不断。因此，关于手

---

① 本案中，暴雪公司于 2013 年 3 月 22 日在美国游戏展上首次公布最新开发的一款电子卡牌游戏《炉石传说：魔兽英雄传》，后网易公司经暴雪公司授权将该游戏引入中国市场并于 2013 年 10 月 23 日向中国公众开放测试。两公司发现，游易公司于 2013 年 10 月 25 日向公众展示了一款名为《卧龙传说：三国名将传》的网络游戏，该游戏全面抄袭和使用了与《炉石传说》特有游戏界面极其近似的装潢设计及其他游戏元素，并且还在公司网站上发表了题为《惊现中国版〈炉石传说〉，是暴雪太慢？还是中国公司太快？》的宣传文章，宣称《卧龙传说》是中国版的《炉石传说》，并称《卧龙传说》几乎完美的换皮复制了《炉石传说》。法院认定《卧龙传说》开发者并未通过自己合法的智力劳动参与游戏行业竞争，而是通过不正当的抄袭手段将原告的智力成果占为己有，并且以此为推广游戏的卖点，其行为背离了平等、公平、诚实信用的原则和公认的商业道德，超出了游戏行业竞争者之间正当的借鉴和模仿，具备了不正当竞争的性质。2014 年 11 月 6 日，上海市第一中级人民法院判决《卧龙传说》的抄袭构成不正当竞争。游戏玩法不受著作权保护，但网络游戏中的玩法"抄袭"需个案分析，可通过不正当竞争进行保护。

游抄袭的侵权纠纷成为游戏业界关注的热点，比如桂林力港、希力科技诉触控科技《捕鱼达人》侵犯著作权案①、《花千骨》手游抄袭大型 ARPG 游戏《太极熊猫》侵权案②等。

（三）赛事直播侵权

随着赛事直播市场价值的增大，赛事直播的版权属性争议也变得更加激烈。在"央视诉世纪龙侵犯著作权纠纷案"③、"体奥动力（北京）诉被告上海全土豆网络科技有限公司网络侵权纠纷案"等涉及体育赛事直播的版权纠纷案中，原告一方的诉求均没有获得法院的最终支持。2015 年"央视国际网络诉华夏城视网络电视股份有限公司著作权侵权及不正当竞争纠纷案"中，法院认为赛事直播不属于我国版权法规定的作品。④ 在"北京天盈九州网络技术有限公司与北京新浪互联信息服务有限公司不正当竞争纠纷案"中，北京市第三中级人民法院一审认为，体育赛事录制形成的画面是受《著作权法》保护的作品。但 2018 年，二审法院北京知识产权法院认为涉案赛事公用信号所承载的连续画面不构成著作权法意义上的电影作品。⑤

（四）游戏直播侵权

游戏直播画面是否属于作品存在较大争议。其中，比较典型的案例为 2014 年"广州网易计算机系统有限公司诉广州华多网络科技有限公司侵害著作权及不正当竞争纠纷案"。广州知识产权法院一审认可游戏画面为类

---

① 此事件中，力港网络指出，希力科技拥有《捕鱼达人》美术作品著作权，并授权力港网络开发相关网络版、网页版和手机版，后者拥有相关软件著作权，触控科技的《捕鱼达人》为侵权产品。而触控科技表示，触控科技的《捕鱼达人》及《捕鱼达人 II》拥有完整的软件著作权，并是国家文化部唯一备案的《捕鱼达人》手机游戏产品。

② 此案中，蜗牛数字认为手游《花千骨》的玩法、数值和 UI 布局，都与蜗牛数字拥有著作权的大型 ARPG 游戏《太极熊猫》几乎完全一致。法院一审认为，《花千骨》手游在游戏玩法规则的呈现方式等方面利用了《太极熊猫》的基本表达，侵害了著作权人享有的游戏改编权，判决天象互动与爱奇艺赔偿蜗牛数字 3000 万元。

③ 广东省广州市中级人民法院（2008）穗中法民三初字第 352 号。

④ 广东省深圳市福田区人民法院（2015）深福法知民初字第 174 号；夏天：《屡败屡诉，赛事直播有"著作权"吗?》，《上海法制报》2017 年 11 月 8 日。

⑤ 一审：北京市第三中级人民法院（2014）三中民（知）终字第 15098 号；二审：北京知识产权法院（2015）京知民终字第 1818 号。

电影作品。①

截至 2019 年 5 月 29 日，腾讯公司对火山小视频、今日头条、抖音短视频、西瓜视频等产品提起诉讼并申请相关禁令。这些诉讼涉及以直播或录播方式传播游戏。② 重庆自由贸易试验区人民法院和广州知识产权法院等相关法院均发出了针对相关案件的行为保全禁令。

三　基于云储存技术的侵权方式增加

盗版成本更低的"盗链"行为本质上是引诱用户浏览来增加点击率的行为。大多数盗版网络视频站点都与第三方播放器合作，将正版视频源链接到自己的站点上，视频内容仍然存储在被链接网站的服务器中，被链接网站需要付出大量的存储成本和带宽成本，盗链网站只需通过转化播放地址就使用了他人的版权资源，并利用网络广告联盟获得收入，通过搜索引擎提供流量和入口。

另一种行为是"网盘侵权"。2012 年，中国的个人云盘行业兴起以来，由于难以实现商业盈利，不少相关企业宣布倒闭。2018 年，百度网盘一家独占行业 61.6% 的市场份额。③ 以百度网盘为代表的个人云盘始终存在用户批量上传视听作品资源，通过海量网盘侵权链接将未经版权方授权的视听内容进行下载和在线播放的问题。影视作品《战狼 2》《三生三世十里桃花》等作品的版权方和网络传播平台都曾对百度网盘发起诉讼，百度网盘均以"通知—删除"的"避风港"规则作为责任排除的事由。④ 事实上，即便网盘服务提供商删除具体的链接，也无法从根本上将源文件删

---

① 《网易告 YY 一审获赔 2000 万　未来无授权游戏直播或属侵权》，《成都商报》2017 年 11 月 21 日，第 11 版。

② 2019 年 5 月 30 日，重庆自由贸易试验区人民法院发出行为保全禁令，责令北京字节跳动科技有限公司立即停止通过"今日头条" App、toutiaoimg. cn 域名传播（以非直播方式）带有"王者荣耀"名称的《王者荣耀》游戏录制视频。2019 年 5 月 31 日，广州知识产权法院发布两个行为保全禁令，要求火山小视频停止以直播方式传播《王者荣耀》，要求今日头条、西瓜视频停止以直播方式传播游戏《穿越火线》。

③ 艾瑞咨询：《2018 年中国个人云盘行业研究报告》，艾瑞网，2018 年 12 月 11 日，http://report. iresearch. cn/report/201812/3306. shtml。

④ 陈高洁：《网盘服务提供商的法律责任分析——以优酷诉百度网盘侵权案为例》，《法制与经济》2018 年第 8 期，第 76 ~ 78 页。

除。在 2018 年的"搜狐诉百度云盘侵犯《匆匆那年》信息网络传播权案"中，法院认定百度网盘侵犯网剧《匆匆那年》的信息网络传播权，要求彻底删除该剧。这一判决的"彻底删除"，即确认了版权人有权要求网盘服务商用 MD5 校验值等技术手段从根本上定位种子文件，直接从服务器彻底删除源文件，可以说本案确立了对网盘版权侵权制裁的新方式。

四 赔偿金额大幅提高

这一阶段，大量案例中的赔偿金额突破了 50 万元①，这是一个非常积极的信号。此外，精神赔偿成为一部分版权人主张之一。2014 年，共统计到判赔额度超过 50 万的案件 3 件，2015 年 2 件，2017 年 2 件，2018 年 7 件（见图 1 – 17）。

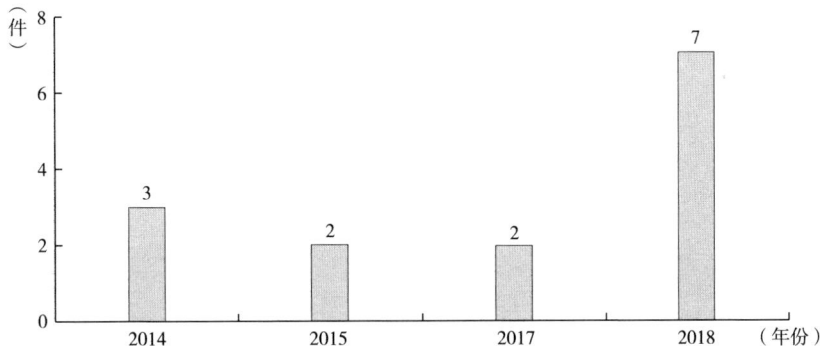

图 1 – 17 判赔额度超过 50 万元的案件时间分布

其中，在"腾讯公司诉暴风集团著作权侵权纠纷案"② 中，一审法院认定暴风公司构成对涉案节目信息网络传播权的侵犯，判决其赔偿腾讯公司每期节目经济损失 100 万元及诉讼合理支出 1 万元，两项共计 101 万元，6 集总额 606 万元，创下单期综艺节目赔偿数额历史新高。在"网易诉 YY

---

① 《中国网络版权保护力度不断加大》，《山西日报》2008 年 5 月 2 日。
② 2014 年 7 月暴风公司在其网站上播出腾讯公司拥有独家信息网络传播权的《中国好声音（第三季）》前六期节目，腾讯公司向北京石景山法院提起诉讼。一审判决原告胜诉，二审法院维持了原判。

游戏直播侵权案"① 中，法院一审认为直播电子游戏构成了对电子游戏版权的侵权，判决 YY 赔偿网易经济损失 2000 万元，是目前为止网络游戏版权纠纷案件中最高的赔偿额度。

相关案例中涉及精神赔偿的案例逐渐增加，仅 2018 年就有涉及精神赔偿的 13 个案件。比如"数龙公司诉奇客公司侵害著作权案"② 中，法院判决结果中就包含精神赔偿部分。

五 版权规制体系不断完善

2013 ~ 2018 年间，共统计到相关法律 5 部，法规（行政法规、地方性法规）18 部，规章（部门规章、地方政府规章）46 部，自律规定（版权集体管理机构规定、平台规定和行业规定等）30 部，加入的国际公约 11 部，各类规制文件总计 118 部（件）（见图 1 – 18）。

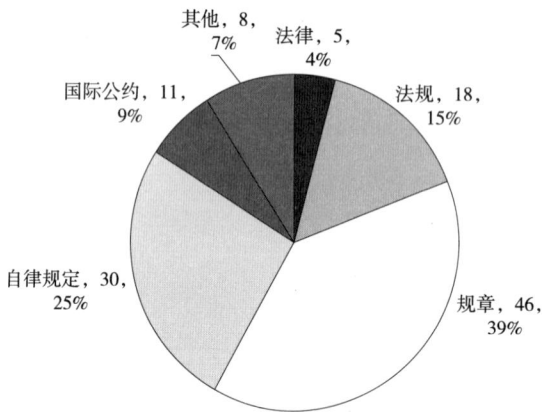

图 1 – 18　2013 ~ 2018 年规制分类情况

从这些规制文件涉及的领域看，涉及网络音频的规制 67 部，涉及网络视频的有 73 部，涉及网络游戏的有 14 部，涉及网络直播的有 11 部

---

① 网易公司发现广州华多网络科技有限公司通过其经营的 YY 游戏直播网站等平台，直播、录播、转播其版权游戏《梦幻西游 2》的内容，于 2014 年 11 月 24 日提起诉。2017 年 11 月一审法院判决被告赔偿原告经济损失 2000 万元。

② 数龙公司取得韩国网页游戏《冒险岛》的著作权后认为奇客公司开发运营的游戏《冒险王》抄袭了《冒险岛》的地图场景、角色形象及名称、NPC 形象、技能及画面效果等，因此提起诉讼。一审法院判决原告胜诉。

（见图 1 - 19）。

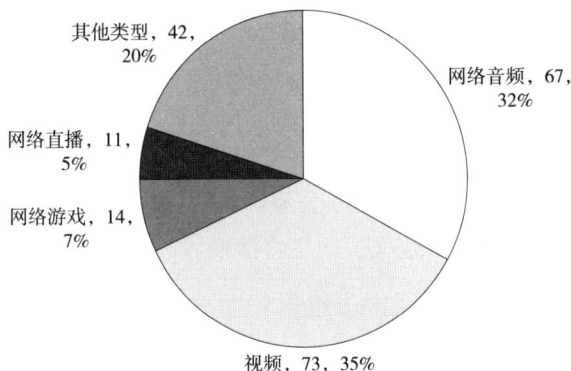

图 1 - 19　2013 ~ 2018 年规制涉及领域情况

2014 年 6 月，《著作权法》（修订草案送审稿）公开征求意见，为数字网络技术的发展背景下我国《著作权法》第三次修订做好进一步完善的基础。2017 年 3 月 1 日《中华人民共和国电影产业促进法》正式实施。2015 年 11 月 1 日实施的《中华人民共和国刑法修正案（九）》对于网络著作权保护的修改加大了著作权的刑事保护力度。

2014 年 10 月，最高人民法院公布了《关于审理利用信息网络侵害人身权益民事纠纷案件适用法律若干问题的规定》，进一步完善了涉及互联网侵权法律问题的裁判规则体系。2018 年 12 月 12 日，最高人民法院发布《最高人民法院关于审查知识产权纠纷行为保全案件适用法律若干问题的规定》。①

2013 年 3 月 1 日起施行的修改后的《信息网络传播权保护条例》对侵害信息网络传播权行为提高了罚款金额；2015 年 10 月 14 日发布的《关于规范网盘服务版权秩序的通知》强调网盘服务商的主动注意义务。2013 年国家版权局发布《关于进一步加强互联网传播作品版权监管工作的意见》，从 2014 年起不定期地公布热播、热映重点影视作品预警名单；2015 年 9 月 8 日，国家版权局发布《著作权行政处罚实施办法（修订征求意见稿）》，加大网络环境下对侵权盗版行为的行政打击；2015 年 7 月版权局又

① 中国信通院：《2018 年中国网络版权保护年度报告》，国家版权局，2019 年 4 月 26 日，http：//www.ncac.gov.cn/chinacopyright/contents/518/398159.html。

发布了《关于责令网络音乐服务商停止未经授权传播音乐作品的通知》；
2016 年 4 月，国家新闻出版广电总局的《专网及定向传播视听节目服务管理规定》确立了专网及定向传播视听节目服务秩序；同年 6 月，广电总局发布的《关于移动游戏出版服务管理的通知》对手游的审批做出规定；
2018 年 3 月又印发了《关于进一步规范网络视听节目传播秩序的通知》；
2016 年 11 月，国家互联网信息办公室发布了《互联网直播服务管理规定》，明确了互联网直播的定义、网络直播准入和审核规范等重要内容。

本章小结

　　互联网视听产业的产生、发展伴随着问题、困难与纠纷。经过三个阶段的梳理可以发现，第一阶段，中国互联网视听产业呈现出野蛮生长的状况，版权纠纷以服务器存储模式为主要侵权方式，侵权成本也较高，技术手段比较单一。第二阶段，中国互联网视听产业开启了流量竞争模式，P2P 侵权行为变得常见，版权纠纷的客体逐渐增多，网络视频、网络音频、网络游戏、网络直播等客体均有涉及。第三阶段，中国互联网视听产业进入了内容精品驱动的发展阶段，游戏及直播版权纠纷诉讼大幅增加，基于云储存技术的侵权行为增加。

　　科技的进步始终是影响互联网内容产业快速发展的关键，也是互联网内容产业版权纠纷的关键。以网络音乐产业为例，MP3 格式、点对点传输技术、iTunes 服务、串流技术等，每一次科技的进步都引起了新的产业发展和版权问题。如今的情况依然相似，科技的快速变革正在生产出各种各样的新兴互联网内容产品，如使用者生成内容（UGC）、人工智能生成物（AI）等作为现今互联网时代的又一新趋势，再次引发了对于版权客体的大讨论。此外，随着 5G 技术的发展，人们获取信息的载体将彻底发生变化，80%～90% 可能都是视频内容，这将给网络视听企业带来巨大的市场空间，也因此未来视频技术在生活中的应用将更加广泛，无人驾驶、远程医疗、电子商务等将为网络视听产品拓展无限的应用场景，也会不断带来基于特定技术和场景运用的版权侵权争议的新问题。

第二章 CHAPTER 2

互联网视听产业版权纠纷中的主体和客体

本书第一章梳理的伴随互联网视听产业发展而起的版权纠纷，有两个现象值得关注：其一是随着新技术和新市场的开发，争议的客体有时并不是现行法律明确规定的作品，但由于这些视听产品已经产生了极大的市场价值，亟须明确其法律属性。其二，视听产业的生产方式令众多个体和组织在产品的生产、价值的实现上都有所贡献，但并非所有的主体都是法律规定的权利人；边界尚不明确的客体的相关主体的权利问题则更为复杂。针对这些问题，这一部分将首先梳理出版权纠纷中进入诉讼的主体并进行研究。这是一种泛化意义的主体研究，本章试图通过这样的方式，厘清复杂视听生产中各个主体之间的法律关系，区别各自的权利义务。本章的客体研究主要围绕版权纠纷争议中的客体展开。本章分析了这些争议客体的分布和特征，重点围绕可能"溢出"法律保护范围的客体进行讨论。

第一节　主体构成复杂，多重身份杂糅

由于视听作品的创作综合性和链条式开发，参与主体不断扩张，并在相互交叉中产生了新的复杂情形。研究发现参与纠纷的双方并非仅限于版权人或者邻接权人，因此本书将主体构成分为权利人和非权利人。权利人包括原始版权人——作者，还包括由于权利转让而产生的继受版权人以及在作品传播阶段产生的邻接权人。非权利人则包括国家层面的行政主管机关、社会层面的版权集体管理组织和企业层面的版权代理机构等（见图2-1）。

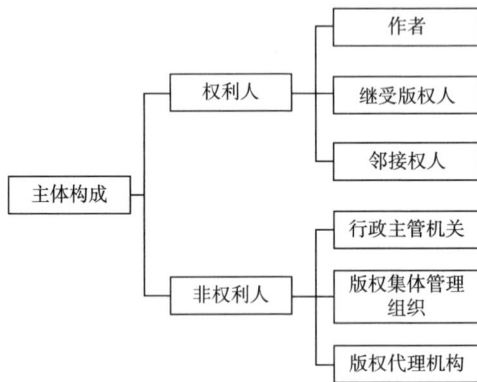

图2-1　互联网视听产业版权纠纷中的主体构成

一　纠纷中的版权人

版权取得的前提条件是完成具有独创性的作品，作者是原始版权人；同时，其他人也有可能通过版权的转让，成为继受版权人。在视听作品的创作中，集体创作和多次改编的情形普遍存在。同时，在视听作品的多次开发中，版权权利的转让也成为产业和市场活跃的标志。

（一）原始版权人

原始版权人就是作者。作者是指直接参与文学、艺术和科学作品创作的人。我国《著作权法》（2010）第 11 条规定："创作作品的公民是作者。"《著作权法》（2020）第 11 条将表述修改为："创作作品的自然人是作者。"

根据本书案例库的统计，在实际的诉讼中，作者作为原告或者被告直接参与诉讼的比例并不高，在案例库总共 922 例诉讼中，诉讼主体是作者的仅有 26 起，约占总体比例的 2.82%（见图 2 - 2）。

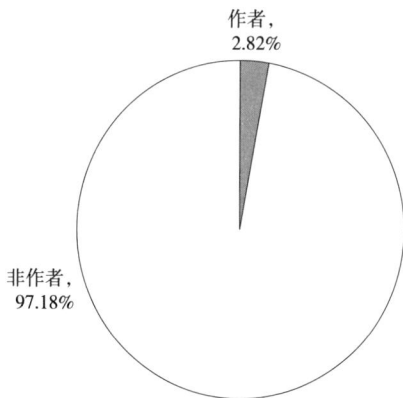

图 2 - 2　作者和非作者作为诉讼主体的比例

其中涉及文字作者的案例有 16 起，涉及音乐作者的有 7 起，涉及视频或类电作品作者的有 2 起，涉及漫画作者的 1 起（见图 2 - 3）。① 在这 26 起案例中作者一般作为原告进行诉讼，仅有 2 起案件的被告身份是作者。

分析作者作为原告的案例可以发现：被告一般都是未经作者允许，将其作品进行改编或者在网络中发布。网络传播的便利性和隐蔽性使得作者发现侵权情形变得不易，这也是诉讼主体中作者占少数的原因之一。同一件作品可能会被多个不同的侵权方侵权，作者不仅需要在互联网的海量信息中知晓这种侵权行为的存在，还需要对它们逐一进行诉讼。作者面临着

---

① 本书案例库的客体为视听类作品，但由于视听作品的综合性和衍生性，其常常改编自其他作品形式，也常常在后续的产业链中改编为其他作品形式。

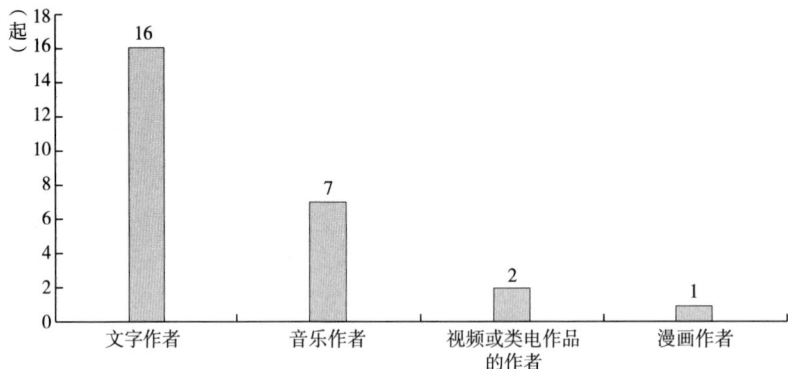

图 2 - 3　参与诉讼的作者类型分布

举证困难、程序复杂等多方阻碍，但是，诉讼之后获得赔偿与维权成本相比并不丰厚。因此，大部分作者面对网络中的侵权行为很难直接选择以诉讼的方式维护自己的权利。

　　视听作品的作者，也就是以自己的独立创作成为视听作品作者的人。从创作的角度来说，音视频类作品中的剧作家、导演、摄影师、剪辑师等做出了独创性贡献的人，都应该称之为作者。① 视听作品，尤其是专业制作的视听作品，参与创作的往往不止一个人，这就需要根据其行为是否付出了独创性劳动来判断单个个体构成作者的情况。以视听类作品中最为复杂的影视作品为例，编剧会以文字形式全面完整地表达想要拍摄影片的蓝图，导演将脚本或文学剧本编写成排练演出时的工作台本，这种工作台本在电视和电影中又叫做分镜头台本，摄制组各部门再针对分镜头台本协同工作，通过拍摄以及后期将剧本制作成成品电视剧、电影等。② 作为视听产品，特别是"视"，是离不开屏幕上的画面的，摄影师、灯光师当然也是"作者"之一，此外，"听"的部分与作者、曲以及其他音效工作的设计实施者相关。对于专业制作的作品来说，剪辑师、特效师等也是必不可少的角色之一。

　　近年来，社交媒体平台上诞生了许多新的视听产品类型，比如短视频、社会直播，这些产品有的只需要普通网民个体即可完成，但随着竞争

---

① 《著作权法》（2020）规定，视听作品中的电影作品、电视剧作品的著作权由制作者享有，但编剧、导演、摄像、作词、作曲等作者享有署名权，并有权按照与制作者签订的合同获得报酬。视听作品中的剧本、音乐等可以单独使用的作品的作者有权单独行使其著作权。

② 曾湘勇：《浅议导演的二度创作》，《文艺生活（艺术中国）》2017 年第 5 期。

的加剧，最终获得较高流量的视听作品，包括上述作品，都越来越多地加入了专业创作的集体化方式。专业制作的视听产品仍然是视听产业中具有更高市场价值的主流产品形态。

视听作者的复杂性，不仅体现在个体创作者数量众多上，还体现在本国法律认可法人是"作者"的情形。我国《著作权法》（2020）第11条规定："由法人或者非法人组织主持，代表法人或非法人组织意志创作，并由法人或者非法人组织承担责任的作品，法人或者非法人组织视为作者。"当前承认法人作者的国家只有中国和日本。①

通常在电影或类似电影的摄制方法创作的作品中，"法人作者"通常指制片者。在影视作品著作权归属问题上，我国的《著作权法》一方面采用大陆法系著作权法"合作作品"制度，另外也赞同英美法系版权法的"视为作者"原则。

从类电作品的"制片者"署名来看，包含"出品方、出品单位、联合出品单位、摄制单位、联合摄制单位、联合拍摄单位、协助摄制单位、出品人、联合出品人、制片人、总制片人、制片、监制等"②，其身份名称并不固定统一。在现实中，由于视听作品的投资者、合作方式多样，这些人是否都是"制片者"以及他们是否都享有同等的权利，现行规制框架没有做出明确的规定，一般要依据所签订的合约来确定。

案例库中参与诉讼的主体身份为法人作者的共有75起，占总体的8.14%。这些法人作者主要由电影、电视剧的制片人和网络游戏所属的公司构成。法人作者作为原告的案例有70起，侵权的原因主要是他人未经授权擅自使用了法人作者拥有著作权的作品；法人作者作为被告的案例有5起，侵权的原因主要是未经已有作品作者的授权擅自改编成其他类型的作品（见图2-4）。

各国对于法人是否可以成为版权人是没有争议的，但是对于法人是否能成为作者是有争议的。在我国的司法实践中，"法人作品"与自然人创作的归法人所有的"职务作品"上出现了一些混淆的情况。③

---

① 《十二国著作权法》翻译组：《十二国著作权法》，清华大学出版社，2011，第370页。
② 《影视作品版权所有人的认定规则》，搜狐网，2018年4月12日，https://www.sohu.com/a/228078060_100134463。
③ 郑成思：《版权主体论》，《法制与社会发展》1997年第1期。

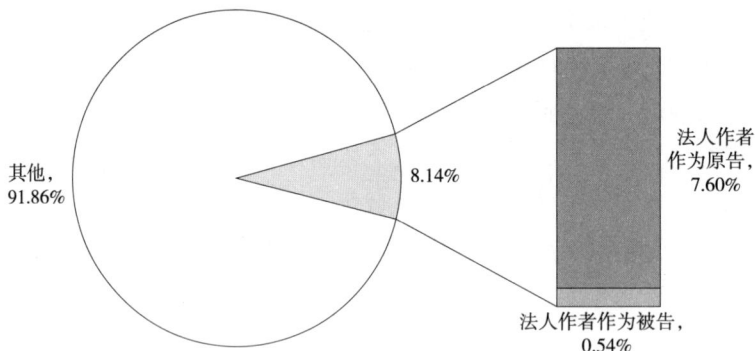

图 2-4 法人作者作为诉讼主体的比例

2020 年修订的《著作权法》第 11 条明确规定："由法人或者非法人组织主持，代表法人或者非法人组织意志创作，并由法人或者非法人组织承担责任的作品，法人或者非法人组织视为作者。"法人作品的版权应当归属于法人单位。同时第 18 条也规定了职务作品的归属问题："自然人为完成法人或者非法人组织工作任务所创作的作品是职务作品，除本条第二款的规定以外，著作权由作者享有，但法人或者非法人组织有权在其业务范围内优先使用。作品完成两年内，未经单位同意，作者不得许可第三人以与单位使用的相同方式使用该作品。"

《著作权法》（2020）第 18 条还规定："有下列情形之一的职务作品，作者享有署名权，著作权的其他权利由法人或者非法人组织享有，法人或者非法人组织可以给予作者奖励：（一）主要是利用法人或者非法人组织的物质技术条件创作，并由法人或者非法人组织承担责任的工程设计图、产品设计图、地图、示意图计算机软件等职务作品；（二）报社、期刊社、通讯社、广播电台、电视台的工作人员创作的职务作品；（三）法律、行政法规规定或者合同约定著作权由法人或者非法人组织享有的职务作品。"

对于职务作品的版权归属理应有两种不同的情况：一种情况较为复杂，即在特定的条件下，著作权其他的权利除署名权以外被法人单位所拥有；另一种则相对简单，其版权归属归个人所有。① 这里所述第二种情况

---

① 李承武：《浅析法人作品与职务作品的关系及其在法律适用上的意义》，《知识产权》1997 年第 3 期。

就与法人作品的分类产生了交叉，在法人组织的意志下所创作的作品倘若适用于《著作权法》第 11 条的话，则将法人视为作者；如果适用《著作权法》第 18 条，创作者作为作者享有署名权，其他权利则归法人所有。

　　除了法人作品和职务作品，还有一种作品也较为容易引发争议，那就是委托作品。委托作品是指作者受他人委托而进行创作的作品。我国《著作权法》（2020）第 19 条规定："受委托创作的作品，著作权的归属由委托人和受托人通过合同约定。合同未作明确约定或者没有订立合同的，著作权属于受托人。"2002 年颁布的《最高人民法院关于审理著作权民事纠纷案件适用法律若干问题的解释》第 12 条①做出了更为细致的规定："按照《著作权法》第 17 条②规定委托作品著作权属于受托人的情形，委托人在约定的使用范围内享有使用作品的权利；双方没有约定使用作品范围的，委托人可以在委托创作的特定目的范围内免费使用该作品"。

（二）继受版权人

　　根据获得版权的方式不同，可以将继受版权人分为三类，即通过继承、转让或法律规定的其他方式取得著作权经济权利的人。转让是视听作品继受版权人取得版权的主要途径。

　　在互联网视听产业的版权纠纷中，继受版权人是主要的诉讼主体。从本书案例库来看，诉讼主体身份为继受版权人的有 668 起，占总体的72.53%，如图 2 - 5 所示。

　　继受版权人主要包括影视发行公司、影视出品公司，音视频平台企业，游戏开发企业，唱片企业等，如表 2 - 1 所示。

　　分析这些案例可以发现：继受版权人都是通过与原版权人签署合约而获得版权，继受版权人维权数量的增多体现了视听版权作品的市场价值。

---

① 《最高人民法院关于审理著作权民事纠纷案件适用法律若干问题的解释（2002）》，国家版权局网站，2003 年 7 月 25 日，http://www.ncac.gov.cn/chinacopyright/contents/479/17546.html。

② 这里是指 1991 年《著作权法》，其第 17 条的规定为："受委托创作的作品，著作权的归属由委托人和受托人通过合同约定。合同未作明确约定或者没有订立合同的著作权属于受托人。"

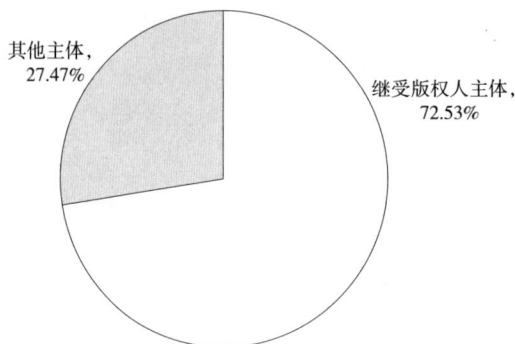

图 2 - 5　继受版权人作为诉讼主体的比例

表 2 - 1　继受版权人分类

继受版权人分类	举例
影视发行公司、影视出品公司	北京华谊兄弟影业投资有限公司、星光联盟影业无锡有限公司、西安佳韵社数字娱乐发行有限公司
音视频平台企业	湖南快乐阳光互动娱乐传媒有限公司、上海观视文化传播有限公司、北京赛金传媒科技有限公司
游戏开发企业	游戏天堂电子科技（北京）有限公司、广州唯思软件股份有限公司、上海隐志网络科技有限公司
唱片企业	深圳菜之鸟唱片、索尼唱片公司

　　在知识产权领域，考虑到继受获得的原因，相同的知识产品之上，拥有若干权利主体的情形仍旧普遍存在。① 例如在原始主体依然存在的情形下，还会拥有一个或数个拥有部分权利不完全主体，即财产权诸项权能为不同主体所共享。这在视听产业的链条式开发中尤为常见，一部作品的财产权利可能会不止一次转让。

　　视听作品继受版权人获得授权的情况主要有两种，一种是独家授权，另一种则是非独家授权。获得了独家授权也就具有了市场中的排他性，可以获取更大的利益。因此，在诉讼中继受版权人是否取得了独家授权是较大的争议点之一。在本案例库中，有 73 起案例的原告在诉讼时提到了自己拥有独家（独占性）信息网络传播权，占继受版权人参与的诉讼的 10.93%（见图 2 - 6）。

──────────

① 吴汉东：《知识产权总论》（第 3 版），中国人民大学出版社，2013，第 39～40 页。

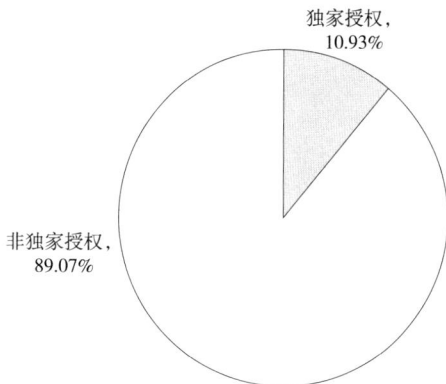

图 2 - 6　继受版权人获取独家授权的比例

二　纠纷中的邻接权主体

邻接权又称"相关权"，狭义的邻接权包括广播组织权、表演者权和录音制作者权三种权利。19 世纪末 20 世纪初音像录制技术和无线电技术的发明与普及在为人们生活带来便利的同时，也使得未经允许的复制和随意转播行为日益严重。那些未能体现创作者个性或创造性程度不高的成果均不被承认为作品。于是，一些国家选择新设一种与之并列的新型权利类型予以保护。①

世界上大多数国家对邻接权保护的类型和具体内容都做出了明确规定。我国《著作权法》中并未出现"邻接权"的概念，而是采用"与著作权有关的权益"的表述。其种类主要包括：出版、表演、录音录像和播放，对应的权利主体分别是出版者、表演者、录音录像制作者以及广播组织者，其中与互联网视听产业关系密切的是后三类主体，即表演者、录音录像制作者和广播组织者。

（一）表演者

我国《著作权法》第 38 条规定："使用他人作品演出，表演者应当取得著作权人许可，并支付报酬。"《世界知识产权组织表演和录音制品条

———————

① 王迁：《知识产权法教程》（第 4 版），中国人民大学出版社，2014，第 194～196 页。

约》第2条（a）款①和《视听表演北京条约》第2条（a）款②中采取列举式的方法，将表演者界定为："演员、歌唱家、音乐家、舞蹈家以及对文学或艺术作品或民间文学艺术表达进行表演、演唱、演说、朗诵、演奏、表现或以其他方式进行表演的其他人员。"

《视听表演北京条约》是中国以东道国的身份主持签署，并且以中国城市命名的第一个国际条约，也是第一部保护表演者的专门条约。《视听表演北京条约》对很多具有争议性的问题做出了规定。比如第2条（b）款规定："视听录制品"是指活动图像的体现物，不论是否伴有声音或声音表现物，从中通过某种装置可感觉、复制或传播该活动图像。从规定可以看出，视听作品一定是可以看见的作品，却不一定可以听到。只要有活动的图像，有伴音与否都可以算作是视听作品。另外，《视听表演北京条约》还将表演者的表演划分为"尚未录制的表演"和"以视听录制品录制的表演"并分别规定不同的经济权利。对于"以视听录制品录制的表演"，第7条规定："表演者应享有授权以任何方式或形式对其以视听录制品录制的表演直接或间接地进行复制的专有权。"这完全适用于数字环境，尤其是以数字形式使用表演的情况。这里也是将表演者权利的保护扩展到了互联网环境中。

在互联网中对视听作品的使用，不仅需要经过版权人的许可，还可能需要经过表演者的许可。在本书第一章建立的案例库中，诉讼主体身份是"表演者"的案例共有9起，仅占总体的0.98%。

其中涉及音乐作品表演者的5起，涉及影视作品表演者的有4起。并且这9起案例的表演者都是作为原告参与诉讼的。

表演者在提出诉讼时要能够证明自己的表演者身份才能享有相应的权利。另外，如果表演者就自己所表演作品的经济权利进行了转让，就不能再主张相关权利。还有一种情况，参加表演的人无法单独主张表演者权，也就是涉案作品的著作权属于制片者。在表演者身份、权利均能得到认可之后，就可以通过向公众传播其表演从而获得报酬。在以上9起案例中，侵权行为的发生主要是因为向公众传播作品却未经表演者许

---

① 详见《世界知识产权组织表演和录音制品条约》（WPPT），世界知识产权组织，https：//wipolex. wipo. int/zh/text/295481。

② 详见《视听表演北京条约（2012 年）》，世界知识产权组织，https//www. wipo. int/edocs/pubdocs/zh/wipo_pub_beijing_flyer. pdf。

可。法院的判决综合考虑了作品的知名度、传播的广度以及侵权后果进行判罚。

上文提到关于表演者的规定大多采用列举的形式，但是列举并不能穷尽实际中的所有问题，另外网络的发展也使得表演的形式更加多样。例如，在互联网视听产业中，在非作品和公有领域文学艺术形式中进行表演的人是否是表演者权的适格主体，尚有争议。

在尚岭与东风裕隆汽车有限公司版权侵权纠纷案中，裕隆汽车有限公司未经授权就将含有尚岭"纳智捷－luxgen"语音的汽车广告在搜狐、爱奇艺、优酷、腾讯、土豆等多家网络媒体大量播放，原告尚岭认为裕隆汽车有限公司的行为侵害了其对作品享有的表演者权利，但是被告辩称尚岭提供的是配音服务，声音所展现的内容过于简单，并不构成著作权法上的作品，尚岭进行朗读也不能取得表演者权。法院审理认为，尚岭根据自己对"纳智捷－luxgen"语音的理解与阐释，以自己的声音表现了上述语音的内容，尚岭构成表演者，依法享有表演者权。理由有二：一是尚岭在此期间多次发音、试音，具有一定的复杂性和难度，且融入了独特的个性特征；二是从广告的整体效果看，尚岭的语音起到点题的作用。法院最终判决东风裕隆汽车有限公司停止侵害尚岭享有的表演者权，停止对尚岭所制作录音制品"纳智捷－luxgen"的复制、发行或通过信息网络向公众传播权的侵害；东风裕隆汽车有限公司赔偿尚岭经济损失20万元以及制止侵权所支付的合理费用合计58629.60元，共258629.60元。这也是案例库中以表演者身份参与诉讼的案例中赔偿金额最多的一例。

（二）录音录像制作者

录音录像制作者是制作录音、录像制品的人。我国《著作权法》第42条与第43条分别规定："录音录像制作者使用他人作品制作录音录像制品，应当取得著作权人许可，并支付报酬"，"录音录像制作者制作录音录像制品，应当同表演者订立合同，并支付报酬"。《著作权法实施条例》规定："录音、录像制作者，是指录音、录像制品的首次制作人。"他们依法享有权利，但是需要首先获得原有作品或者表演者的许可。《保护表演者、录音制品制作者和广播组织国际公约》（《罗马公约》）给予了录音制作者授权或禁止直接或间接复制其录音制品的权利，该公约也是最早的保护录音制作者权的国际公约。由于录音制品被非法录制，合法录制者的权益受到了极大的侵害，为了打击盗版从而实现保护作者防止未经许可复制其录音制品，《保护录音制品制作者防止未经许可复制其录音制品公约》（1971 年 10 月 29 日）应运而生。

在录音或者录像过程中，录制者对于音乐、画面、混录、配音、艺术剪辑的选定与确定，都无一例外地体现着属于录制者自己专属的艺术风格，此外还体现了他们对作品以及作品表演的深入理解与再次创作。[①] 现实中的录音、录像制品还需要录制者后期剪辑和制作。

在本书案例库统计到的案例中，以录音录像制作者身份参与诉讼的案例共有 56 起，占总数的 6.08%。其中涉及录音制作者的案例有 45 起，录像制作者的案例 11 起。录音、录像者作为原告参与诉讼的有 41 起，录音、录像者作为被告的案例有 15 起。

从录音、录像者作为原告的案例可以发现，很多互联网站或个人通过大量转载、下载或 KTV 点播等形式获利。录音、录像者作为被告的案例则大多是由于在制作时并未取得原作者的同意。根据我国《著作权法》相关规定，录制者要录制并且发行录音、录像制品，或者在网络中提供点播和下载，需要同时获得被表演作品版权人和表演者的许可。同时，录制者在行使自己的录制者权时，不能将属于版权人和表演者享有的专有权利许可他人行使。

在梁智等与北京天盈九州网络技术有限公司的侵权纠纷一案中，龚敬和梁智对救助、抚养并放归小狼格林的过程进行了拍摄，并制作了大型原创电视纪录片《重返狼群》。真实公司、德创公司未经原告许可，未支付报酬擅自使用、修改龚敬和梁智享有著作权的作品，并通过上海文广集团、天盈九州公司在电视台、互联网等进行广泛传播，侵犯了龚敬和梁智的著作权。本案中龚敬、梁智主张权利视频的性质是争议点之一。法院认为从视频内容来看，龚敬和梁智对于狼群简单连续的摄像，其每段视频包含的内容较为简单、场景也较为单一，其创作难度并不高。应当属于录像制品。因此龚敬和梁智享有的是录音、录像制作者权。这里法院实际是运用了广义邻接权概念"一切传播作品的媒介所享有的专有权，或对那些与

---

① 高文艺：《录音录像制作者权利及其保护》，《国际贸易》1997 年第 5 期。

作者创作的作品尚有一定区别的产品、制品或其他既含有'思想的表达形式'，又不能称为'作品'的内容所享有的权利"① 对权利人进行保护。近年来，随着网络技术环境下不断出现的新的视听形态，运用邻接权对创作者进行保护也是一个明显的趋势。

（三）广播组织者和其他互联网平台

《罗马公约》没有对广播组织的直接定义，但是有对广播的定义："供公众接收的声音或图像和声音的无线电传播"，可以推定广播组织者就是指通过无线电传播信号的组织。我国现行《著作权法》第 46 条规定："广播电台、电视台播放他人未发表的作品，应当取得著作权人许可，并支付报酬。广播电台、电视台播放他人已发表的作品，可以不经著作权人许可，但应当支付报酬。"广播组织者可以具体细分为电视台、广播电台。关于电视台和广播电台的具体定义，在《广播电视管理条例》第 8 条有这样的表述："本条例所称广播电台、电视台是指采编、制作并通过有线或者无线的方式播放广播电视节目的机构。"

在案例库统计的案例中，以广播电台、电视台作为诉讼主体的案例仅有 42 起，但其他的网络组织作为诉讼主体的案例共有 74 起，这些互联网广播组织包括优酷、爱奇艺、腾讯、喜马拉雅、抖音等中国主要的视听平台，其中爱奇艺作为诉讼主体的案例有 36 起，优酷作为诉讼主体的案例有 18 起，腾讯作为诉讼主体的案例有 16 起，喜马拉雅作为诉讼主体的案例有 2 起，抖音作为诉讼主体的案例有 2 起。

在广播组织者和互联网平台参与诉讼的 116 起案例中，广播组织者作为原告的案例有 85 起，作为被告的有 31 起，并且被告中互联网平台占比达到了 67.74% （见图 2 - 7）。

分析以上案例可以发现：在互联网环境中，以线性传播建立起编排机制的广播组织者的独创性劳动形成的节目编排，其价值已经被非线性传播的网络特征所消解。就目前的广播电视媒介的转型来看，它们在网络传播中的身份常常是视听精品内容的生产者和传播者，其原因在于在传统媒体主导时期积累的制作经验和平台优势。但这一优势从广播组织者

---

① 郑成思：《版权法》（上），中国人民大学出版社，2009，第 59～61 页。

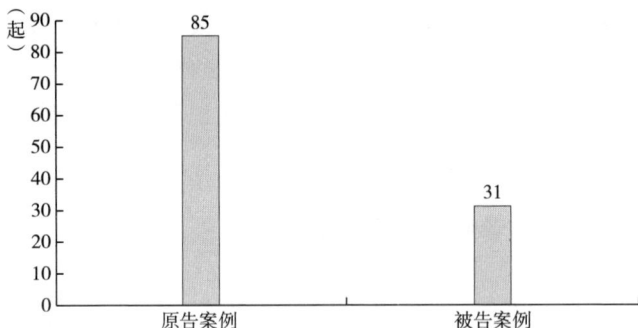

图 2 - 7 广播组织者和互联网平台作为诉讼主体的分布

的角度来说，并没有获得更好的保护。比如一些重大赛事的电视转播方面，电视媒体所宣称获得的"网络独播权"实际上并不能获得版权法律的保护。

广播组织者与互联网的结合以及原生的网络组织是互联网视听产业的作品传播者。一种是同步网络广播组织，与纯粹的网络广播组织不同，它的发展需要传统广播资源，其播出的节目在时间和内容上需要与传统广播保持一致。另一种是纯粹的网络广播组织，这种网络广播组织经营上依托于互联网，在时间和内容上，其播出的节目都与传统广播不存在直接的相互关系，有一定的独立性。

网络组织者实际履行了互联网语境下的"播出"职责。在现有的司法实践和学术讨论中。互联网视听产业中的使用者必须通过网络组织的分发才能获取版权作品，因此近年来这些网络广播者所承担的版权侵权责任日趋增加，但作为权利主体，网络组织的主体地位却没有得到明确。将其纳入邻接权主体中的广播组织者的范围，不仅是对其自身权利的确认，也是权利义务相平衡的公平之约。

三 参与纠纷的非权利人

在互联网视听产业版权纠纷中还有一类主体，尽管他们不是权利人，但因其担任着治理者、管理者和代理者等角色，也参与了版权纠纷。本书将他们统一归为非权利人主体进行讨论。从案例库数据呈现的情况来看，主要有三类非权利主体，分别是作为治理者的行政主管机关、作为管理者的版权集体管理组织以及作为服务者的版权代理机构。涉及这三类主体的案例共有152起，占总体的15.09%（见图2-8），其中参与诉讼最多的是行政主管机关。

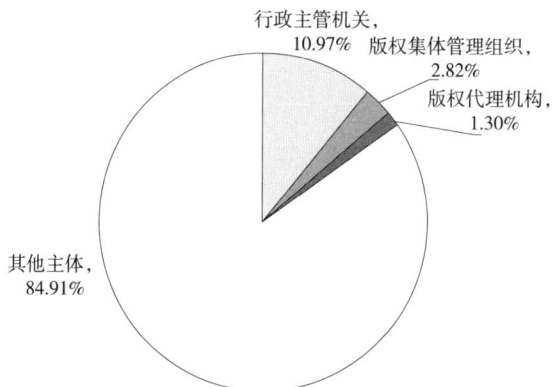

图2-8 案例库非权利主体分布

行政主管机关是产业中的治理者，起到稳定和监管市场的职责，因此在总体中占据更大的比例。版权集体管理组织的作用是版权管理、降低维权成本，由于我国的大部分版权集体管理组织具有一定的行政背景，因此实际兼具行政主体和市场主体的地位。版权代理机构则是完全的市场主体，随着版权意识的提升和版权业务的复杂性增加，版权代理机构将会有更大的市场空间。

（一）行政主管机关

在案例库统计中，行政主管机关参与的案例共有101起，占总体的10.97%（见图2-9）。

参与版权纠纷的行政主管机关主要有两类：版权管理机关和市场监管机关。其中，版权管理机关主要包括国家版权局，各省、市级版权局，市级文化广电新闻出版局和市级版权行政执法部门（文化市场综合行政执法大队、文化市场综合行政执法支队）；市场监管机关主要包括市场监督管理局及其下属的市场执法稽查局以及工商行政管理局（见表2-2）。

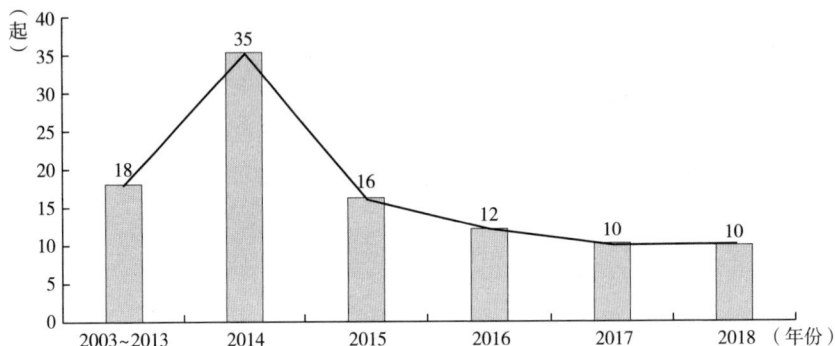

图 2 – 9 案例库行政主管机关参与的案例数量年代分布

表 2 – 2 案例库中参与互联网视听产业版权纠纷的行政主管机关

主管机关类型	部门名称
版权管理机关	国家版权局
	国家广播电视总局（原国家新闻出版广电总局）
	地方版权行政执法部门（包括各省、直辖市、自治区版权局；文化市场综合行政执法总队）
市场监管机关	市场监督管理局（下属市场执法稽查局、工商行政管理局）

行政主管机关在版权纠纷中主要担任的角色是监督和管理整个产业的秩序，但是由于分工不同，有不同的工作职责。

版权行政机关的主要职责是贯彻实施中华人民共和国著作权法律、法规；同时国家版权局负责起草著作权的法律、与著作权有关的行政法规。此外，国家版权局还有负责查处"在全国有重大影响的著作权案件；涉外侵权案件；认为应当由国家版权局查处的侵权案件"的职能；此外，还负责批准设立、监督指导著作权集体管理机构和涉外代理机构。

业务主管行政机关国家广播电视总局及其地方机关的主要职责是贯彻落实党的宣传方针，拟订广播电视管理的政策措施并督促落实施行，统筹规划并且协调指导广播电视事业、产业发展，进一步推进广播电视领域的体制与机制改革，监管、审查广播电视与网络视听节目内容和质量等。①

────────────

① 王勇：《关于国务院机构改革方案的说明》，新华网，2018 年 3 月 14 日，http：//www.xinhuanet.com/politics/2018lh/2018 – 03/14/c_1122533011.htm。

　　国家版权局有时会将所查处的案例移交给各省、直辖市、自治区的版权局，由其具体负责。在安徽滁州骑士音乐网侵犯著作权案①中，国家版权局就将案件移转给安徽省办理。最终查明犯罪嫌疑人凌励、王中良和夏涌清以"骑士音乐网"非法传播歌曲并获利，以侵犯著作权罪判处 3 人有期徒刑 3 年 3 个月以上等刑罚。

　　除了各省、自治区、直辖市版权局之外，地方版权行政执法部门还包括文化市场综合行政执法总队。在国家版权局通报的 20 起"剑网 2017"专项行动典型案件中，有两起广东省广州市文化市场行政执法总队参与的案例。一起是广东广州"MTV235"网侵犯影视作品著作权案②，另一起则是广东广州华多网络科技有限公司侵犯网络游戏著作权案③。

　　不同的行政主管机关各司其职，通过群众举报、日常巡查、网络巡查、权利人投诉等方式查获了大量侵权案件。在"剑网行动"等活动中各部门又会相互合作。恰当的分工和适时的合作使得近年来激增的互联网视听产业侵权乱象得到了一定的治理。

（二）版权集体管理组织

　　在网络环境下，作品的传播极为便利，作者对作品的控制力减弱，网

---

① 　本案是国家版权局公布的 2010 ~ 2011 "剑网行动"15 个典型案件之一，由国家版权局版权管理司副司长王志成于 2010 ~ 2011 年打击网络侵权盗版专项治理"剑网行动"新闻通气会上通报，引自《2010—2011 剑网行动 15 个典型案件》，网易新闻，2011 年 6 月 3 日，https：//www. 163. com/news/article/7735H431/00014AEE. html。

② 　本案是国家版权局通报的 20 起"剑网 2017"专项行动典型案件之一，2017 年 5 月，根据权利人投诉线索，广东省广州市文化市场行政执法总队对"MTV235"网涉嫌侵犯影视作品著作权案进行调查。经查，该网站未经授权传播《战狼 2》等大量影视作品。2018 年 1 月，广东省广州市文化市场行政执法总队对汤某做出没收违法所得、罚款 22.5 万元的行政处罚，并将该案涉嫌犯罪线索移送公安部门。引自《国家版权局通报 20 起"剑网 2017"专项行动典型案件》，人民网，2018 年 1 月 16 日，http：//society. people. com. cn/n1/2018/0116/c1008 - 29768250. html。

③ 　本案是国家版权局通报的 20 起"剑网 2017"专项行动典型案件之一，2017 年 6 月，根据权利人投诉线索，广东省广州市文化市场行政执法总队对广州华多网络科技有限公司涉嫌侵犯网络游戏著作权案进行调查。经查，该公司未经权利人许可，通过其运营的"多玩我的世界盒子"网向公众传播《我的世界》等网络游戏，涉案金额 18 万余元。广东省广州市文化市场行政执法总队对其做出罚款 27 万元的行政处罚。引自《国家版权局通报 20 起"剑网 2017"专项行动典型案件》，人民网，2018 年 1 月 16 日，http：//society. people. com. cn/n1/2018/0116/c1008 - 29768250. html。

络碎片化的特点令作者作为个体权利人面对网络环境下侵权的"多数人",很难逐一维权,版权集体管理则能够在集体维权方面提供服务。

版权集体管理制度起源于欧洲。1777 年,法国著名戏剧家博马舍创立了法国戏剧作者和作曲者协会,这也是世界范围内成立最早的版权集体管理组织。1992 年我国引入了著作权集体管理组织制度,中国音乐著作权协会成为我国第一家版权集体管理组织。之后,中国音像著作权集体管理协会于 2005 年成立。2008 年又成立了中国文字著作权协会和中国摄影著作权协会,2010 年成立了中国电影著作权协会。版权集体管理组织的定义在2013 年第二次修订后的《著作权集体管理条例》逐渐清晰:"为权利人的利益依法设立,根据权利人授权、对权利人的著作权或者与著作权有关的权利进行集体管理的社会团体"。截至 2018 年 12 月,与互联网视听产业相关的版权集体管理组织共有 3 个(见表 2 - 3)。

表 2 - 3　与互联网视听产业相关的版权集体管理组织

版权集体管理组织名称	简介
中国音乐著作权协会	中国音乐著作权协会(简称"音著协")是目前中国唯一的音乐著作权集体管理组织。它是由国家版权局与中国音乐家协会一同发起成立于 1992 年 12 月 17 日。音著协是专门维护作曲者、作词者和其他音乐著作权人合法权益的非营利性机构
中国音像著作权集体管理协会	中国音像著作权集体管理协会是经国家版权局正式批准成立(国权〔2005〕30 号文)、民政部注册登记的我国唯一的音像集体管理组织,依法对音像节目的著作权以及与著作权有关的权利实施集体管理
中国电影著作权协会	2005 年 8 月成立的中国电影版权保护协会是中国电影著作权协会的前身。2009 年 10 月,经民政部审批,正式更名为中国电影著作权协会,简称影著协。2010 年 4 月,影著协召开了成立大会。中国电影著作权协会是全中国合法从事电影创作、生产、经营的企业法人和个人自愿组成的非营利性社会团体,是中国电影作品权利人唯一的著作权集体管理组织

资料来源:中华人民共和国国家版权局。

我国的版权集体管理制度规定了只有一家全国性的组织可以负责对同

一类作品的集体管理职责。①《著作权法集体管理条例》第 6 条规定："除依照本条例规定设立的著作权集体管理组织外，任何组织和个人不得从事著作权集体管理活动。"第 7 条规定："依法享有著作权或者与著作权有关的权利的中国公民、法人或者其他组织，可以发起设立著作权集体管理组织。设立著作权集体管理组织，应当具备下列条件：（一）发起设立著作权集体管理组织的权利人不少于 50 人；（二）不与已经依法登记的著作权集体管理组织的业务范围交叉、重合；（三）能在全国范围代表相关权利人的利益；（四）有著作权集体管理组织的章程草案、使用费收取标准草案和向权利人转付使用费的办法（以下简称使用费转付办法）草案。"

版权集体管理组织的职责主要是根据法律规定或者是著作权人和相关权人的授权，采用集体管理的方式行使权利人难以行使和难以控制的著作权或者相关权。这些职责体现在：可以作为当事人进行著作权或者相关权的诉讼、仲裁活动，可以自己的名义为著作权人和相关权人主张权利。

根据案例库统计，以著作权集体管理组织身份作为诉讼主体的案例共有 39 起，占总体的 4.23%（见图 2 - 10）。

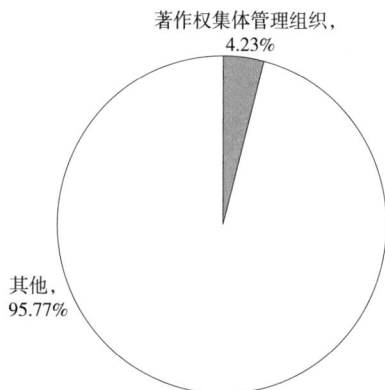

图 2 - 10　案例库版权集体管理组织作为诉讼主体的比例

在三类版权集体管理组织中，中国音像著作权集体管理协会参与诉讼的案例有 29 起，位列第一；中国电影著作权协会与中国音乐著作权协会参与诉讼的案例数持平，都是 5 起。

---

①　杨东锴、朱严政：《著作权集体管理》，北京师范大学出版社，2010，第 221 页。

中国音像著作权集体管理协会参与诉讼的案例涉及的几乎都是音乐电视作品，只有 1 起案例涉及录像制品，并且同一起诉讼案例中通常包含多部作品。在统计案例中，同一起诉讼中包含作品最少的是 2 部，最多的包含 242 部作品。

中国音乐著作权协会参与诉讼的案例相对较少，同一起案例中所包含的作品数量也较少，大部分以 1 部音乐作品为主，最多的一起案例中包含 4 部音乐作品。

中国电影著作权协会参与诉讼的案例数量也很少，且在 5 起案例中，有 4 起针对同一电影作品《暖春》。由于传播渠道的知名度不同，中国电影著作权协会在上述案例中分别获得了 20000 元、5000 元、13000 元、4000 元不等的赔偿。

由于版权集体管理组织要参与版权交易，又要维护版权权利，所以，从版权集体管理组织的法律地位来看，它既有可能是市场经济单位，也有可能是行政管理单位。将版权集体管理组织作为市场经济单位则是定位为"私主体"（private entity），将其作为行政管理单位对待实际上是将其定位为"公主体"（public entity）。不论是将有关集体管理组织定义为"私主体"还是"公主体"，在学界都存在着较大的争议。①

不论是行政主体还是市场主体，著作权人的授权是版权集体管理组织行使版权权利的合法性基础。然而技术的发展却使得私人授权可行性大幅增加，集体管理制度的优点会逐渐淡化，特别是当有另一种模式可以更好地利用作品，更完善地保护著作权人利益的时候。新的技术保护措施包括接触性控制、使用性控制、同一性控制和使用记录四种。新技术使得著作权利用的交易成本大大降低，当权利人在作品上设置技术保护措施防止潜在的使用者接触作品，就可设立许可使用合同。

电子著作权管理系统即利用数字技术和网络技术来控制作品的接触和使用，从而重新实现一对一的权利处理模式。其实这种系统是为用户提供了一个交易平台。② 这是新的网络环境为版权集体管理组织带来的挑战。

版权集体管理制度在我国起步较晚，《著作权集体管理条例》的规定

---

① 卢海君：《论我国著作权集体管理组织的法律地位》，《政治与法律》2007 年第 2 期。
② 熊琦：《集体管理与私人许可：著作权利用的去中间化趋势》，《知识产权》2007 年第 6 期。

还需要进一步明确，否则监督难以有效实行。[1] 比如可以鼓励民间著作权市场的建构和改革传统集体管理组织的功能，不断摸索，让版权集体管理组织更好地发挥功效。

（三）版权代理机构

版权代理是指版权代理人或版权代理机构以委托人的名义，在代理权限范围内办理版权中财产权的转让或许可使用以及其他有关版权事宜的民事法律行为。在版权贸易发展过程中，随着社会分工细化的发展产生，逐渐产生了一种新的版权贸易途径，这就是版权代理制度。[2] 版权代理制度的参与者和互动者称做版权代理主体，在英国和美国，版权代理主体一般分为商业性版权代理公司、大型出版集团的版权相关部门、非营利性版权代理机构、专业律师与版权代理网站等。[3] 版权交易平台、交易规则及版权价格形成平台共同构成了版权代理对象的市场交易机制。[4]

我国的版权服务主要包括个人版权的申请、登记、保护及后续的维护等。版权代理机构主要包括版权维权企业和与版权业务相关的律师事务所等。

版权维权企业近年来发展很快，主要是大数据技术的应用使得维权企业可以对视听作品的侵权情形进行及时的监控与反馈。"黑洞照片"事件也使版权维权企业受到了负面性评价。事实上，长期来看，维权企业的存在对于整个版权市场的规范化和版权意识的普及具有积极的正面作用。

在案例库统计到的案例中，版权维权企业参与的案例共有12起，占总体比例的1.30%（见图2-11）。

其中有一些出现频率较高的维权企业，比如北京源泉知识产权代理有限公司、民权县浩天知识产权代理有限公司、重庆金盾知识产权代理有限公司等。版权维权企业一般会就所拥有版权的作品进行多次起诉，以降低维权成本，获取更多赔偿。

① 李昕：《国内外著作权集体管理制度述评》，《图书馆学刊》2008年第5期。
② 张志林、孙铁军、包韫慧：《我国版权代理市场特点及发展》，《北京印刷学院学报》2008年第6期。
③ 付莉萍：《图书版权代理制的国际比较与借鉴》，《河南图书馆学刊》2013年第2期。
④ 梁夏怡：《浅析我国版权代理制度建设》，《现代视听》2018年10期。

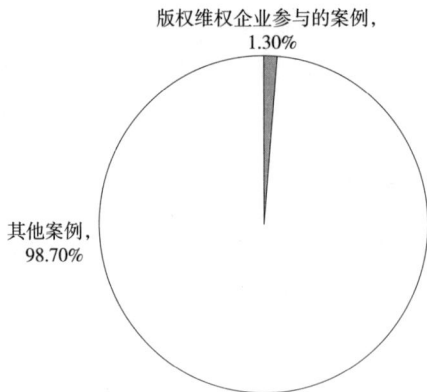

图 2-11 案例库版权代理机构参与的版权纠纷占比

　　事实上，版权维权企业已经在市场竞争中形成了一些较大的公司，这些公司针对不同的产品形态具有专门的维权方式。目前在互联网视听产业中比较活跃的维权企业有维权骑士、冠勇科技、快版权、版权印、原创宝、克劳锐等。

　　维权企业对于视听产品版权的活动来自版权人的授权，他们和版权人之间签订相关的合约，并依照合约的内容履行相应的义务。一般来说，他们的服务义务仅限于对侵权行为的监控，向版权人进行报告，一部分维权企业还提供其他相关的法律咨询和诉讼服务。

　　维权企业在视听作品的侵权纠纷中发挥的作用具体体现在出具版权认证和侵权证明、追偿维权等。版权认证就是一种证明版权人拥有版权的方法，维权企业可以帮助用户办理认证手续。通过国家版权局或地方版权局进行公证，或通过司法鉴定取得公证。由于用户与平台签订了合约，平台就会对其作品进行监测，所以维权企业不仅可以帮助办理认证手续，还可以帮助版权人固定证据。一旦发现侵权行为，平台就会对监测出的侵权作品进行固定和保存，以便日后追偿时作为侵权证明。在诉讼环节，维权企业可以作为版权人的代理人，也可以直接作为原告进行诉讼，再根据合约支付给版权人追偿金额。

　　维权企业通过大数据技术获得的侵权数据是海量的，这些数据除了作为诉讼证据提供，也能够提供给行政主管机关，作为执法的依据。比如维权骑士的"维权联盟"就是维权骑士与内容平台、媒体、版权主管单位、法律机构等共建的公益联盟，已获得国家版权局的认可，成为中国版权协会理事单位。① 冠勇科技等维权企业则在下线处理中联合北京网络版权监测中心和各地网络执法部门，以便及时处理侵权行为。2016 年 8 月 20 日，中国版权协会与上海冠勇信息科技有限公司签署了战略合作意向书，双方将在国家政策、法律、法规许可的范围内，开展版权监测维权并探索在鉴定调解等其他业务领域的合作。②

---

① 《维权骑士获央视报道，版权服务能力已成行业标杆》，凤凰网，2018 年 9 月 14 日，http：//biz. ifeng. com/a/20180914/45167031_0. shtml。
② 《中国版权协会与冠勇科技签署战略合作意向书》，国家版权局，2016 年 8 月 23 日，http：//www. ncac. gov. cn/chinacopyright/contents/518/303257. html。

第二节 客体外延扩大，内涵边界模糊

本书以生产者视角，参考两个分类标准对客体的外延进行描述：第一是产业产品中生产者对于作品完整性控制力的标准进行一级分类；第二是参照版权作品的表达形式特征进行具体作品的列举式分类。首先将互联网视听产业的产品分为非直播类和直播类产品两个类型。非直播类产品是将做好的"成品"投放到互联网空间去，生产者对于作品完整性的控制力是比较强的；直播类产品是制作、呈现、播出、观看同步的产品，生产者对于作品整体的完整性的控制相对较弱。非直播类产品中视频类产品和音频类产品的构成都比较丰富，具体来说，根据生产者的不同，可以分为互联网电视、网络视频、网络音频、游戏产品、模板产品、音乐产品等等。直播类产品根据生产者不同，可以分为新闻类直播、体育赛事直播、游戏直播和社会直播等（见表2-4）。

表 2-4 互联网视听产业产品类型分类

分类标准	互联网视听产业产品类型	产品构成
生产者对于作品完整性控制力的强弱	直播类产品	新闻类直播、体育赛事直播、游戏直播和社会直播等
	非直播类产品	互联网电视、网络视频、网络音频、游戏产品、模板产品和音乐产品等

以下将在梳理本报告诉讼案例样本数据的基础上，对版权纠纷中的客体进行梳理和分类，并结合最新的案例，在划清版权纠纷"产品"和"作品"这两种不同客体概念界限的基础上，重点关注版权纠纷中不被认可的创意与表达，也就是尽管从构成要件上符合版权作品的要求也产生了一定的市场价值，但其是否能够作为版权作品尚有争议的那些创意与表达，并

试图阐释因外延部分拓展而稀释的视听作品的内涵，以此来为现存的争议提供一个参考的判断维度，并从独创性的角度提出客体边界的划分思路。

网络音频、网络视频、网络电影、网络剧、网络游戏、网络直播、短视频、节目模版、网络音乐、赛事直播、游戏直播等是互联网视听产业版权纠纷的主要客体（见图 2 - 12），其中符合我国著作权法意义的作品主要有两类：视听作品和音乐作品，其中类电作品占据了图 2 - 12 所示案例数量的一半以上。其他的客体尽管进入版权纠纷，但却因为与现行法律中的作品类型不相符合，因而产生了更大的争议。

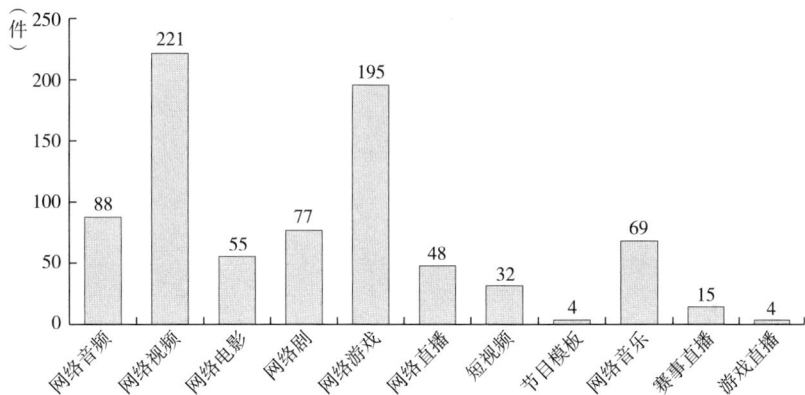

图 2 - 12　案例库不同客体的案例数据数量统计

一　法律规定范围内的视听客体

我国《著作权法》以表达形式作为依据规定了作品类型，这从法律层面限定了受法律保护的作品表达形式。此外，不同类别的作品对应的权利内容也有差别，例如放映权只有影视作品、摄影作品、美术作品的版权人所享有。

互联网视听产业作为一个综合程度高、社会化分工细的内容产业，其视听作品的创作实际上和许多其他作品类型都有关联，但从"创意的表达"这一描述来看，视听类作品在我国现行法律中能够构成作品类别的主要是两类："电影和类似电影创作方式创作的作品"（在 2020 年修订的《著作权法》中为"视听作品"）以及音乐作品，版权纠纷中的主要客体同时也是这两类。

(一) 视听作品

对案例样本数据进行占比分析，可以看出版权纠纷中的客体绝大部分是符合现行法律规定的作品，其中视听作品占据了整个版权纠纷客体部分的近乎半数，网络游戏、短视频这类作品在司法实践中，也有一部分会将其划归为视听作品（见图 2 - 13）。对视听作品版权纠纷的分析，是整个客体研究中最为重要的内容。

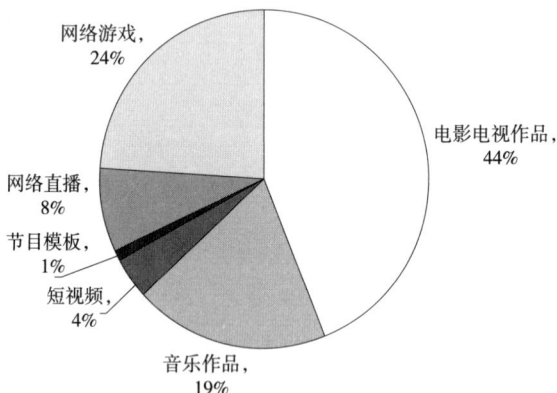

图 2 - 13　案例库视听产业客体数量占比

我国《著作权法》（2010）的"电影作品和以类似电影的方法创作的作品"在《著作权法实施条例》第 4 条做出了详细的解释："电影作品和以类似电影的方法创作的作品是指摄制在一定介质上，由一系列有伴音或者无伴音的画面组成，并且借助适当装置放映或者以其他方式传播的作品。"《著作权法》（2020）仅列举了视听作品，由于《著作权法实施条例》尚未修订，还未对视听作品做出描述。

如前文所述，拍摄完成的影视作品不仅仅包含剧本，还包含分镜头剧本、拍摄影片、对电影镜头排列、后期剪辑等一系列程序。[①] 随着科技的发展，我国对于"电影作品和以类似摄制电影的方法创作的作品"这一定义的缺陷不断地显现出来。许多利用新技术创作的互联网视听作品无法被归入"电影作品和以类似摄制电影的方法创作的作品"中去，这类新型互

───────────

① 郑思成：《知识产权法》，法律出版社，1997，第 351 ~ 352 页。

联网视听作品的法律范畴无法被明确，权利的保护就更无从谈起。有学者认为该定义应为"电影作品和以类似摄制电影的方法创作的作品，是指以任何手段固定在一定介质上，由一系列有伴音或者无伴音的画面组成，并且借助适当装置放映或者以其他方式传播的作品"①。这一定义明显只关注互联网视听作品是否符合这类作品的公认特征，不去限定创作视听类作品的技术手段，在此基础上可以扩大该类作品的范畴。《伯尔尼公约》中也定义了采用包括电影和通过电视和新的视听媒体等"以类似方式创制的作品"。在世界各国的版权法律中，这一作品类型有"电影作品""视听作品""电影作品和其他视听作品"等不一样的名称。在《视听作品国际登记条约》中视听作品（Audiovisual Works）是"一系列镜头伴随或不伴随声响而固定在一定介质上，可以复制和供人们观看收听的作品"。在我国《著作权法》修订草案的送审稿中，"视听作品"也逐渐成为一个作品类别。

视听类作品的外延一直以来有扩大的趋势，新的制作和传播技术不断催生新的作品形态。比如网络游戏画面是否构成类电作品，在经过一段时期的争议之后，得到了普遍的认可。网络游戏需要游戏设计和架构，包括对游戏里角色形象和名称进行设计、游戏故事发生的环境与背景、音乐的设计与引入，还有呈现在玩家眼前的视角选择、特效设计等，这些都使得网络游戏与视听类作品具有相似之处。因此，由于网络游戏整体画面的表现形式、创作方法均与电影作品较为相似，具有一定的独创性时，可将其认定为"以类似摄制电影的方法创作的作品"进行保护。但是，发生侵权争议时，网络游戏由于构成要素复杂，如游戏地图、场景武器、装备等又与传统的"类电作品"不尽相同。比如网络游戏《奇迹神话》抄袭网络游戏《奇迹 MU》一案中，就主要是针对地图、场景等多种元素的抄袭。②

---

① 王迁：《"电影作品"的重新定义及其著作权归属与行使规则的完善》，《法学》2008 年第 4 期。

② 奇迹 MU 是韩国（株）网禅公司开发的一款网络游戏。硕星公司开发网页游戏《奇迹神话》，该游戏与《奇迹 MU》在技能、等级、地图场景、装备等方面基本相同。壮游公司认为《奇迹 MU》游戏整体画面构成类电影作品，被诉游戏侵犯其著作权。引自《上海壮游信息科技有限公司诉广州硕星信息科技有限公司等网络游戏著作权侵权纠纷案》，中国知识产权杂志网，2018 年 6 月 1 日，http：//chinaipmagazine. com/news - show. asp？id = 20572。

要成为版权意义的"作品",其必要构成要件是"独创性"。对于视听类作品这样的综合性作品来说,以电影和电视剧为代表的专业制作作品的独创性主要体现在画面、画面的剪辑以及画面与其他视听类辅助元素的结合所体现的"并非抄袭他人作品"的创造性。但从版权纠纷的客体分布中也可以看出,涉及诉讼的视听类作品不仅包括这些专业制作的作品,其中的非专业制作的作品成为版权纠纷客体的情形越来越常见。因此,在具体的司法实践中降低对独创性的要求,扩大这类作品的外延范围在行业实践和司法实践中将更为可行。

(二) 音乐作品

与互联网视听产业相关的音乐作品是在线音乐。我国 1990 年的《著作权法》第一次将音乐作品纳入著作权的保护范畴,1991 年《著作权法实施条例》对音乐作品的概念及分类进行了解释,随后数次修订一直沿用了之前的规定。2002 年《著作权法实施条例》第 3 条规定:"著作权法所称创作,是指直接产生文学、艺术和科学作品的智力活动……(三)音乐作品,是指歌曲、交响乐等能够演唱或者演奏的带词或者不带词的作品。"音乐的使用介质从唱片、磁带、光盘到今天的网络,发生了巨大的改变。尽管音乐作品的内涵和外延不同于类电作品,并没有发生大的改变,但围绕音乐作品的版权问题却一直是视听产业的发展瓶颈之一。从 1979 年太平洋影音公司的成立开始,此后十余年,环球、华纳等大型制作公司纷纷成立,中国音乐产业进入了急剧扩张的时期。但音像市场 90% 的份额被盗版者所拥有。[①]

近年来,随着在线音乐的版权价值日益彰显,国家也加大了对音乐作品版权的保护,并相继出台了《网络文化经营单位自身管理办法》《关于责令网络音乐服务商停止未经授权传播音乐的通知》以及《关于进一步加强和改进网络音乐内容管理工作的通知》等直接与在线音乐版权相关的规范(见表 2-5)。

---

① 郑文明、杨会永、刘新民:《广播影视版权保护问题研究》,法律出版社,2013,第7页。

表 2 - 5　2010 年后与在线音乐相关的规范内容

年份	规范名称	相关内容
2013	《网络文化经营单位自身管理办法》	网络音乐行业审查由企业进行自审
2015	《关于责令网络音乐服务商停止未经授权传播音乐的通知》	"剑网 2015"行动，责令网络音乐服务商停止并下架未经授权的音乐作品
2015	《关于进一步加强和改进网络音乐内容管理工作的通知》	建立统一的网络音乐自审流程制度，符合相关部门制定的标准、通过内容审核的音乐可上线

随着科技的发展，制作和传播手段的发展给音乐作品的版权保护带来了一些新问题。如 1995 年 MP3 格式的普及、Napster 公司于 1999 推行的点对点传输技术、2001 年由苹果公司推出的 iTunes 服务、2007 年以 iPhone 为代表的智能手机使得通过串流技术向消费者提供音乐成为主流等，都引起了音乐产业的变革，也引起了新一轮的版权纠纷。传统音乐作品变成在线音乐，传播方式的变化并没有改变音乐作品的内涵，却也一定程度上与传统音乐画下了一条分界线：网络环境下的音乐作品是对传统音乐作品进行了数字化处理之后重现出来的一种表现形式与传统音乐作品形式具有不同的特征。

除了制作和传播手段的发展会给音乐作品的版权保护带来问题以外，作为视听作品组成部分的音乐作品常有伴随着视听作品的传播而被侵权的现象。如 papitube 公司未经许可使用音乐《Walking On the Sidewalk》作为背景音乐来制作名为"20180804 期 2018 最强国产手机大测评"的商业广告推广短视频，版权方音未公司将 papitube 的经营方诉至北京互联网法院。

视听作品通常是合作的作品，但音乐本身就是一个可以独立存在的作品。根据我国《著作权法》的相关规定，如需要在视听作品中加入相关音乐作品，可以不经著作权人许可，但应当按照规定向著作权人支付报酬（指明作者姓名或者名称，并不得侵犯著作权人依照本法享有的其他权利）。音乐作品保持着独立性，无论是从版权人的角度上来看，还是从音乐产业的发展来看，都具有积极意义。

二 "溢出"法律边界的争议性客体

互联网视听产业是综合程度高、社会化分工细的内容产业，视听作品的创作实际上和许多其他作品类型都有关联，从《著作权法》（2010）的"电影和类似电影创作方式创作的作品"到《著作权法》（2020）的"视听作品"，法律的描述是简洁的，具体哪些形式能构成作品，需要司法实践的不断阐释。近年来以短视频、赛事直播和社会直播为客体的版权纠纷数量有所上升，并且一些典型案例，诸如"抖音短视频"诉"伙拍小视频"信息网络传播权纠纷案（短视频侵权第一案）、耀宇公司诉斗鱼公司一案（我国首例电竞游戏直播侵权案）等引发了广泛的关于视听作品边界的讨论。

（一）短视频

4G 移动网络的高速发展和已经到来的 5G 网络时代为短视频提供了技术基础，同时无限量流量的普及则满足了短视频用户观看视频时对流量的需要。短视频的繁荣也基于智能手机的普及，智能手机为短视频的拍摄提供了工具，为短视频的传播提供了平台。

短视频的定义可从字面来看，就是时长较短的视频。一般而言短视频的长度在 5 分钟以内，但不同内容平台、内容类型视频的长度差异较大，竖屏短视频多在 1 分钟以内，横屏短视频多在 2 ~ 10 分钟。同时，短视频与传统长视频在内容上也各有所侧重，长视频内容信息容量高，以 PGC 为主，而短视频内容以 UGC 和 PUGC 为主。①

短视频的快速增长一方面印证了我国互联网视听产业的多元发展，但另一方面也存在着版权隐患。在案例库中检视，可以发现我国关于短视频侵权的案例处在一个增长的状态，并且于 2018 年上升到一个峰值（见图 2 - 14）。

---

① UGC（全称：User Generated Content）指用户原创内容，PGC（全称：Professional Genera-ted Content）指专业团队创作内容，PUGC（全称：Professional User Generated Content）指专业个人（如网红）创作内容。引自《"PUGC"概念或将开启网络直播行业新纪元》，人民网，2016 年 5 月 4 日，http://game.people.com.cn/n1/2016/0504/c210053 - 283246 10. html。

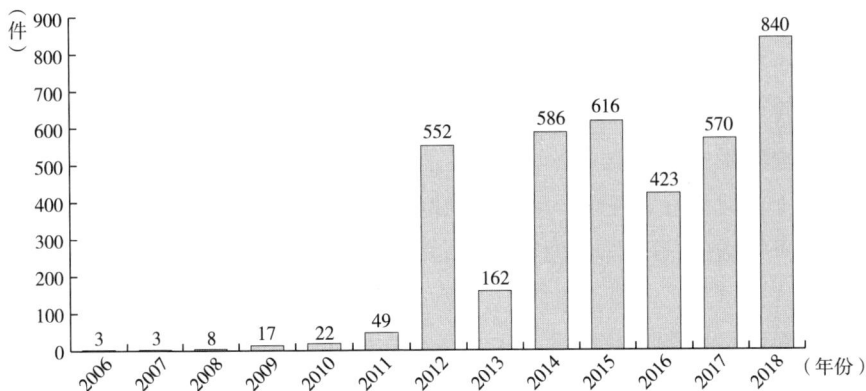

图 2-14　与短视频相关的侵权纠纷案例数量年度分布

从表达方式来看，短视频也是由一系列有伴音或者无伴音的画面组成。短视频的镜头运用、拍摄技巧、后期制作等是拍摄者的创造性劳动成果，可以构成类电影作品，其独创性的标准和判断方式与现行法律中的类电作品是相通的。在本书诉讼案例样本数据中也可发现，从 2018 年，陆续出现的以短视频为客体的侵权纠纷中，法院均认可把短视频归为类电作品进行保护（见表 2-6）。

表 2-6　归为类电作品进行保护的短视频案例

案件时间	归为类电作品保护的短视频
2018 年 12 月	"5·12，我想对你说"短视频
2018 年 3 月	《暴力爱国击碎的家庭：后悔买日本车》
2018 年 7 月	《实拍中国式大妈哄抢小礼品场面失控　城管嗓子都喊哑》

在抖音诉伙拍侵权案[①]中，首次将短视频判定为"类电作品"。法院认为："主题相同不影响短视频是否是独立完成的，在判断是否独立完成时，要将短视频与其他相同主题的短视频是否存在能够被客观识别的差异为条件；在判断是否符合'创作性'要求时，创作性的认定不受到短视频的长短的完全影响；短视频带给观众的精神享受可以作为短视频具有创作性的

---

① 短视频是否构成作品，进而受到著作权法保护？10 月 30 日，北京互联网法院公开开庭审理该院挂牌成立后受理的第一起案件——"抖音短视频"诉"伙拍小视频"著作权权属、侵权纠纷一案。引自《抖音诉"伙拍小视频"侵权案开庭审理》，中国经济网，2018 年 11 月 16 日，ce.cn/culture/gd/201811/16/t20181116_30794486.shtml。

考虑因素，毕竟在给定主题和素材的情形下，创作空间受到一定的限制，创作性难度较高。"①

短视频最大的特点之一就是其传播途径基于互联网，不需要借助传统的公开放映手段来被公众获取。在智能手机普及的当下，公众可以在短视频平台上获取大量短视频。对擅自在网络传播他人短视频的行为，短视频版权人可依据信息网络传播权相关条款进行维权。维权成功的典型案例就是迄今为止单个短视频判赔金额最高的著作权维权案，也是全国首例广告使用短视频侵害著作权案。②

除此以外，二次创作短视频的争议也一直存在。二次创作，是指以受到著作权保护的畅销书、电影、连续剧、动画、电动游戏中的人物和情节等作为蓝本，进行文字、图像、影像的第二次衍生创作，这是许多短视频采用的创作方式。典型的例子是谷阿莫的电影解说短视频遭迪士尼等五家影视公司控告侵权。

2019 年中国网络视听节目服务协会发布了《网络短视频内容审核标准细则》，该细则共计 100 条，定义了短视频节目内涵外延。作为唯一一家与互联网视听直接相关的国家一级协会，其出台的这一规则具有广泛的行业约束力；并且在制定过程中，央视网、芒果 TV、腾讯视频、优酷、爱奇艺、搜狐、哔哩哔哩、今日头条、快手、秒拍等国内开展短视频业务的平台几乎都有参与，也使得这一规则具有现实的针对性。

2019 年 3 月 22 日，国家新闻出版广电总局下发通知指出："近期一些网络视听节目制作、播出不规范的问题十分突出，产生了极坏的社会影响。为进一步规范网络视听节目的传播秩序，国家新闻出版广电总局提出要求：坚决禁止非法抓取、剪拼改编视听节目的行为；加强网上片花、预告片等视听节目管理等。"③ 这一通知，从行政主管机关的角度对短视频的

---

① 《北京互联网法院第一案宣判短视频受著作权法保护》，法制网，2018 年 12 月 27 日，ht-tp：//www. legaldaily. com. cn/index/content/2018 - 12/27/content_7729649. htm。

② 刘先生独立创作完成一段自驾某品牌新款汽车至崇礼滑雪的 2 分钟短视频。上海一条网络科技有限公司未经许可擅自使用该视频且未署作者名，于是刘先生将该公司告上法庭并成功维权。《广告宣传用 2 分钟短视频，判赔 50 万——全国首例广告使用短视频侵害著作权案宣判》，海淀法院网，2019 年 4 月 26 日，bjhdfy. chinacourt. gov. cn/article/deta-ic/2019/04/id/4017415. shtml。

③ 新广电办发〔2018〕21 号文件。

标准提出了要求：遵循《著作权法》相关规定是短视频创作必须遵守的准则，二次创作或抓取行为也必须得到授权或许可。同时，内容要健康向上、注重品质、格调积极。

（二）节目模板

电视节目模板的内涵和具体外延没有形成一个公认的阐释。有学者认为节目模板的含义是"一系列具有相似性、重复性和连续性并且每集节目间具有相对独立性的，能够规定主角做什么，同时又给其留有发挥空间的电视节目制作框架。"[①] 也有学者认为："今天被电视业普遍认同的电视节目模板，是指在一个国家范围内生产和传播一个外国电视节目并使用它的名称的版权许可。"[②] 国外学者莫兰在《全球电视节目模板解析》一书中总结了两种比较具有代表性的观点。一种观点把电视节目模板看成一种"菜谱"，重点在于电视节目模板结构中心或者核心的观点；另一种观点认为电视节目模板是一种"把一个节目各个单独的片段组织起来的方法"，重点在于模板能够为制作电视节目提供一个组织框架。[③]

电视节目模板本质上是电视节目制作的流程与框架的组合，它包含了从创意形成纸上模板、从纸上模板形成节目模板（影像模板）以及节目模板形成交易模板的整个过程，它的外延覆盖了所有在市场上进行交易的电视节目模板。

到目前为止，在任何一个国家的成文法律中，电视节目模板并没有成为明确的法律保护对象，这与交易量、收视份额（见表2-7）和争议（见表2-8）形成了鲜明的对比。[④]

与节目模板相关的诉讼在全球各地都有出现，司法实践也在为节目模板的版权属性进行辨别和争论。在相关案例中，美国法院在审理节目模板纠纷案件中首先区分是创意还是表达，再决定是否用著作权进行保护；法国的著

---

① 孙移芳：《电视节目模板的价值衡量与法律保护——基于版权的视角》，《经济研究参考》2007年第11期。

② 胡正荣、朱虹：《外国电视名牌栏目》，红旗出版社，2011，第66页。

③ Albert Moran and Justin Malbon, *Understanding the Global TV Format* (Bristol: Intellect Books, 2006), p. 20.

④ 陈笑春：《电视节目模板的版权保护与侵权认定——以外国判例为研究对象》，《民族艺术研究》2014年第3期。

作权法则更强调独创性中的作者个性与因素，如果节目模板的表达形式符合著作权法的其他要求时，就能够依据著作权法进行保护；英国判定的方法相对来说较为明确，能够以有形形式固定的模板均能够依据著作权法进行保护。

表 2 - 7　几档引进模板节目位居同时段第一的数据

模板节目名称	所属卫视	播出时间	收视率（CSM 央视索福瑞数据）	收视份额
《中国好声音》第一季巅峰之夜	浙江卫视	2012 年 7 月 13 日起每周五 21：30	6.101	16.90%
《星跳水立方》总决赛	江苏卫视	2013 年 4 月 7 日起每周五 22：00	1.771	8.73%
《爸爸去哪儿》第十二期	湖南卫视	2013 年 10 月 11 日起每周五 22：00	4.916	22.06%
《我是歌手》第二季第六期	湖南卫视	2014 年 1 月 3 日起每周五 20：10	2.354	6.02%

表 2 - 8　电视节目模板侵权纠纷热点事件

时间	电视节目模板侵权纠纷热点事件
2005 年 11 月	湖南卫视《超级女声》涉嫌抄袭案
2010 年 6 月	《我们约会吧》与《非诚勿扰》纠纷
2016 年 6 月	"中国好声音"系列案件（禁止使用包含"中国好声音""The Voice of China"字样的节目名称及相关注册商标）

在我国，关于电视模板的案件争议仍有不少，最为典型的就是《中国好声音》版权案件。在节目还未播出之前，荷兰的"The Voice"节目版权所有的 Talpa 公司就发现，国内有许多节目都采用了盲选的形式，荷兰相关公司向这些节目制作方发去律师函，要求对方停止侵权行为。又如以"平民卡拉 OK"模式《我爱记歌词》节目在浙江卫视播出后，江苏和湖南卫视立即打造了《谁敢来唱歌》《挑战麦克风》，一度引起了节目模板的版权争议。①

---

① 《谁动了我的电视节目模式？》，中国知识产权杂志网，2016 年 8 月，http：//www. chinaip-magazine. com/Tv/InfoShow. asp？id = 7511。

实际上，我国的著作权法对于节目模板虽然没有明确保护整体，但对其中的部分元素会进行保护。北京市高级法院于 2015 年 4 月制定的《关于审理涉及综艺节目著作权纠纷案件若干问题的解答》中就对综艺节目权利的行使做出了较为清晰的界定：受《著作权法》保护的是综艺节目中的音乐、文字脚本、舞蹈设计等构成作品的部分；综艺节目模式属于思想的，则不受《著作权法》的保护。① 电视节目模板的具体有形元素，适用于《著作权法》对其进行保护，但是由于许多元素的单独划分其实并不明确，也很难将其从模板中分离出来。

（三）赛事直播

直播类产品是制作、呈现、播出、观看同步的产品，根据生产者不同，可以分为新闻类直播、体育赛事直播、游戏直播和社会直播等。从案例库来看，赛事直播涉及版权纠纷的主要是体育赛事直播与游戏赛事直播案例。

过去观众通常是在现场或是在电视频道上观看体育赛事，但现在更多的人会选择通过网络点播、手机电视等方式来观看体育赛事。人们可以随时随地的打开手机直播类 App 观看体育比赛。体育赛事最大的经济价值来源于直播。未经授权的盗播行为在巨大经济利益的驱动下频繁出现，体育赛事的版权保护问题已经上升到了一个极其值得关注的位置。

对于体育赛事直播是否受《著作权法》保护、构成版权保护的客体，学界主要有三种观点：第一种观点认为体育赛事直播不受《著作权法》保护，因为其不构成《著作权法》中所定义的作品；第二种观点认为体育赛事直播不应受到《著作权法》保护，却不是因为其不构成《著作权法》意义上的作品，而是其不属于《著作权法》规定的作品范围；第三种观点认为体育赛事直播符合《著作权法》保护客体的构成要件，视不同情况进行保护。②

在"新浪诉凤凰网中超联赛著作权侵权及不正当竞争纠纷一案"中，

---

① 《落实司法改革新举措适应知产保护新变化——北京法院发布 2014 年知识产权审判工作情况》，北京法院网，2015 年 4 月 15 日，http：//bjgy. chinacourt. gov. cn/article/detail/2015/04/id/1584937. shtml。

② 王自强：《体育赛事直播有关版权保护问题的再思考》，人民网，2018 年 6 月 28 日，http：//media. people. com. cn/n1/2018/0628/c14677 - 30093847. html。

一审法院认为，体育赛事录制形成的画面是受《著作权法》保护的作品，具有一定程度上的独创性。二审法院经审理认为，涉案两场赛事录制形成的连续画面没有达到电影作品的独创性高度，不构成电影作品。

　　体育赛事直播虽然本身不是版权明确保护的客体，但是它允许作者通过设备工具进行拍摄录制，以照片、文字或是影像画面的形式反映出来，从而可以形成版权意义上的摄影作品、文字作品、视听作品或者录像制品。2015 年在对体育赛事直播版权案件的判决中，北京石景山法院认为摄制者在拍摄过程中并非处于主导地位，其对于比赛进程的控制、拍摄内容的选择、解说内容的编排以及在机位设置、镜头选择、编导参与等方面做出的选择和表达非常有限。① 法院只是认为其独创性有限，法律上并没有明确排除。关于体育赛事直播的其他版权纠纷案例判决结果节选如表 2 - 9 所示。

表 2 - 9　典型体育赛事直播版权纠纷判决结果

体育赛事直播版权纠纷	判决结果
手机直播软件 360 影视大全向公众播送青海卫视正在直播的西班牙足球甲级联赛第十四轮巴塞罗那 VS 皇家马德里的"国家德比"比赛	被告立即停止在"360 影视大全"中播放 2016～2017 赛季西甲第十四轮"国家德比"巴塞罗那 VS 皇家马德里比赛
联合运营的互联网电视平台上，通过"中国移动高清电视魔百和"（型号为 UNT400B 南传牌照）网络机顶盒向公众提供 2016 年欧足联欧洲足球锦标赛法国—冰岛、德国—意大利、威尔士—比利时三场 1/4 决赛赛事在线播放服务	被告连带赔偿原告未来电视有限公司经济损失及合理开支 15 万元

---

① 原告央视国际网络有限公司诉称，经国际足球联合会和中央电视台联合授权，该公司在中国境内独家享有通过信息网络转播中央电视台制作、转播的"2014 巴西世界杯"电视节目的权利。原告发现，被告北京某科技股份有限公司未经许可，擅自通过被告公司运营的网站和电脑客户端软件，向公众提供"2014 巴西世界杯"赛事进球集锦电视节目视频的在线点播服务，且在网站首页和软件首页设立"2014 巴西世界杯"专题页面，对相关节目视频进行展示和推荐，侵害了原告独占享有的通过信息网络向公众提供涉案电视节目的权利。引自《石景山法院审理"称独享世界杯境内网络权央视国际网络公司维权"案》，中国法院网，2015 年 4 月 16 日，https：//www.chinacourt.org/chat/chat/2015/04/id/40183.shtml。

续表

体育赛事直播版权纠纷	判决结果
华数传媒网络有限公司通过华数互联网电视平台提供 2016 里约奥运会 "男子 100 米自由泳（半决赛）" 比赛节目的在线点播服务	被告华数传媒网络有限公司于本判决生效之日起十日内赔偿原告未来电视有限公司经济损失及合理开支共计 20 万元
华夏城视网络电视股份有限公司未经权利人许可，利用 cutv.com 网站实时转播中央电视台直播的两场巴西世界杯足球赛事节目	被告华夏城视网络电视股份有限公司于本判决生效之日起十日内赔偿原告央视国际网络有限公司经济损失及合理支出 12 万元
央视国际网络有限公司关于体育赛事直播是否是著作权法意义上的作品的争议诉北京风行在线技术有限公司	被告北京风行在线技术有限公司赔偿原告央视国际网络有限公司经济损失及合理支出 10 万元

　　游戏赛事直播是另一个重要的直播形式。2008 年电子竞技成为第 78 个体育竞赛项目，并且在 2012 年被提名为 2020 年奥运会比赛项目，2016 年国务院常务会议提出要加快发展电子竞技产业。

　　2015 年的网络游戏直播 "耀宇诉斗鱼网络游戏直播侵权案" 中，耀宇公司与 DOTA2 游戏运营商签订战略合作协议并通过火猫 TV 网站对比赛进行视频直播，斗鱼公司未经允许在其直播平台上对 DOTA2 的比赛进行了实时直播。[①]类似的游戏直播侵权案例还有以下几起（见表 2 - 10）。

表 2 - 10　典型网络游戏直播版权纠纷案例汇总

事件名称及概要	发生时间
网易禁止 YY 直播《梦幻西游 2》	2014 年 12 月
七煌指责腾讯盗播赛事	2015 年 1 月
LOL 韩国职业选手 faker 要求 Twitch 用户停止对其游戏画面的非法盗播行为	2015 年 3 月
耀宇诉斗鱼网络游戏直播侵权案	2015 年 9 月
武汉鱼趣公司上诉案（朱浩 "炉石传说" 游戏解说视频、音频）	2017 年 10 月

---

① 耀宇公司认为，斗鱼公司未经授权，截取赛事画面并实时直播涉案赛事，侵犯了耀宇公司的合法权益。故耀宇公司诉至上海市浦东新区人民法院，请求判令斗鱼公司：1. 立即停止侵权行为；2. 赔偿耀宇公司经济损失 800 万元以及维权的合理开支 211000 元（包括律师费 20 万元、公证费 11000 元）；3. 在《新民晚报》刊登消除影响的声明。引自《上海耀宇文化传媒有限公司诉广州斗鱼网络科技有限公司著作权侵权及不正当竞争纠纷案》，上海法院网，2017 年 8 月 1 日，http://shfy.chinacourt.gov.cn/article/detail/2017/08/id/2948781.shtml。

赛事直播的版权归属问题，需要有较为明确的界定，才能做出侵权边界的判断。直播平台方面要积极加强与游戏开发商和运营商之间的联系和沟通，促成网络游戏与游戏直播的良性发展。游戏对于平台内部主播的选拔也要有一定的标准，对其直播内容要有所考核，更要主动寻求与游戏开发商和运营商之间的合作，共同促进行业的长远发展。

（四）社会直播

网络视频直播，是指在互联网高速传输技术的条件下，使在不同地点的观众可以通过在线实时观看视频内容。2016 年被称为"网络直播元年"，更多的普通用户参与到直播生产中。同年，微鲸科技 VR、花椒直播等均将 VR 技术用于视频直播领域，网络直播的技术进入了"4.0 时代"。网络直播可分两类：第一类是如上节所分析的诸如体育赛事直播、游戏赛事直播的节目，这类节目由专业制作机构制作、借助网络信号转播；第二类则是网络专职主播利用现场架设的独立信号收集装置，借助自己或网络直播平台的专属服务器，发布到自己的主页上或者是在特定的网络直播平台上供人观看。① 两类网络直播最明显的区别是创作者不同，以及由此带来的内容的自主性和互动性程度不同。主播通过自身技能展示才艺，创作视听内容。本书将其称为社会直播。

社会直播根据直播内容划分，具体又可以划分为秀场直播类视频和泛生活直播类视频。秀场直播类视频是以主播的才艺展示为主的直播，泛生活直播类视频则主要展现社会日常生活场景，主播呈现聊天、吃饭、逛街等日常生活化的场景。直播内容不经彩排，相对其他类型的直播视频而言，对主播的要求相对较低，普通公众只要拥有一套录音录像设备，通过直播平台注册账号进行实名认证即可成为一名主播。

相比之下，泛生活类直播所涉及的版权问题是比较少的，因为该类直播主要展现主播自己自身所历经的社会日常生活场景，这其中汇入了主播的独创性构思。想要在形形色色的泛生活类直播中取得高度的收视或是关注度，主播对于直播节目的内容和画面设计必不可少。秀场直播则会引起一些关于版权问题的讨论，因为主播在展现自己才艺的过程中，

---

① 郑惠心：《网络视频直播的版权纠纷及规制》，《法制与社会》2019 年第 3 期。

并不是完全是原创的，也有对于之前音乐作品、影视作品的翻唱或者是二次表演，在这个过程中，可能涉及版权侵权问题。从相关案例（见表2-11）来看也是如此，但由于直播类音视频尚不是法律认可的客体类型，因此尽管近年来纠纷不断，但多以不正当竞争等事由进行诉讼。

表 2-11　典型秀场类直播与泛生活类直播版权纠纷案例对比

直播类型	秀场类直播	泛生活类直播
案件名称	冯提莫歌曲《恋人心》版权纠纷案	爱奇艺状告多玩公司及旗下直播平台 YY 版权纠纷案
案件时间	2018 年 2 月	2017 年 8 月
案件概述	主播冯提莫在直播时播放未经授权的歌曲《恋人心》，直播平台斗鱼被诉至法院	YY 直播平台主播盗播 2015 年热播剧《盗墓笔记》
案件结果	北京互联网法院公开宣判，斗鱼公司赔偿中国音乐著作权协会经济损失 2000 元及因诉讼支出的合理费用 3200 元	海淀区法院最终认定 YY 平台的多玩公司侵害了爱奇艺公司著作权，判令其赔偿爱奇艺公司 50 万元及合理开支 2 万元
类似案件	樊冲原创歌曲《我要你》（电影《驴得水》主题曲）被冯提莫女士在直播中翻唱至少 20 次，希望冯提莫能够给予回应	花椒直播侵权播放爱奇艺独家版权网剧《秘果》

本章小结

　　这一部分对于互联网视听产业版权纠纷中的主体与客体进行了分析，主体研究不限于权利人，在版权纠纷中涉及的人都是研究的对象。通过对案例库的研究，报告发现纠纷的主体构成十分复杂，既包括版权和邻接权人个体或者组织，也包括大量非权利主体，这些主体在产业链条式推进中逐渐发生交集和矛盾。同时，主体的身份杂糅，有的主体身兼版权人和邻接权人，有的主体既是权利人也是非权利人。在互联网视听产业版权纠纷中的各主体存在以下关系：整个产业以作者为源头，纵向延伸出继受版权人和邻接权主体。在横向上，非权利主体围绕权利人主体运行。行政主管机关监管着整个产业的发展，版权集体管理组织与权利人并行，版权代理机构支撑版权权利人维护自己的权益。（见图 2 - 15）

　　客体研究则是围绕版权纠纷争议中的客体，将其划分成了《著作权法》明确保护的客体以及可能"溢出"法律保护对象范围的客体，并在此基础上对"溢出"法律保护对象范围的客体进行重点讨论，勾勒出视听产业版权的新问题，及新问题与现行规制体系之间的"不适"问题。这一问题的边界引发了对于视听作品边界标准独创性的思考。保护创新性成果是版权制度的立法基石；但平衡创造者利益和公共利益，则是版权法律一直需要小心对待的基本问题。独创性在不同作品中的判断标准无法一致，但对不同独创性程度的作品应该基于不同的保护策略。尽管我国《著作权法实施条例》对于"创"的高度并没有做出任何规定，但是创作高度在世界上仍旧具备着一定的要求。美国联邦最高法院在 Feist 案中指出："创造性的要求是极端低的，即使是一点点也足够了。"[①] 德国著作权法专家雷炳德

[①]　Feist Publications v. Rural Telephone Service，499 U. S. 340，at 345（1991）.

图 2 - 15　互联网视听产业版权纠纷中的主体关系

则认为"创作必须更多地属于在自己的作品类型领域比人们所期待的普通的智力劳动能带来更多的劳动""那些每个人都可以做成的东西，即使是新的也不能作为作品受到保护"①。作品的质量不能成为区分受保护和不受保护作品的标准，因为作品质量取决于个人对文艺的认识，所以是不可靠的标准，由此出发，使法律的实施依赖于法官的主观判断，也许是危险的，并有可能陷入不公正的境地。② 从独创性出发，努力扩充客体受保护的范畴，鼓励创作者，才能更好推动产业的可持续性发展。

① 〔德〕M. 雷炳德:《著作权法》，张恩民译，法律出版社，2005，第 117 页。
② 〔法〕克洛德·科隆贝:《世界各国著作权和邻接权的基本原则——比较法研究》，高凌翰译，上海外语教育出版社，1995，第 9 页。

第三章 CHAPTER 3

互联网视听产业中的版权侵权行为与责任

这一章将从直接侵权和间接侵权两个方面分析互联网视听产业版权纠纷中的侵权行为和应当承担的责任，以及视听产业版权纠纷中的免责问题。首先对核心案例库的案例分别从侵害人身权利、经济权利和邻接权三个方面分析其中的直接侵权行为特征及其判罚承担的法律责任所呈现出的特征；然后分析视听产业版权纠纷中涉及间接侵权的案例，梳理其中司法实践判定的间接侵权行为及其责任。根据间接侵权发生的时间点与直接侵权行为的关系，对准备阶段或者实施、完成阶段的间接侵权行为分别进行案例的梳理和分析。最后从三个方面分析案例所呈现的互联网视听产业版权侵权行为的免责情形及其争议，一是法定许可，二是合理使用，三是"避风港原则"。

第一节　纠纷中的直接侵权行为及其责任

我国《著作权法》第 10 条规定了由作者享有的 4 项人身权利、由版权人享有的 12 项经济权利；从第 32 条到 48 条则规定了由出版者、表演者、录音录像者和广播组织者四类邻接权人享有的各项权利。下面将从侵害人身权利及其承担的责任、侵害经济权利及其承担的责任以及侵害邻接权及其承担的责任三个方面展开，对本书的样本数据库进行分析。

案例库包含了 2003 年至 2018 年，互联网视听作品版权纠纷诉讼案例 921 例，其中涉及侵害人身权利的案例共有 60 例，侵害经济权利的案例共有 783 例，侵害邻接权的案例为 78 例。

一　侵害作者人身权利的行为及其责任

对案例库梳理后发现，互联网视听产业侵害人身权利的案件共有 60 例，其中侵害署名权的案例最多，为 42 例，侵害发表权的案例共有 5 例，侵害保护作品完整权的案例共有 7 例，侵害修改权的案例为 6 例（见图 3 - 1）。

（一）侵害人身权利的行为

1. 侵害视听作品署名权的行为

《著作权法》第 10 条第 2 款规定："署名权，即表明作者身份，在作品上署名的权利"。这一权利由两个部分组成。第一，表明作者身份，表明的方式由作者决定，因此，不署名、属笔名等署名方式只要不妨碍其他人的权利行使和危害公共利益，都是合法的；有两个以上的作者，可以并列署名。第二，在作品上署名。只能在作品上署名，在其他相关物包括海报、宣传品等上面的署名目前是不受我国著作权法保护的。在视听作品中

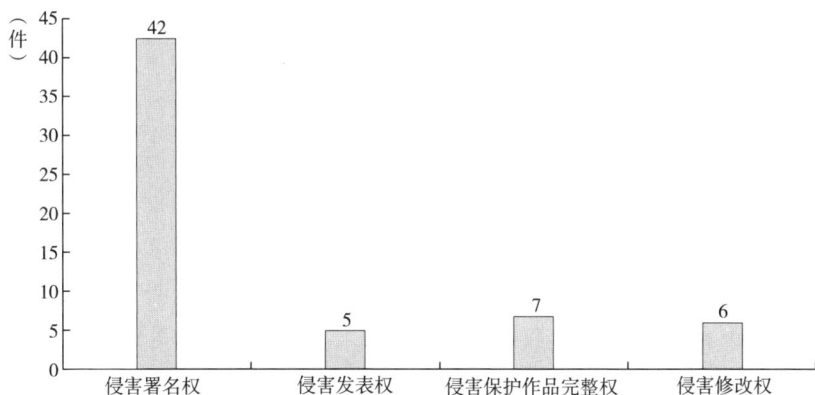

图 3-1　侵害人身权利案件数量分布

的署名方式通常有在作品的片头片尾的字幕中注明演职人员的名字以及添加水印等方式。

　　数据库中涉及侵害署名权的 42 例案例中，其行为方式主要有四种情形（见表 3-1）。

表 3-1　侵害署名权的行为类型

侵害署名权的行为类型	剪切和抹去署名信息
	篡改署名信息
	演绎作品未署作者名
	对署名顺序和方式产生争议

　　剪切署名的侵权行为主要是指侵权人恶意剪切视听作品中带有署名信息的片头或片尾，使视听作品难以辨认权利归属。如在北京风行在线技术有限公司与玲珑视界文化传媒（北京）有限公司侵犯著作权纠纷一案中，玲珑视界依法享有涉案作品的署名权，风行在线技术有限公司在其经营的风行网中提供涉案影片的播放时删掉了片头片尾，使视频未显示相关权利人标识。法院认为北京风行在线技术有限公司的这一行为侵害了玲珑视界的署名权，判令被告公司在其首页刊登 24 小时的道歉声明，以消除给原告公司带来的影响以及支付赔偿费用 3 万元。

　　抹去署名的情形一般是指在作品的传播中，抹去了权利者信息的行为。比如在对作品进行网络传播、展览、表演、复制等过程中，没有将原署名的信息展示在作品中。这类侵权行为以剪切署名或消除署名水印的方式为主。

篡改署名信息是指在剪切和抹去他人署名信息之后，署上别的名字的行为。署名权是著作权法为了保障作者能够建立起反映自己与作品之间的直接联系而设立的一项人身权利。只有通过在作品上署名的方式，才能证明该作品的实际版权归属以及各合作作者之间对该作品的创作所投入的精力大小。篡改署名信息这种行为完全切断了作者与其作品之间的联系，侵害了作者在其作品上彰显自己身份的权利。如广州平方广告有限公司与广州思永广告有限公司著作权侵权纠纷一案，平方广告公司拥有涉案作品《思永广告影视案例——五号仓库》的署名权，曾在原告公司的员工段某离职后在思永公司任职，并于在职期间将涉案视频篡改署名信息为思永广告后上传至视频网站。因此，平方广告公司认为思永广告公司恶意篡改涉案视频的署名信息，以侵害署名权和不正当竞争为由提起诉讼。

演绎作品未显示原作者署名，这一情形常发生于改编作品中。如小说改编成电影或电视剧，电视剧或电影改编成网络游戏、手机游戏等。典型的案例如吉琴琴诉天津滨海国际影业有限公司等著作权侵权纠纷案。在此案中吉琴琴是《岁月是朵两生花》的作者，2011年12月9日，吉琴琴与被告滨海国际影业签署《著作权独家许可合同》，将涉案作品《岁月是朵两生花》的改编权转让给该被告，并约定改编后的电视剧应在片头对原著作者署名。此后，经改编后的电视剧《两生花》在各大卫视热播后，吉琴琴发现在电视剧的片头中没有为原作品作者署名，因此提起诉讼。法院判定天津滨海国际影业侵害了吉琴琴的署名权，并判令被告在《新京报》、澎湃新闻网、新浪网上连续三天刊登致歉声明，消除影响，并连带赔偿原告吉琴琴经济损失及合理支出共计人民币40000元。

吉琴琴与天津滨海国际影业有限公司的著作权侵权纠纷案涉及的便是改编作品的署名问题。在本案中，双方已经签订了相关合同，明确应在涉案电视剧的片头对原著的作者进行署名，但涉案电视剧的片头并未出现任何有关原著作者的署名信息。因此，在当事双方明确应为原著作者署名的情况下，被告未在改编作品中显示原著作者的署名，被法院判定侵害署名权成立。

对署名顺序和方式产生争议。我国的《著作权法》等相关法律法规规定了编剧、导演、摄影、视听作品音乐的作词人和作曲人在视听作品上署名的权利，但没有对具体的署名方式和顺序进行规定。一般来说，视听作品的署名顺序和方式是依照影视作品管理的法律法规或行业惯例来进行调整的。因此在司法实践中，常常依据合同或者行业惯例来约定视听作品的署名方式和署名顺序。

蒋胜男与王小平等关于电视剧《芈月传》的署名权纠纷案就是原告不满署名方式而提起诉讼的署名权侵权纠纷案。在该案中，蒋胜男不满花儿影视公司为王小平署以"总编剧"的称谓，认为这种署名方式侵害了自己的署名权，遂提起诉讼。温州市中级人民法院认为花儿影视公司为王小平、蒋胜男两名编剧署名的方式没有违背法律法规，这两种编剧的署名方式并没有割裂、削弱原告与涉案作品之间的关系，因此，这种署名方式并未侵害蒋胜男的署名权。

视听作品署名权纠纷常常还有另外一种情形。在视听作品的创作过程中，诸如道具、场景、场记和灯光等技术人员，他们一般被业界认为不属于主要创作者，也不属于现行法律认可的视听类作品的作者。但通常情况下制作方会在作品的片头或者片尾予其署名以示尊重，如果出现与这种通行做法不符的情形，也可能引发与版权相关的争议。比如影片《夜宴》在拍摄过程中使用了替身演员邵小珊的镜头，但是在该影片上映之后却并没有为邵小珊署名，邵小珊因此提起诉讼，要求制片方为其署名并进行赔偿。

2. 侵害视听作品发表权的行为

发表权是决定作品是否公之于众的权利。发表权只能使用一次，一旦作品被公开，发表权就行使完毕。未经版权人许可擅自发表其作品是目前我国视听作品侵害发表权的主要情形。在这一情形中主要有两个关键点：未经版权人许可和发表作品。只有这两个关键条件同时满足，才能被认定为侵害了视听作品的发表权。

在案例库中涉及侵害发表权的案例共有5例，通过梳理相关案例后发现，侵害发表权的行为主要有两种情形（见表3-2）。

表3-2　侵害发表权的行为类型

案例库中侵害发表权的行为类型	未经作者许可，将其作品公之于众
	未按照作者授意的形式公开发表

未经作者许可，将其作品公之于众的情形是指在作者决定是否发表之前，擅自将其作品公之于众的行为。比如朱航诉四川传媒学院一案中，朱

航在校期间与其他七位同学共同完成了影片《翩翩起舞的姑娘》，由于种种原因，影片并没有播放。2017年朱航发现该电影被收录进了四川传媒学院成立20周年的纪念DVD中，并已经开始出售。朱航认为自己并没有发表该影片，因此在没有得到自己和其他主创人员授权的情况下，擅自将其制作成DVD并出售的行为，将影片向公众公开，侵害了作者的发表权。公之于众是相对于私人空间而言的，只要行为是将作品向不确定的人群予以公开，就可能构成对发表权的侵害。在该案中，公之于众的方式是向公众销售刻有该作品的DVD。

在张海峡与于建嵘著作权权属、侵权纠纷一案中①，涉案作品是一部网络课程的口述作品，于建嵘在其实名认证的微博中对这一授课视频进行了转载。审理法院认定，原告张海峡授课培训的行为就是将其涉案口述作品进行发表的行为。作品一旦被发表，他人再对其进行使用则不构成对版权人发表权的侵犯。因此，法院最终驳回了原告在本案中侵害其发表权的主张。

互联网视听作品作者行使发表权的形式是多样的，有时作者希望以某种特定的方式公开自己的作品，如果不按照作者授意的发表形式将作品进行公开，也可能侵害作者的发表权。

上述两种侵害发表权的行为一种是时间上违背了作者的意思，在没有明确发表意图的情况下发表了作品；或者是没有按照约定的时间发表作品。另一种行为则在发表的方式上违背了作者的意思。

3. 侵害视听作品修改权的行为

我国《著作权法》第10条规定："修改权，即修改或者授权他人修改作品的权利。"与保护作品完整权不同的是，修改权强调作者有权对其作品进行修改或授权他人进行修改，这种修改主要是对表达方式的修改，比如再剪辑、剧本文字的删减等。

案例数据中关于侵害作品修改权的纠纷共有6例，具体到视听作品来说，侵害修改权的主要行为是没有授权，擅自修改使用。

未经作者授权修改作品的行为是对作品文本的直接修改。比如在爱奇艺与华数传媒著作权侵权纠纷案中，华数传媒在没有取得授权和许可的情

---

① 北京市第二中级人民法院（2012）二中民初字第00611号。

况下对该作品进行修改,如在涉案作品上故意对爱奇艺公司的水印图标进行了遮盖,并且对涉案作品中的前期导播内容进行了替换,将作品名称更换为《看娱乐》并以华数传媒公司的名义进行传播,这些行为都严重侵害了原告公司的署名权、修改权以及信息网络传播权。

除对视频音频进行修改剪辑外,还有一种情况是未经版权人授权擅自对视听作品中一些元素进行修改。如耐克森公司与杭州可吉文化交流有限公司著作权侵权纠纷案①、北京梦之城文化股份有限公司与深圳市劲恒科技有限公司著作权侵权纠纷案②、广州漫翔玩具有限公司与义乌市米芬工艺品有限公司著作权侵权纠纷案③等都是被告未经授权或许可将动画作品中的角色形象加以小范围的修改并制成 T 恤或玩偶等衍生品进行公开销售从而被判侵权成立的案件。

4. 侵害视听作品保护作品完整权的行为

根据我国《著作权法》第 10 条,保护作品完整权即"保护作品不受歪曲、篡改的权利"。根据这一法条,侵害保护作品完整权的两个关键点在于对作品的"歪曲"和"篡改"。

侵害保护作品完整权的主要情形是侵权人对作品内容进行了歪曲和篡改,降低了公众对作品的评价。在有的国家,保护作品完整权也被称为"作品得到尊重权",其核心是强调作者有权禁止作品的使用人实施的不尊重作品的行为。

在数据库中涉及侵害保护作品完整权的案例有 7 例,其中侵权行为大致有两种情形:其一是对作品的内容进行了修改,修改行为本身可能得到了作者的授权,也有没有获得授权的情形(没有获得授权则还涉嫌侵害了作者的修改权),作者认为修改后的作品被歪曲和篡改;其二是对作品"不适当"的使用,降低了公众对作品的评价(见表 3 - 3)。

表 3 - 3 侵害保护作品完整权的两种行为

侵害保护作品完整权的两种行为	修改后作者认为歪曲了作品的原意(包括授权与未授权)
	对作品"不适当"的使用,降低了公众对作品的评价

① 浙江省杭州市中级人民法院 (2008) 杭民三初字第 235 号。
② 广东省深圳市龙岗区人民法院 (2017) 粤 0307 民初 20856 号。
③ 广州知识产权法院 (2017) 粤 73 民终 449 号。

对作品内容进行了修改导致歪曲了作品的原意，这一行为有的虽然获得了作者授权的修改权，但修改之后的作品如果主题立意与原作相背，甚至对原作者想要表达的思想、主题立意进行了扭曲，这种对作品内容进行修改的行为就可能侵害保护作品完整权。如电影《九层妖塔》侵害保护作品完整权纠纷案，原告张牧野诉称电影《九层妖塔》系根据其所著小说《鬼吹灯之精绝古城》改编而成，影片上映之后，原告发现电影对故事情节、人物角色的设定上都大幅度地超出了法定许可的范围，对自己的创作意图、原作的主题和观点都存在严重的扭曲。北京知识产权法院在审理后认为在获得对原作品改编权的情况下，改编作品所作改动亦应当符合必要限度，如果改动的结果导致作者在原作品中要表达的思想情感被曲解，则这种改动就构成对原作品的歪曲、篡改。本案中，涉案电影将主要人物设定、故事背景等核心表达要素的大幅度改动，对作者在原作品中表达的观点和情感做了本质上的改变，因而构成了对原作品歪曲、篡改。因此，北京知识产权法院在审理后判定侵权成立，即日起停止传播涉案电影，并向原告公开赔礼道歉、消除影响，赔偿张牧野精神损害抚慰金5万元。

另外还可能出现因使用者对作品的断章取义、随意截取，从而侵害保护作品完整权的情形。视听作品中有些意义需要一系列连贯的镜头才能将之完整地表达出来，缺少一些画面将无法完整表达出作者想要表达的原意，甚至对原意产生了曲解。如网络上很多的电视剧解说视频，将长达40多集甚至更长的电视剧剪辑为只有几分钟或十几分钟的解说视频，这种解说视频常常只截取吸引流量的片段而忽视了剧情前后的关联和剧情当时发生的场景设定从而使受众对电视剧情节产生误解。

还有一种情况就是作品本身并没有被改动，只是将作品运用在了不当的场合之中，而这种不当使用可能会对作者的声誉造成极大的损害。例如将严肃作品与低俗作品放在一起，将庄严的乐曲在低俗的场合中使用，或以侮辱的目的对作品进行使用等。

（二）侵害人身权利承担的责任

视听作品署名权纠纷中承担的侵权民事责任主要有停止侵害、消除影响、赔礼道歉、赔偿损失。其中消除影响、赔礼道歉是侵害精神权利所特有的侵权责任的承担方式，带有明显的人身权利的色彩。数据显示，视听作品精神权利纠纷的主要侵权责任方式为经济赔偿的有35例，其次是消除影响、赔礼道歉的有20例，最后为停止侵害的有6例（见图3-2）。

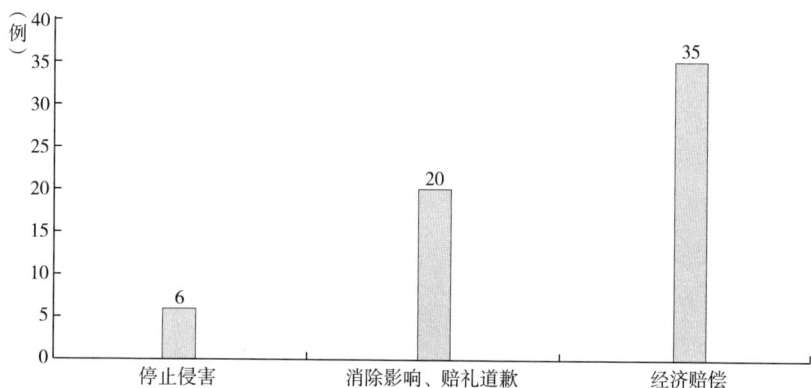

图3-2 侵害人身权利责任类型

其中，承担停止侵害责任的案件有侵害署名权1例、侵害修改权1例、侵害保护作品完整权4例（见图3-3）。

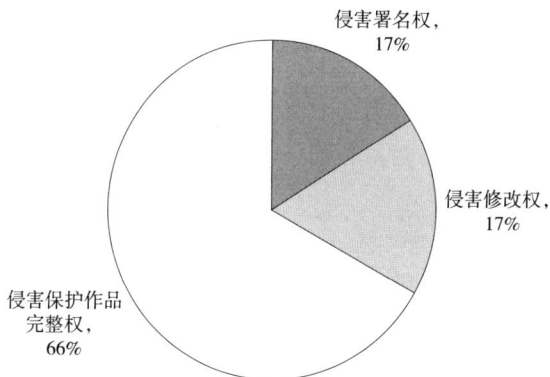

图3-3 案例库中承担停止侵害责任案件占比分布

承担消除影响、赔礼道歉责任的案件有侵害署名权11例、侵害修改权3例、侵害保护作品完整权4例、侵害发表权2例（见图3-4）。

承担经济赔偿责任的案件有侵害署名权20例、侵害修改权6例、侵害保护作品完整权7例、侵害发表权2例（见图3-5）。

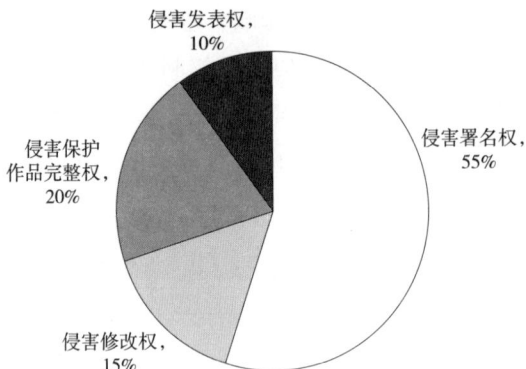

图 3－4　案例库中承担消除影响、赔礼道歉责任案件占比分布

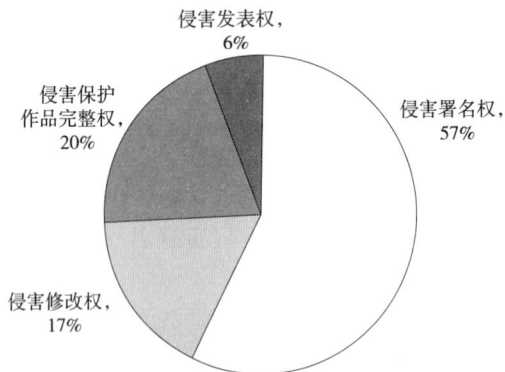

图 3－5　案例库中承担经济赔偿责任案件占比分布

由上可知，人身权利纠纷中承担的侵权责任方式还是以经济赔偿为主，但由于网络环境下复制形式的多样化以及涉及主体的多样化，侵权认定存在一定难度。

二　侵害版权人经济权利的行为及其责任

我国《著作权法》第 10 条规定的权利人享有的经济权利有复制权、发行权、出租权、展览权、表演权、放映权、广播权、信息网络传播权、摄制权、改编权、翻译权和汇编权等。具体到视听产业领域而言，侵权行为主要集中在信息网络传播权、复制权、改编权和放映权。这一部分将分析侵害视听作品这四种权利的行为特征并对侵权责任加以分析。

（一）侵害经济权利的行为

案例库显示，2003 年至 2018 年 12 月 31 日互联网视听作品涉及的侵害经济权利的纠纷数量为 714 件。其中最多的是信息网络传播权纠纷 475 件，其次是复制权纠纷 132 件，再次是改编权纠纷 58 件，最后是放映权纠纷 49 件（见图 3 −6）。

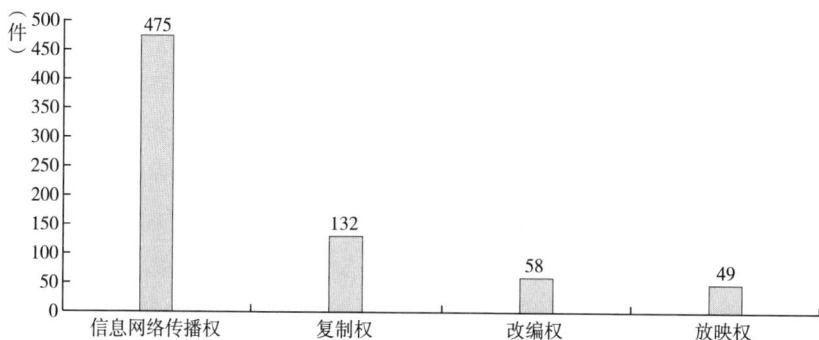

图 3 −6　侵害各类经济权利案件数量分布

1. 侵害信息网络传播权的行为

根据我国《著作权法》第 10 条，信息网络传播权，即以有线或者无线方式向公众提供，使公众可以在其选定的时间和地点获得作品的权利。我国对信息网络传播权的规定与《世界知识产权组织著作权条约》（WCT）和《世界知识产权组织表演和录音制品条约》（WPPT）中关于"向公众传播权"的规定相一致，其定义直接援引了这两个国际公约的相关表述。[①]

目前，我国对于侵犯信息网络传播权进行认定的主要法律依据有《中华人民共和国著作权法》第 47 条第 3 项和《最高人民法院关于审理侵害信息网络

---

① 为了规范信息网络环境下作品的使用行为，解决各项新技术的应用给著作权保护带来的新问题，世界知识产权组织在 1996 年 12 月通过了这两个新的国际条约。WCT 第 8 条规定，在不损害《伯尔尼公约》相关规定的情况下，"文学和艺术作品的作者应享有专有权，以授权将其作品以有线或无线方式向公众传播，包括将其作品向公众提供，使公众中的成员在其个人选定的地点和时间可获得这些作品"。WPPT 第 10 条规定："表演者应享有专有权，以授权通过有线或无线的方式向公众提供其以录音制品录制的表演，使该表演可为公众中的成员在其个人选定的地点和时间获得"。第 14 条规定："录音制品制作者应享有专有权，以授权通过有线或无线的方式向公众提供其录音制品，使该录音制品可为公众中的成员在其个人选定的地点和时间获得"。

传播权民事纠纷案件适用法律若干问题的规定》第 3 条。从法律规定可以看出，法定的侵害信息网络传播权的行为主要有两类，一是未经授权提供作品，二是通过各种手段将作品公布在网络上提供播放或下载服务。① 本书通过梳理案例库后，将侵害信息网络传播权的具体行为归纳为以下三种（见表 3-4）。

表 3-4　侵害信息网络传播权的三种行为

侵害信息网络传播权的三种行为	未经著作权人授权提供涉案作品的播放或下载服务
	取得授权但超过授权范围和期限提供涉案作品的在线播放或下载服务
	提供作品的深度链接

未经著作权人授权提供涉案作品的播放或下载服务。如北京盛世骄阳文化传播有限公司诉福建网龙计算机网络信息技术有限公司侵害作品信息网络传播权纠纷案②，东方有线网络有限公司诉乐视网（天津）信息技术有限公司等侵害作品信息网络传播权纠纷案③，东阳神话影视发行有限公司诉上海全土豆文化传播有限公司侵害作品信息网络传播权纠纷案④等都是被告未经授权擅自提供涉案作品的网络播放服务而引起的。

取得授权但超过授权范围和期限提供涉案作品的在线播放或下载服务。如湖南快乐阳光互动娱乐传媒有限公司与上海视九信息科技有限公司著作权侵权纠纷案⑤，湖南快乐阳光互动娱乐传媒有限公司与深圳市茁壮网络股份有限公司、德州中辉数字电视运营有限公司著作权侵权纠纷案⑥，杭州锋线文化信息咨询有限公司诉微软在线网络通讯技术（上海）有限公司等侵害作品信息网络传播权纠纷案等。⑦

除此之外，还有提供作品的深度链接⑧引发的侵权案件。如 2013 年北京市海淀区检察院提起了一起公诉案件，在该案中，涉案人张某就是以提供作品的深度链接来向网络用户免费提供乐视网享有独占性信息网络传播

① 主要的手段有上传到网络服务器、设置共享文件或者利用文件分享软件等方式。
② 北京市东城区人民法院（2016）京 0101 民初 19338 号。
③ 天津市第二中级人民法院（2018）津 02 民辖终 131 号。
④ 上海市闵行区人民法院（2016）沪 0112 民初 18864 号。
⑤ 湖南省高级人民法院（2017）湘民辖终 82 号。
⑥ 湖南省长沙市中级人民法院（2018）湘 01 民初 174 号。
⑦ 北京知识产权法院（2015）京知民终字第 2406 号。
⑧ 深度链接，也称深层链接（Deep Linking），与普通链接或称浅层链接相对应，即绕过被链网站首页直接链接到目标网页的链接方式。

权的作品,并通过这一途径与某广告联盟合作,实现网站的盈利。审理法院最终判定张某6个月的有期徒刑,并处以2万元的罚金。

2. 侵害视听作品改编权的行为

改编权,即改变作品,创作出具有独创性的新作品的权利。改编权强调的是对原作品的改变,并在这种改变中能够创造出新的具有独创性的作品。在我国,改编权可以由作者自己行使,也可以由作者授权他人行使。侵害视听作品改编权的行为主要有两种情形(见表3-5)。

表3-5 侵害视听作品改编权的两种行为

侵害改编权的两种行为	未经版权人授权或超出授权范围或期限进行视听作品的续拍
	未经授权或超出授权范围或期限对视听作品做出技术意义的重制

一种是未经版权人授权或超出授权范围或期限进行视听作品的续拍。比如系列影片《唐人街探案》,电视剧《欢乐颂》《爱情公寓》《法医秦明》《琅琊榜》等,都是在第一部作品基础上进行了续拍。作品的续拍大部分都会保留原作品的故事背景、人物设定,并在此基础上进行独创性的创作,虽然表达形式可能并未改变,但其中的内容却有实质性的差异,因此可以被认定为一部新的作品,也构成对原作品的改编。如果当事双方未在原著改编权授权的时间期间进行续拍,就有可能侵害版权人的改编权,但如果双方只就改编达成一致,并没有约定时间,续拍可以看作对取得的电视剧改编权的正当使用。如周军与西安梦舟影视文化传播有限责任公司的著作权侵犯纠纷案。原审法院认定梦舟公司拍摄《雪豹坚强岁月》的行为并不构成对《特战先驱》作品版权人周军改编权的侵犯。①

① 周军是长篇小说《特战先驱》的版权人,于2006年12月26日将作品电视剧改编权转让给智工厂,转让有效期为3~5年,后智工厂将作品改编权转让给了北京梦舟影视文化传播有限责任公司,北京梦舟公司又授权西安梦舟影视文化传播公司进行改编和拍摄电视剧《雪豹》并于2014年发行《雪豹坚强岁月》。周军认为西安梦舟公司摄制的《雪豹坚强岁月》的行为超出其授权期限,侵犯其著作权。但上述代理合约中关于期限的约定只是周军与智工厂法定代表人甄煜飞之间的约定,《小说版权合同书》仅约定"北京梦舟公司须在三年之内开始小说《特战先驱》的电视剧的拍摄,三年之后如果北京梦舟公司未能投入拍摄,智工厂有权将该合同所涉及的著作权和影视剧拍摄权另行处理",并未就改编权、摄制权的转让期限有约定,且甄煜飞向北京梦舟公司提交的周军《授权书》中亦未对转让的相关权利有期限约定,上诉人亦无证据证明北京梦舟公司事前知悉该期限约定。见陕西省高级人民法院(2015)陕民三终字第00006号民事判决书。

另一种是未经授权或超出授权范围或期限对视听作品做出技术意义的重制。比如毛泽东主席在开国大典上宣布新中国成立的经典片段，便在2019年9月由相关技术人员进行了修复，再现了这一历史时刻的彩色影像。这种重制是视听版权纠纷特有的一种侵权情形，在不断变化的视听技术的加持下，有可能通过显示技术的改变带来新的视听效果，但如果这种改变是基于版权作品，还是应当取得权利人的授权。

3. 侵害视听作品放映权的行为

我国《著作权法》第10条规定：放映权，即通过放映机、幻灯机等技术设备公开再现美术、摄影、视听作品等的权利。

从案例库的案例中，侵害放映权的行为主要有两种情形（见表3-6）。

表3-6 侵害视听作品放映权的两种行为

侵害放映权的两种行为	未经著作权人的授权擅自在其经营场所中提供涉案作品的点播服务
	未经授权擅自提供电影的播放服务

被告未经著作权人的授权擅自在其经营场所中提供涉案作品的点播服务，这种侵权行为常发生在KTV等娱乐场所。如中国音像著作权集体管理协会诉上海歌城东靖娱乐有限公司侵害著作权纠纷一案，上海歌城东靖娱乐有限公司在未取得授权的情况下，在其经营场所提供了原告进行著作权集体管理的音乐电视作品MTV的点播服务，法院判令被告立即停止侵权行为并赔偿原告经济损失和为制止侵权行为而产生的合理开支。类似的案例还有中国音像著作权集体管理协会诉上海特别歌城歌舞休闲有限公司侵害放映权案①，中国音像著作权集体管理协会与中山市龙井坊大酒店有限公司著作权纠纷案②以及中国音像著作权集体管理协会与汕头市天天乐娱乐有限公司著作权纠纷案③等。未经授权擅自提供电影的播放服务，这种行为导致的纠纷常发生在电影著作权人与电影院经营者之间。

4. 侵害视听作品复制权的行为

侵害复制权是经济权利侵权案例中较为常见的一种情形。作者在创作

---

① 上海知识产权法院（2016）沪73民终139号。
② 广东省中山市中级人民法院（2016）粤20民终4422~4440号。
③ 广东省汕头市金平区人民法院（2017）粤0511民初444~473号。

完成作品之后，其后续的发行、表演和传播行为都基于复制行为之上。我国《著作权法》第 10 条规定："复制权，即以印刷、复印、拓印、录音、录像、翻录、翻拍、数字化等方式将作品制作一份或者多份的权利。"

　　在传统媒体时期，作品的复制大都是有形形式。信息技术普及后，对作品的固定不再是这些有形的载体，也不仅仅是对作品的拷贝，而更倾向于对作品内容的一种"再现"，具体到视听作品来说，这种再现包括对视听作品一般的复制以及对视听作品里涉及的人物形象、动画形象及其他元素的复制。

　　在报告的案例库中，侵害视听作品复制权的行为主要有两种情形（见表 3 - 7）。

表 3 - 7　侵害视听作品复制权的两种行为

侵害复制权的两种行为	未经授权在电影院播放影片的过程中，在放映窗口录制影片
	未经授权将动画、电影、游戏等视听作品中的美术形象或其他元素复制后制成衍生品（如玩偶、衣服等）并公开销售

　　第一种情形为他人播放音视频作品的过程中，未经授权实施了翻拍翻录行为，侵害了权利人的复制权，应当承担相应的法律责任。如在华谊兄弟传媒股份有限公司诉马鞍山大华时代影院侵害复制权纠纷一案中，涉案电影《画皮 2》的权利人华谊兄弟传媒股份有限公司发现涉案网站可以在线播放《画皮 2》。涉案人员陶某是大华时代影院的一名员工，在影院放映涉案影片时用录像设备录制了涉案影片。华谊兄弟传媒股份有限公司认为大华时代作为影院的经营者对于其员工的录制行为疏于管理，主观上具有过错，遂将其告上法庭。法院经审理认为涉案人员陶某利用职务之便在影院中对涉案影片进行了录制，并且事后将其录制的录像向他人出售，用于商业目的，这一行为实质上就是对原告公司复制权的侵犯，判令被告公司赔偿 10 万元。

　　第二种行为是未经授权将动画、电影、游戏等视听作品中的美术形象或其他元素复制后制成衍生品（如玩偶、衣服等）并公开销售，这类侵权案件通常伴有发行权的纠纷。如上海美术电影制片厂诉珠海天行者文化传播公司和珠海市千致鞋业公司的著作权纠纷案件。在该案中，原告主张被告侵犯了其享有著作权《大闹天宫》孙悟空人物形象美术作品的改编权，但上海市第一中级人民法院认为被告所使用的孙悟空人物形象抄袭了原告享有著作权的人物形象，并且被告在其生产制造、销售的童鞋和包装上大量使用了这种人物形象，属于侵害复制权的行为。

侵害复制权的行为有两个构成要件：一是有复制的行为，二是有传播的行为。但在互联网环境下，复制与传播两个过程之间的界限趋于模糊，可以同时完成。例如只要一个用户利用 P2P 技术存储了视听作品，所有使用该软件的网络用户都可以浏览、观看、下载该视听作品。目前，大量的视听网站，如视频网站优酷、腾讯、爱奇艺、乐视、风行、暴风影音，音频网站酷我、酷狗、网易云、QQ 等都是通过提供作品的在线播放、欣赏来吸引用户。用户在观看视听作品时，并没有进行实质性的下载，只是进行了临时复制。临时复制是否构成对复制权的侵害尚有争议，主要是确认该行为的侵权后果存在证据难点，因为要掌握和追踪某一用户的网络浏览行为十分困难，这不仅需要网络服务商提供技术支持，还要在假设网络服务提供者会保留用户浏览记录的理想状态下才能实施；但大多数网络服务提供者都不会对用户的浏览记录进行保留，并且追踪浏览记录还涉及用户个人隐私权的保护问题，更何况用户还存在利用技术手段来隐藏自己的浏览行为的可能性。

（二）侵害视听作品经济权利承担的责任

侵害视听作品信息网络传播权所需承担的侵权责任一般是民事责任，在严重到危害公共利益的情况下可能承担刑事责任。梳理案例库可以发现，其中承担刑事责任的多发生在侵害信息网络传播权的案件中，仅有 13 件；承担民事责任的案件数量共有 528 件（见图 3 - 7）。

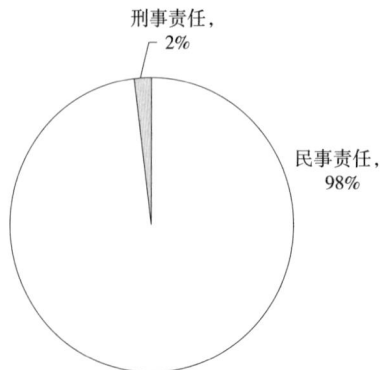

图 3 - 7　案例库中侵害经济权利责任性质案例分布

承担民事责任的案件中仍以承担经济赔偿为主，只有少数案件被告被判停止侵害（见图 3 - 8）。案例库的案例显示，在视听作品版权纠纷中，原告当庭撤销这一诉讼请求的情形经常出现。

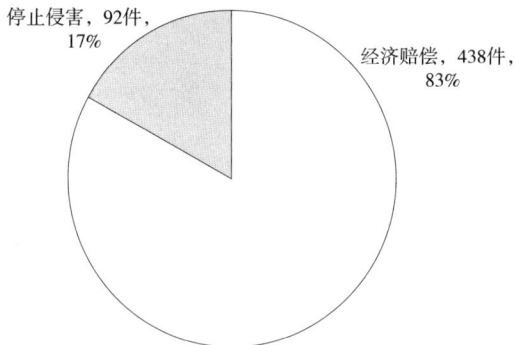

停止侵害，92件，17%

经济赔偿，438件，83%

图 3 - 8　侵害经济权利责任承担方式

三　侵害邻接权人权利的行为及其责任

据我国《著作权法》第四章的相关规定，"与著作权有关的权利"有四类：表演者权、出版者权、录音录像制作者权以及广播组织者权。具体到视听产业版权纠纷领域，侵权行为主要集中在侵害表演者权和录音录像制作者权。这一部分将分别对侵害视听作品版权人者四类邻接权的行为加以分析，并在最后总结出侵害邻接权的法律责任所呈现出的特点。

（一）侵害邻接权的行为

案例库显示，2003～2018 年互联网视听产业侵害邻接权案例共有 78 件，其中侵害表演者权的有 29 件，侵害录音录像制作者权的有 45 件，侵害广播组织者权的有 3 件，侵害出版者权的有 1 件（见图 3 - 9）。

1. 侵害表演者权的行为

我国对表演者的权利保护分为人身权利和经济权利。表演者依法享有的人身权利主要有署名权和保护其表演形象不受歪曲的权利。《著作权法》第 39 条第 3 到 6 款规定了表演者依法享有的经济权利。侵害互联网视听作品表演者权的行为同样存在侵害人身权利和侵害经济权利的行为。案例库

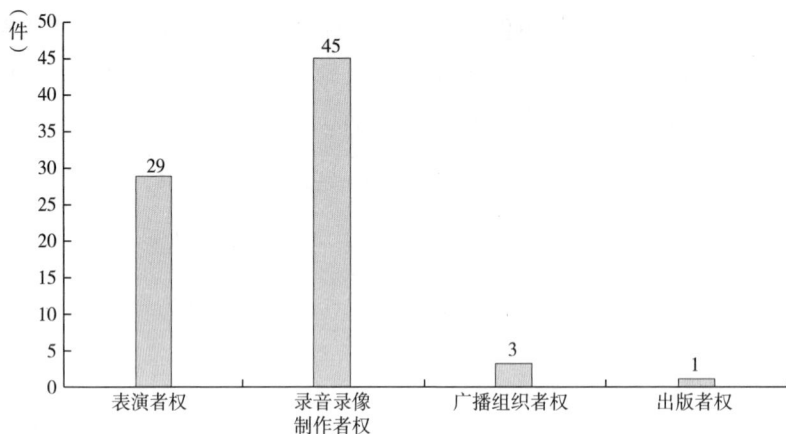

图 3 - 9 侵害邻接权案例数量

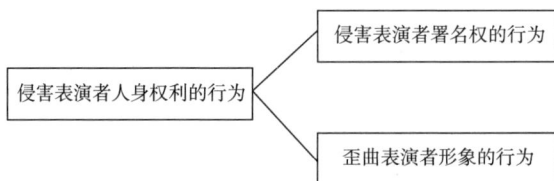

图 3 - 10 两种主要的侵害视听作品表演者人身权利的行为

中侵害表演者人身权利的行为主要有两种（见图 3 - 10）。

第一种行为是侵害表演者署名权的行为。表演者享有的署名权与原作者享有的署名权是一致的，权利内容同样包括署名与不署名、署真名或假名。设立表演者署名权的意义为认同表演者对视听作品传播的劳动，并以此为依据保护表演者享有的其他权利，如获得经济利益、享有社会声誉等。如罗林诉潘晓峰侵犯署名权的案件，在此案中，潘晓峰署名为"西域刀郎"，与原告的艺名"刀郎"非常相似，法院审理后判定侵害表演者署名权成立。

第二种行为是歪曲表演者形象的行为。表演形象是表演者在平时的表演活动中所塑造出来的，表演活动具有创造性，一个良好的表演形象对表演者自身形象有重要的影响。2019 年 1 月 18 日艺人蔡徐坤当选美国 NBA 新春贺岁大使后，受到一些网络言论的攻击。哔哩哔哩网站上大量 UP 主①

———————————

① UP 主一般指在视频网站中上传视频的人，是一个从日本传入的网络词语，UP 即 upload 的缩写，"upload"有"上传，上载"的意思。所以 UP 主就有上传者的意思。国内网站 A 站（acfun）和 B 站（bilibili）上的视频主经常被观看者称为 UP 主，亦称为阿婆主。不过 UP 主不一定非是上传者（原创作者），通常转载者也被称为 UP 主。

将其参加选秀节目的自我表演视频进行恶意编辑，并且配上对其有嘲讽意义的歌曲。这些视频在网络广泛传播。2019 年 4 月 12 日，蔡徐坤工作室以歪曲表演形象为由向哔哩哔哩网站发出了律师函警告。

侵害表演者经济权利的有四种情形：一是在没有经过表演者许可的情况下将其表演通过直播的方式公之于众；二是没有经过表演者许可，将其表演进行录制随后公之于众；三是没有经过表演者的同意对其表演活动的视频进行复制并且发行；四是虽然经过表演者的许可，对其表演活动进行直播、复制和发行，但没有按照法律的规定向表演者支付报酬。

梳理案例库发现，侵害表演者经济权利的案由集中在没有经过表演者的同意对其表演活动的视频进行复制并且发行，并且通常伴随未支付报酬的行为。如孙楠与曲阜市金环球通信器材有限公司、中电通信科技有限责任公司表演者权权属纠纷一案[①]，被告为了提高其手机产品的市场竞争力，在其手机内存卡中擅自复制存储了涉案歌曲，将其提供给手机用户。虽然这种复制、存储的行为并不是手机的主要功能，但这种提供涉案作品的行为无疑扩大了侵权的范围，对涉案歌曲的表演者孙楠的合法收益造成一定的影响。因此，法院认定，被告这种复制存储行为既未获得孙楠的授权，也未向其支付报酬，具有主观错误，应当承担停止侵权、赔礼道歉、消除影响和赔偿损失的民事责任。相似的案例还有崔健与河南先达光碟有限公司表演者权权属纠纷案[②]，北京云城激光唱盘有限公司、山东电子音像出版社与卢庚戌、李健表演者权权属纠纷案等。[③]

2. 侵害视听作品录音录像制作者权的行为

《著作权法》第 44 条规定了录音录像制作者依法享有的权利：复制权、发行权、出租权和通过信息网络向公众传播并获得报酬的权利。从法律条文可以看出，我国对录音录像制作者的保护主要是基于经济权利的保护。

侵害录音录像制作者权的行为主要是未经录音录像者许可，也无其他法律依据而擅自使用或向公众提供他人的录音录像制品。如正东唱片有限公司诉北京世纪悦博科技有限公司侵犯录音制品制作者权一案中，原告是35 首涉案歌曲的录音制品的制作人，并从未将上述作品授权给任何人在互

---

① 山东省高级人民法院 (2009) 鲁民三终字第 37 号。
② 北京市朝阳区人民法院 (2004) 朝民初字第 7046 号。
③ 北京市第二中级人民法院 (2005) 二中民终字第 14079 号。

联网上使用。被告在未经原告许可的情况下，通过链接的方式在网络上提供涉案作品的播放服务。北京市第一中级人民法院认为，虽然被告只是提供了链接服务而没有提供下载服务，但是原告并未授权任何人在互联网上使用涉案的 35 首歌曲。因此，被告提供作品链接的方式实际上已经侵害了原告通过信息网络向公众传播并获得报酬的权利。

3. 侵害视听作品广播组织者权的行为

根据我国《著作权法》第 47 条，广播电台、电视台有权禁止未经其许可的下列行为：将其播放的广播、电视以有线或无线方式转播；将其播放的广播、电视录制以及复制；广播组织者享有的权利是禁止性的权利，并非专有权利。

视听作品的广播组织者要想获得一个节目的直播或者转播的授权并且保证节目直播或转播顺利完成，需要投入大量的精力和资金。比如重要体育赛事的转播，电视台不仅要支付昂贵的转播费用，还要投入大量的工作人员进行技术支持和现场解说。如果广播组织者的权益不能得到保护，会导致其得不到足够的经济盈利维持运营。

《著作权法》规定的广播组织者为广播电台、电视台，但在 2020 年《著作权法》修订之前，广播组织者并不享有信息网络传播权，因此，当网络平台出现盗版节目时，广播组织者就无法对相关网络机构以侵害信息网络传播权为由进行维权。有关网络机构盗播的纠纷常常以侵害"应当由著作权人享有的其他权利"或是以构成不正当竞争为由提起诉讼。

侵害视听作品广播组织者权的第二种情形是未经权利人许可进行信号转播。这一行为并不是交互性的，也就是用户并不能在自己选择的时间、地点实现对视听作品的观看，必须在网站规定的时间才能进行观看。如央视国际网络有限公司与青岛云瑞迅杰广播权纠纷案①，央视国际网络有限公司与北京我爱聊网络科技有限公司不正当竞争纠纷案②以及央视国际网络有限公司与广州网易计算机系统公司著作权纠纷案③等都是原告起诉被告盗播信号行为侵犯其广播组织权的，也都获得了法院的支持。

侵害邻接权的行为还有侵害视听作品出版者权的行为，因为与视听产

---

① 广州市天河区人民法院（2012）穗天法知民初字第 817 号。
② 北京市海淀区人民法院（2013）海民初字第 21470 号。
③ 山东省青岛市中级人民法院（2013）青知民初字第 232 号。

业不是直接关联，只是可能与视听产品的上游或者下游产品相关，故而在此不予讨论。

（二）侵害视听作品邻接权承担的责任

案例库数据显示，侵害视听作品邻接权的案例共有 78 件，其中法院判令胜诉的共有 49 件，败诉的案件共有 29 件。侵害邻接权承担责任的方式主要为民事责任，具体承担形式有停止侵害，消除影响、赔礼道歉，经济赔偿。其中，承担消除影响、赔礼道歉的侵权责任的案件都为侵害表演者权的案件，这是由于四项邻接权中只有表演者权包含人身权利。判决停止侵害的案件数量为 9 件，判决消除影响、赔礼道歉的案件数量为 9 件，判决经济赔偿的案件数量为 49 件（见图 3－11）。

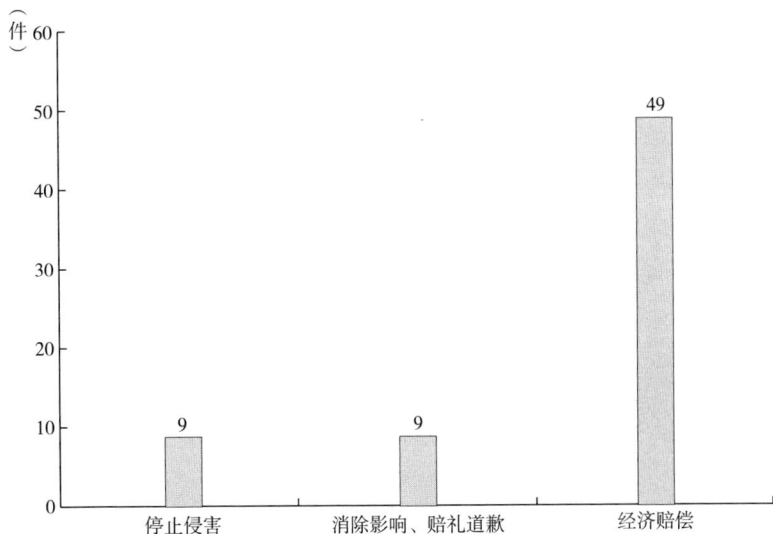

图 3－11 案例库中侵害邻接权的责任分布

目前侵害视听作品邻接权承担的侵权责任形式仍以经济赔偿为主。同侵害视听作品经济权利一样，侵害邻接权所获得的经济赔偿仍然显著低于权利人实际遭受的损失。

第二节　纠纷中的间接侵权行为及其责任

在案例库的案例中，同一案件中实施侵权行为的主体常常并非单一个体，很多情况下是由两人及两人以上的主体实施了侵权行为，我国《民法典》"侵权责任编"对这种由两人以上共同实施的侵权行为如何承担责任做出了规定。① 但由于视听产品的互联网平台传播，第三方侵权的案例并不少见。第三方侵权与共同侵权相比实际上是有差异的：第三方可以被描述为侵权人和被侵权人之外，虽没有直接实施侵权行为，却与侵权行为和侵害后果有关联的一方。比如网络服务和技术提供者常常基于这种第三方的责任承担视听版权的侵权责任。

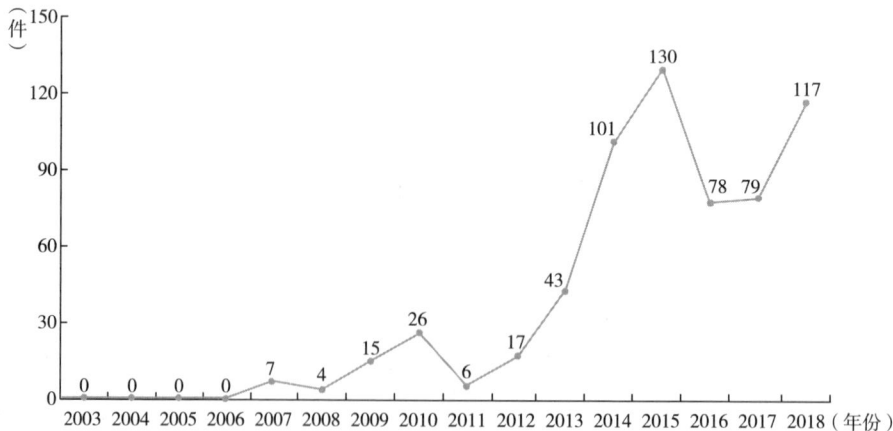

图 3 - 12　间接侵权案例年代分布

从图 3 - 12 可以看出，从 2013 年开始，涉及间接侵权的诉讼案例有较

---

① 《民法典》第 1168 条规定："共同侵权：二人以上共同实施侵权行为，造成他人损害的，应当承担连带责任。"

大幅度上升，尽管在 2016 年、2017 年有所回落，但在 2018 年仍然有 117 例。在这些案例中，被诉承担间接侵权责任的第三方大部分为网络服务或者技术的提供者。

在直接侵权中，侵权人只要实施了违法行为，就要承担一定的民事责任，不以主观过错为要件，也不以损害后果为要件。在上述案例中，互联网服务和技术的提供者实际是侵权人和被侵权人之外的第三人，他们并没有直接实施侵权行为，却可能承担相应的侵权责任。有研究者将这种侵权责任称为"间接侵权责任"。这一概念与英美版权法著述中的"indirect infringement"、"contributory infringement"或者"secondary infringement"[①] 相关，是一种与直接侵权相对应的非独立侵权责任形式。这一情形的正式法律规定最早出现在 1998 年美国《数字千年版权法》。我国《民法典》"侵权责任编"是从网络服务提供商"知道或者应当知道"且未采取及时措施的角度出发，规定符合这些要件的网络服务提供者应当与实施侵权行为的用户一起承担连带责任。[②]《信息网络传播权保护条例》则对链接提供者构成间接侵权的要件做出了规定：①存在软件用户的直接侵权行为；②软件供应商对于用户的直接侵权行为起到了教唆、引诱或实质性帮助作用；③软件提供商存在主观过错，即明知或应知。这实际上等同于共同侵权行为，即链接的下载方与链接的提供者一起实施了共同侵权行为。司法解释将网络服务提供商划分成了两类[③]：一类是内容服务提供者，一类是技术服务提供者，划分的标准是其是否出于自主意识提供信息与内容。在《信息网络传播权保护条例》中，网络服务提供商被进一步划分为四类，分别为网络接入服务提供商，信息存储空间服务提供商，搜索、链接服务提供商和网络内容服务提供者（网络自动缓存服务提供商），如图 3 - 13 所示。

作为学术概念的"间接侵权"是一个尚有争议的概念，有人认为目前"共同侵权"足以包含这一概念，"间接侵权"是名副其实的伪概念[④]，有

---

① 崔国斌：《著作权法原理与案例》，北京大学出版社，2014，第 720 页。
② 《民法典》第 1197 条规定："网络服务提供者知道或者应当知道网络用户利用其网络服务侵害他人民事权益，未采取必要措施的，与该网络用户承担连带责任。"
③ 《最高人民法院关于审理侵害信息网络传播权民事纠纷案件适用法律若干问题的规定》。
④ 这一观点是刘平发表在《电子知识产权》2010 年第 2 期上的《著作权"间接侵权"之理论反思与制度重述》中指出的：侵权就是侵权，无所谓"直接"与"间接"之分，承袭大陆法系传统的我国民法并无"直接侵权"与"间接侵权"的分类。

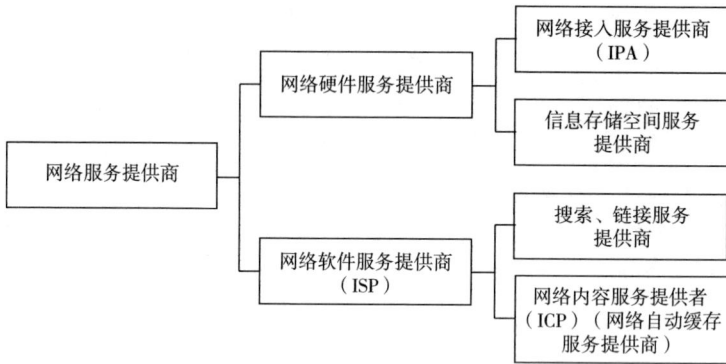

图 3-13 可能承担间接侵权责任的网络服务和技术提供者类型

人认为间接侵权只是延续了直接侵权这一概念，间接侵权的存在是以直接侵权为前提的，是在特定情况下为直接侵权做准备或扩大其侵权后果的行为。[①] 更多的观点对此持积极态度：对于间接侵权的网络服务提供商来说，严格责任更适合作为归责原则，有助于提高网络服务提供商的注意责任，减少网络侵权案的发生。[②]

一 间接侵权行为的成立要件

直接侵权行为不以行为要件和损害后果为成立要件，只要行为本身具有违法性，就可能构成侵权行为并承担相应的责任。间接侵权行为的成立要件具有分歧，主要的观点有"独立说"和"从属说"两种。前者认为间接侵权的成立不以直接侵权的存在为前提，"从属说"认为间接侵权是一种在特定情形为直接侵权做准备或扩大侵权后果的一种延续行为[③]。从案例数据库的相关裁判文书来看，司法实践中普遍持"从属说"的观点，从案例审判过程中呈现的间接侵权行为的成立要件归纳为以下几点。

（一）过错要件

"过错"责任的认定标准是以侵权方的主观认知为标准的。过错归责

① 王迁：《网络环境中的著作权保护研究》，法律出版社，2011，第146页。
② 刘彤：《我国网络服务商的间接侵权责任》，《经济与法》2018年第1期。
③ 王迁：《网络环境中的著作权保护研究》，法律出版社，2011，第146页。

原则是侵权行为法的核心，指的是责任归属的认定原则。互联网视听产业中的海量信息使得侵权行为时有发生，由于不同版权作品的侵权程度以及负面影响各不相同，因此判定间接侵权是否成立、应当如何承担侵权责任的衡量标准就是其有无过错，当可以确认网络服务提供者或第三方平台在主观状态方面符合法律规定的归责事项，法院会倾向于认定其有过错。虽然我国并没有相关的法律法规明确在网络空间中的侵权行为应当适用于何种侵权责任的规则原则，但是从《民法典》第 1197 条的规定来看，互联网视听产业的版权间接侵权界定适用过错责任原则，只有在网络服务提供商或第三方平台存在"过错"的时候才承担责任。主观过错的认定原则主要是"知道"，"应知"和"明知"是判断间接侵权主体主观过错的两个方面。"前者是过错认定的普遍情形，是可以依据证据进行的事实认定；而后者是过错认定的例外情形，是需要按要件规定对主观过错的法律推定。"[①] 但已经发表的作品，如已出版的或已在网络空间中传播的作品，除版权人或受版权人委托的第三方明确表示不得转载外，其他用户、机构在转载时如果注明了出处，并且按照版权人的意愿支付报酬时，该转载行为不构成侵权；但如果超出了必要的转载范围，则该行为构成了侵权。

《最高人民法院关于审理侵害信息网络传播权民事纠纷案件适用法律若干问题的规定》还对构成应知的判断要素做出了规定，主要包括六个方面：一是网络服务商的服务性质、方式以及是否具备监管侵权行为的能力；二是侵权行为的明显程度；三是网络服务者是否主动对涉嫌侵权的内容进行了编辑、修改和推荐；四是平台或网站是否有预防侵权的必要措施；五是网络服务者是否在收到侵权通知后及时做出了反应；六是针对同一用户的重复侵权行为是否采取了制止措施。[②] 在魏景顺及土豆网被诉侵害作品信息网络传播权案[③]中，被告在自己经营的网站上开辟了付费的板块，并且允许他人将自己的作品上传并以此二次获益。作为网络服务提供者，土豆网负有对用户上传至平台作品的审查注意义务，土豆网即使没有直接进行音频作品的上传，但明知版权存在直接侵权却不进行审核，其实

---

① 吴汉东：《论网络服务提供者的著作权侵权责任》，《中国法学》2011 年第 2 期。
② 参见《最高人民法院关于审理侵害信息网络传播权民事纠纷案件适用法律若干问题的规定》第 9 条。
③ 江苏省高级人民法院（2013）苏知民终字第 0006 号。

质就是为他人的侵权行为提供了帮助。法院在审理后表明，涉案作品具有较高的知名度，在用户首页有明显的盗版字样，且有证据显示该侵权行为持续的行为已有较长时间。因此，法院认为被告理应知道该用户的侵权行为却一直未采取相应措施，主观上具有过错。

（二）以直接侵权行为及其损害后果的存在为前提

存在直接侵权行为及其损害后果是指不仅存在侵害权利人的属于《著作权法》第 10 条所规定的权利内容，并且这些侵权行为产生了实际的损害后果，这是第三者可能承担侵权责任的前提条件。

在保利影业投资有限公司诉北京暴风科技股份有限公司一案中[①]，法院对于网络服务提供者能够证明其仅提供网络服务，且无过错的，不应认定为构成侵权。被告北京暴风公司称其仅提供了涉案电影的搜索、链接服务，涉案电影系来自 lecatv 网站。但在播放涉案电影时，播放页面网址并未实现跳转，故其抗辩无效。另外，被告未经权利人许可而向公众传播作品依法应当承担相应的侵权责任。在本案中，法院判定被告北京暴风公司未经涉案电影权利人的授权许可，即通过暴风影音软件向公众提供涉案电影的在线播放服务，侵害了涉案电影的信息网络传播权，依法应承担停止侵权、赔偿损失的法律责任。法院对间接侵权的判定依据仍是以直接侵权的发生为前提的。

根据我国《民法典》"侵权责任编"，过错作为成立要件的侵权行为以损害赔偿为意义，即未造成损害直接侵权人的责任通常是停止侵害、排除妨碍等，造成损害的责任则主要是恢复原状和赔偿损失。

（三）因果联系的构成要件

原则上，间接侵权是以直接侵权行为的发生为前提，并且两者之间存在一定的因果关系。首先，本章通过梳理间接侵权案件后发现，被教唆或被提供帮助的第三人实施的直接侵权行为是网络服务商间接侵权成立的前提。其次，从我国的司法实践来看，在视听作品的版权纠纷中，直接侵权人与间接侵权人通常作为共同被告被提起诉讼，而法院在审理这类案件

---

① 北京市石景山区人民法院（2016）京 0107 民初 1067 号。

时，如存在间接侵权的情况，通常会事先通知原告建议将间接侵权人追加为共同被告。最后，只有间接侵权与直接侵权存在前后的因果关系时，间接侵权的主体才需要承担相应的连带责任。

如前文所言，间接侵权制度在视听产业中具有填补侵权行为阶段性空白和在互联网语境下界定行为人范围的积极意义。下面也将基于这两个方面的分类标准，对处于不同行为阶段的间接侵权行为及其责任进行讨论。

二　侵权行为准备期间的间接侵权行为及其责任

当侵权行为发生之后，从该侵权行为实施前这一时间段来考察，侵权行为人之外的其他人有可能实施了三种基于主观故意的、与直接侵权行为有着关联的行为。一是直接侵害版权专有权利的前置行为；二是为侵害版权提供工具、设备或材料等辅助行为；三是扩大现有侵害版权损害后果的行为。[1]　其中，第二种类型的判断要点在于提供的这些物质被直接应用于侵权行为，并产生了侵权后果。提供者在主观上知道或者应该知道这些物质将被用于侵权。第三种类型的判断标准则在于这些行为直接促使了侵权行为的发生。

准备期间的间接侵权行为是指直接侵权行为尚未实施之前，间接侵权人以两种方式促成了侵权行为的方式，即为直接侵权行为提供实质性帮助和引诱侵权的行为。其中，网络服务提供者能够利用技术之便为直接侵权的实施提供很多帮助。例如在发现有侵权现象时不及时采取措施对侵权内容加以屏蔽、删除，甚至对这些侵权内容加以推送。[2]　根据《最高人民法院关于审理侵害信息网络传播权民事纠纷案件适用法律若干问题的规定》第7条的有关规定，引诱侵权的行为主要是指网络服务者利用言语、奖励等方式对用户实施侵权行为进行引诱和鼓励。[3]　就案例库案例来看，这两

---

① 刘平：《著作权"间接侵权"理论之检讨与展望》，《知识产权》2018年第1期。

② 《最高人民法院关于审理侵害信息网络传播权民事纠纷案件适用法律若干问题的规定》第7条：网络服务提供者明知或者应知网络用户利用网络服务提供侵害信息网络传播权，未采取删除、屏蔽、断开链接等必要措施构成帮助侵权行为。

③ 《最高人民法院关于审理侵害信息网络传播权民事纠纷案件适用法律若干问题的规定》第7条：网络服务提供者以言语、推介技术支持、奖励积分等方式诱导、鼓励网络用户实施侵害信息网络传播权行为的，人民法院应当认定其构成教唆侵权行为。

种侵权行为都有所涉及（见图 3 – 14）。

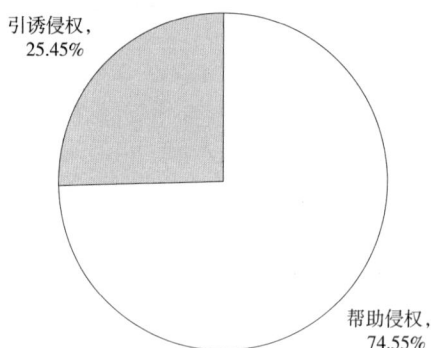

图 3 – 14　案例库中帮助侵权和引诱侵权比例

1. 帮助侵权行为及其责任

帮助侵权指的是以获取非法利益为出发点，通过一定的方式帮助第三人对他人的合法权益造成侵害。

互联网扩大了版权侵权的领域，在网络视听产业中，帮助性版权间接侵权主要指网络服务提供商在"明知或应知"其平台上具有侵权内容的情形下，仍然通过网络服务为第三人提供软件、平台等数据技术服务，帮助他人侵害版权所有人合法权益的行为。案例库数据呈现出的互联网视听产业中的帮助侵权行为主要有提供信息存储空间服务 45 例、提供搜索链接服务 103 例、提供网络接入服务 125 例、提供网络缓存服务 184 例，如图 3 – 15 所示。

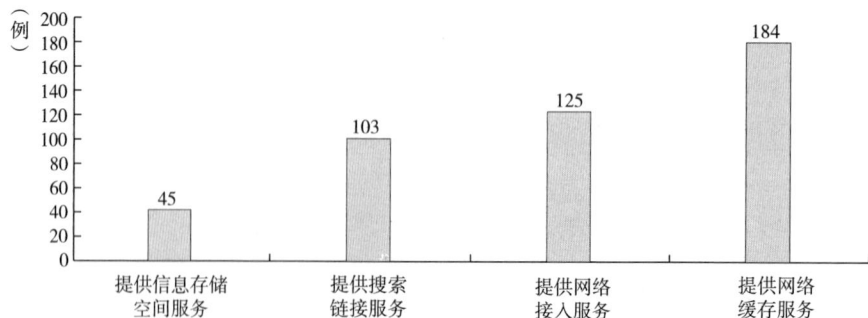

图 3 – 15　案例库中帮助侵权的主要行为

从图 3-15 可以看出，在诉讼中被列为共同被告的大多是互联网服务提供商，包括一切网络内容与技术的经营者和中介服务者，比如平台、提供信息存储空间服务者等；另外就是互联网技术提供商，比如使用光纤、路由器提供网络接入等。我国相关法律法规对网络服务商的提供行为也做了定义。① 判决的案例中，相当一部分网络服务和技术的提供者被认定需要承担侵权责任。

在星光联盟影业无锡有限公司诉广州爱稀饭网络科技有限公司侵害作品信息网络传播权纠纷一案②中，法院认定被告未经授权许可，在其开办的视频网站上提供原告享有版权的作品帮助公众下载观看，且无法提供证据证明其仅提供网络服务，也不能举证证明他人存在提供行为本身即应被认定为过错，故认定广州爱稀饭网络科技有限公司侵害了星光联盟影业无锡有限公司本案作品的信息网络传播权。

在引发广泛关注的"快播案"③ 中，快播公司提供了一个解码功能强大、播放流畅的播放器和一套便利的"建站工具"，建立起一个视频网站成为"个人站长"。尽管快播公司辩称自己只提供技术，并不能在当时的技术水平上辨别网友上传视频的具体内容，但使用快播播放器实施侵权行为的个案数量巨大，并经过多次诉讼和行政处罚，可以推知快播公司应该知道这一侵权行为的存在，但并没有采取及时的措施制止行为的发生。并且快播公司还依靠自营或联运游戏、弹窗广告及安装软件的捆绑推广收入获取了收益。快播公司在明知或者应知"剧风在线 www.3040.cc""www.lulukan.net""www.afddy.com" 等视频网站不具备获得版权人授权资格的情况下，主动帮其设置网络链接并对其进行整理和推荐，还帮助这些不知名的网站伪装成知名度较高的视频网站。这些行为实质上就是为这些视频网站的侵权行

---

① 《最高人民法院关于审理侵害信息网络传播权民事纠纷案件适用法律若干问题的规定》第 3 条第 2 款规定，通过上传到网络服务器、设置共享文件或者利用文件分享软件等方式，将作品、表演、录音录像制品置于信息网络中，使公众能够在个人选定的时间和地点以下载、浏览或者其他方式获得的，人民法院应当认定其实施了提供行为。

② 广州知识产权法院（2016）粤 73 民终 890 号。

③ 2014 年 6 月 26 日深圳市市场监督管理局认定深圳市快播科技有限公司未经许可侵犯他人合法权益，扰乱网络视频版权秩序，损害公共利益，对此行为处以 2.6 亿元罚款。2018 年 12 月 29 日广东省高级人民法院对深圳市快播科技有限公司诉深圳市市场监督管理局行政处罚纠纷案做出终审宣判，驳回上诉，维持原判。

为提供了帮助。并且，在国家版权局、地方工商部门多次要求停止侵权之后，快播公司仍未及时采取措施制止侵权后果的进一步扩大。法院经审理后认定快播公司构成侵权，工商部门也对快播公司做出了中国知识产权领域的最高行政罚款的处罚。

案例库的数据也显示，承担帮助性侵权责任的网络服务提供者往往是由于在接收到权利人发出的警告或通知后没有及时做出反应，因此，应承担侵权损害进一步扩大的责任。这一点也契合我国《民法典》"侵权责任编"的有关规定。①

2. 引诱侵权行为及其责任

最早来自美国司法实践的引诱侵权原指间接侵权人使用语言等方式给予第三人激励或者诱导，唆使原本没有侵权意图的第三人实施了间接侵权人期望中的行为，在客观上为第三人的直接侵权行为提供了必要条件。

引诱侵权行为的判断要点是间接侵权责任人是否实施了教唆网络用户进行侵权的行为，案例库呈现出疑似引诱侵权行为主要有奖励积分 74 例、推介技术支持 49 例、言语引诱 33 例（见图 3-16）。

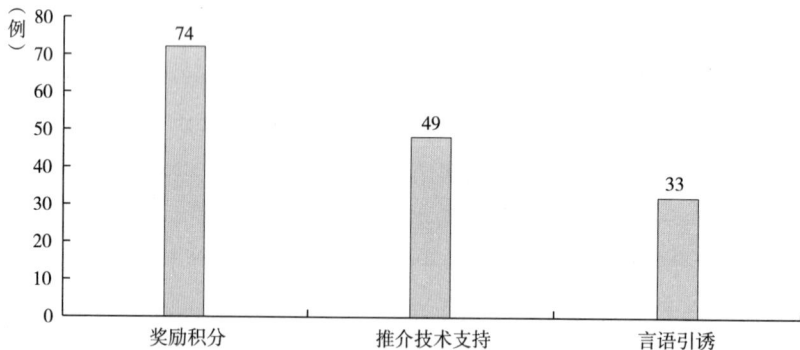

图 3-16 案例库中引诱侵权行为案件数量

乐视诉杭州在信案②是我国首例从引诱侵权角度认定视听产业中存在间

---

① 《民法典》第 1194 条："网络用户、网络服务提供者利用网络侵害他人民事权益的，应当承担侵权责任。"第 195 条："网络用户利用网络服务实施侵权行为的，权利人有权通知网络服务提供者采取删除、屏蔽、断开链接等必要措施。……网络服务提供者接到通知后……未及时采取必要措施的，对损害的扩大部分与该网络用户承担连带责任。"

② 北京市第一中级人民法院（2011）一中民终字第 18027 号。

接侵权性质的案件，该案的原告乐视网依法享有涉案影片的信息网络传播权，被告经营的网站上有用户非法上传了涉案影片供其他网络用户下载和观看。二审法院审理认为被告实施了教唆他人实施侵权的行为，且这种教唆在相当程度上确实直接导致了网络用户的上传行为，则应当被认定为引诱侵权。并且在该案的审理中，法院认为被告公司具有采取相应措施阻止侵权行为发生的能力，但被告却并未采取任何措施来避免引诱型间接侵权行为的发生，同时法院明确指出这一案件的判定并不适用所有信息存储空间中设置"电影"类栏目的行为，需要根据实际版权侵权行为做出界定。

我国的《刑法》《民法典》中均涉及对教唆、引诱侵权的相关规定。《刑法》第 29 条规定："教唆他人犯罪的，应当按照他在共同犯罪中所起的作用处罚。教唆不满十八周岁的人犯罪的，应当从重处罚。"《民法典》"侵权责任编"规定了教唆、帮助他人实施侵权行为的，应当与行为人承担连带责任。①

帮助侵权与引诱侵权在上述视听版权侵权案例中呈现出一些共性：第一，发生在直接侵权行为之前，侵权行为发生并产生侵权后果之后，因果关系"倒推"存在间接侵权行为，换句话说，直接侵权行为的发生是间接侵权行为得以存在的必要条件；第二，间接侵权人与直接侵权人虽没有直接进行联络，但双方的行为指向同一个损害后果，与这一损害后果之间有因果关系；第三，间接侵权人要有故意或者过失的主观过错；第四，获利作为构成要件；第五，这类间接侵权行为通常以"作为"的方式实施。

两者在构成要件上也存在一定差异，具体表现如表 3-8 所示。

表 3-8　引诱侵权与帮助侵权区别

区别标准	引诱侵权	帮助侵权
表现形式	言语引诱、推介技术支持、奖励积分等方式诱导、鼓励网络用户	提供平台、技术或大数据支持
行为状态	第三人在诱导中实施了直接侵权行为	网络服务提供商或第三方平台客观上提供了网络服务等帮助行为
间接侵权人意识	主观故意性	涉及"应知""明知"

---

① 《民法典》第 1169 条。

三 侵权行为发生时和发生后的间接侵权行为及其责任

判断间接侵权另一个要点在于是否由于间接侵权的主体未尽到合理的义务而导致侵权后果在侵权发生时和侵权发生后产生了扩大（发生时是持续概念，比如权利人一发现就通知了，但间接侵权人没有及时删除的情形）。这主要基于间接侵权人有没有履行"通知—删除"等法定义务。

这类行为的判断要点是间接侵权人是否及时采取行为，防止直接侵权侵害后果的扩大。案例库数据中与帮助侵权行为相关的案例主要有未尽到及时删除义务 46 件，未尽到合理审查义务 71 件，未尽到金钱补偿义务 80 件，如图 3 - 17 所示。

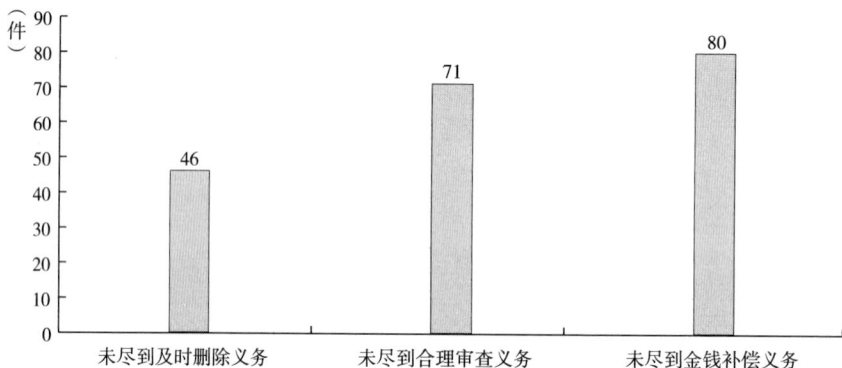

图 3 - 17 案例库间接侵权人未实施义务类型

直接侵权行为发生之后的损害后果可能会随着时间的推移扩大，我国法律也确立了网络服务提供者的"通知—删除"义务。① 在北京三面向版权代理公司等与北京铁血科技侵害著作权纠纷上诉案②中，法院认定被上诉方之一盘古公司在提供搜索服务时以"网页快照"形式在其服务器上自动存储包含涉案作品的网页并通过信息网络向公众提供，但在铁血公司于

---

① 《信息网络传播权保护条例》第 15 条：网络服务提供者接到权利人的通知书后，应当立即删除涉嫌侵权的作品、表演、录音录像制品，或者断开与涉嫌侵权的作品、表演、录音录像制品的链接，并同时将通知书转送提供作品、表演、录音录像制品的服务对象；服务对象网络地址不明、无法转送的，应当将通知书的内容同时在信息网络上公告。

② 北京市第二中级人民法院（2014）二中民终字第 00919 号。

2013 年 1 月 14 日删除涉案作品后，盘古公司未能及时在其服务器中删除涉案作品，其网页快照仍可完整地呈现涉案作品，直到 2013 年 5 月停止"网页快照"服务时才删除涉案快照，且盘古公司未举证证明其在技术上安排于原网页被删除时进行自动删除，仅是声称以 6 个月为最长周期予以全部更新，但这一辩称并不符合《信息网络传播权保护条例》规定的免责要求①，因此其应当承担相应的侵权责任。另外，在前文所述"快播案"中，尽管快播公司辩称在当时的技术条件下无法检视上传到服务器的视频内容，但在多次被投诉有盗版存在的情形下，作为技术提供方的快播公司没有能够及时采取技术措施，或者以其他方式制止侵权，实际上扩大了侵权的后果。

　　发生在侵权过程中和侵权结束后的间接侵权行为通常是"不作为"的方式：没有实际履行监管或者删除等义务应当对侵权行为造成的后果承担相应的责任。需要明确的是，尽管与作品紧密相连，但单纯的软硬件开发者、制造者一般无须为侵权内容负责，这主要是从技术、工具通常具有实质性非侵权用途的角度来考虑。

　　是否尽到了足够的合理义务以及是否对侵权行为做出了及时必要的措施加以制止是衡量互联网服务提供商是否构成这种不作为的关键。如在北京三面向版权代理有限公司诉广州学而好教育信息咨询有限公司著作权侵权纠纷案②中，被告学而好公司辩称其所属平台为免费信息发布的平台，提供互联网信息存储空间服务的网络服务提供商，涉案网站的作品为个人用户自行上传，公司不进行创作、上传，也不对作品内容进行编辑、修改，这一理由因缺乏相应的证据未被法院采纳。

（一）替代责任

　　有权利和能力监管侵权行为的发生而不作为，并从侵权行为中获取了

---

① 《信息网络传播权保护条例》第 21 条：网络服务提供者为提高网络传输效率，自动存储从其他网络服务提供者获得的作品、表演、录音录像制品，根据技术安排自动向服务对象提供，并具备下列条件的，不承担赔偿责任：（一）未改变自动存储的作品、表演、录音录像制品；（二）不影响提供作品、表演、录音录像制品的原网络服务提供者掌握服务对象获取该作品、表演、录音录像制品的情况；（三）在原网络服务提供者修改、删除或者屏蔽该作品、表演、录音录像制品时，根据技术安排自动予以修改、删除或者屏蔽。
② 广东省广州市天河区人民法院（2016）粤 0106 民初 6063 号。

直接经济利益的第三人可能承担替代责任。没有进行监管而放任了侵权行为的发生，从时间来看是发生在直接侵权行为进行中的间接侵权行为，其中的成立要件除了主观过错，还有"获利"的情节，但获利的证据往往难以收集，在上海激动网络股份有限公司诉广州市千钧网络科技有限公司侵害作品信息网络传播权纠纷案中①，法院根据被告提供的公证书显示 56 网的版权指引明确标示其信息存储空间是为服务对象所提供，并且公开被告的联系方式等内容。被告亦没有对涉案视频进行推荐、选择、整理，虽然涉案视频在播放前显示有广告，但并无证据证明系被告针对涉案视频投放的特定广告，被告从涉案视频中获得了直接的经济利益。尽管替代责任在我国法律中没有得到明确的确认，但是在司法实践中，网络服务提供者的监管义务有逐渐增加的趋向，甚至如不履行义务且拒不改正造成严重后果的，可能要承担刑事责任。②

（二）连带责任

我国版权法律体系对间接侵权行为需要承担的责任大多是从连带责任的角度出发的，如《民法典》"侵权责任编"和《最高人民法院关于审理人身损害赔偿案件适用法律若干问题的解释》都对承担连带责任的要素做出了规定。③

在网络版权侵权中，网络用户与网络服务提供者之间一般不存在共同故意或共同过失，但其行为确系直接结合并导致发生同一损害后果。在同方股份有限公司诉湖南快乐阳光互动娱乐传媒有限公司一案中④，法院以

---

① 广东省广州市天河区人民法院（2015）穗天法知民初字第 491 号。

② 《最高人民法院关于办理侵犯公民个人信息刑事案件适用法律若干问题的解释》第 9 条规定：网络服务提供者拒不履行法律、行政法规规定的信息网络安全管理义务，经监管部门责令采取改正措施而拒不改正，致使用户的公民个人信息泄露，造成严重后果的，应当依照《刑法》第二百八十六条之一的规定，以拒不履行信息网络安全管理义务罪定罪处罚。

③ 《最高人民法院关于审理人身损害赔偿案件适用法律若干问题的解释》第 3 条规定：二人以上共同故意或者共同过失致人损害，或者虽无共同故意、共同过失，但其侵害行为直接结合发生同一损害后果的，构成共同侵权，应当依照《民法通则》第 130 条规定承担连带责任。《侵权责任法》第 36 条第 3 款明确规定：网络服务提供者知道网络用户利用其网络服务侵害他人民事权益，未采取必要措施的，则与该网络用户承担连带责任。

④ 北京市海淀区人民法院（2014）海民（知）初字第 19960 号。

即便上诉人并非开发提供者，但基于兔子视频提供者出具的证明、公证产品上的上述标注等情形，足以认定上诉人与兔子视频提供者就传播内容方面具有密切合作关系；同时法院也认为本案中有足够的证据显示被告公司利用与他人共同分工合作的方式为他人提供作品和录音制品，符合《网络著作权司法解释》相关规定①，因此判定上诉人即使并非兔子视频软件的提供者，其行为也同样构成共同侵权行为，应承担相应民事责任。

（三）按份责任

按份责任是"连带责任"的对称。又称"分割责任"，是指两个以上责任人分别仅按各自份额向债权人承担清偿的民事责任。② 这两种侵权行为是偶然结合在一起共同造成了损害后果，缺少任何一位侵权人的侵权行为都无法造成同样的侵权结果。因此，侵权人应当按照自己对侵权后果的贡献程度来按份承担责任，并且彼此之间并不存在追偿的问题。在进行侵权责任认定时，每个侵权人都需要承担与过错、原因"相应"的责任。如果无法清晰划分责任的大小，则赔偿责任应由每一位侵权人平均承担。③ 在广州网易计算机系统有限公司、网易（杭州）网络有限公司侵害作品信息网络传播权纠纷再审审查与审判监督民事裁定书④中，法院依据按份责任判定的基础是过失大小或原因的比例，认定广州网易公司、杭州网易公司和蓝狮子公司并没有共同侵权的意思联络，不构成共同侵权，不应承担连带责任，应当适用《侵权责任法》第 12 条⑤的规定，各自按份承担责任。

对于包括视听产业在内的互联网内容产业而言，间接侵权责任制度为侵权责任带来了可循之迹：一方面有帮助版权人实现维护利益的作用，另

---

① 《网络著作权司法解释》第4条规定：有证据证明网络服务提供者与他人以分工合作等方式共同提供作品、表演、录音录像制品，构成共同侵权行为的，人民法院应当判令其承担连带责任。

② 邹瑜：《法学大辞典》，中国政法大学出版社，1991。

③ 《民法典》第1172条规定："二人以上分别实施侵权行为造成同一损害，能够确定责任大小的，各自承担相应的责任；难以确定责任大小的，平均承担赔偿责任。"

④ 浙江省高级人民法院（2018）浙民申2391号。

⑤ 该案判决时《民法典》尚未生效，所依据的《侵权责任法》第12条与《民法典》第1172条内容一致。

一方面也帮助厘清了网络服务和技术提供者的责任边界。另外，从第二章互联网视听纠纷的主体部分可以看出，版权纠纷的主体已经远远超过了权利人的范畴，这些主体的复杂构成也可能催生除了网络服务和技术商之外的主体的间接侵权行为。比如版权代理机构的"钓鱼维权"的商业模式，其实就包含着间接侵权行为的可能性。在"钓鱼维权"的过程中，如果代理机构在网络"投放"版权作品的过程中出现了故意将作品放在标识有"免费"字样的网络空间，就具有引诱侵权的嫌疑，一旦发生侵权后果，代理机构有可能承担相应的责任。

第三节 侵权行为免责情形的适用及其争议

公共利益和私人利益一直以来都是版权制度需要不断平衡的关系。具体到视听产业来说，如果对于权利人的保护力度过高，也会增加互联网运营商的"反侵权"成本，这种成本如果不能在合理的区间，就将降低视听产品的市场竞争力，从而影响产业的发展。因此，一些情形的免责规定就显得尤为必要。在视听作品全球化贸易的语境下，需要探讨合理的侵权责任和责任规避原则。

如前文所述，版权侵权行为的成立要件有违法行为、损害事实和因果关系，在有的情况下还要包括主观过错。如果能够否定这四个要件中的全部或者一个，都是免除侵权责任的有效抗辩事由。同时，版权法律制度基于与公共利益的平衡的目的，还对版权进行了必要的限制，表现为版权制度中特殊的抗辩事由。目前，我国《著作权法》规定的合理使用的情形共有 12 种，但另外还有法定许可的情形。"避风港原则"成为了间接侵权责任的主要抗辩事由。

案例库数据中包含这三种抗辩事由的案例共有 364 件。其中，合理使用 172 件，法定许可 138 件，"避风港原则"54 件，三者之和的案例占总案例数量的 39.5%，如图 3-18 所示。

一 合理使用的适用及其争议

2020 年修订的《著作权法》第 24 条规定的 13 种情形下使用作品，可以不经著作权人许可，不向其支付报酬（但应当指明作者名称、作品名称，并且不得影响该作品的正常使用，也不得不合理地损害著作权人的合法权益）。合理使用制度的提出主要是为了满足个人小范围使用。但事实

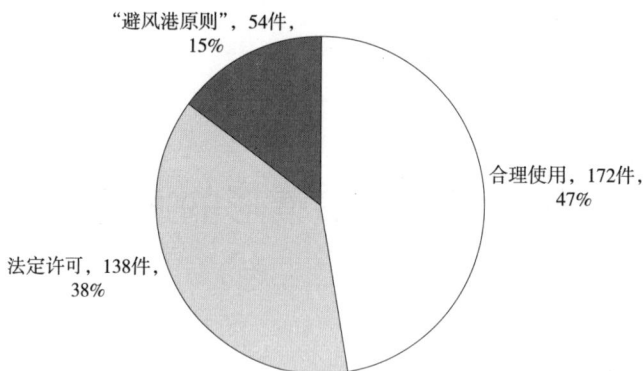

图 3 - 18　合理使用、"避风港原则"、法定许可三者比例

上，互联网链接式传播的特性使得小范围使用这一诉求在实践中变得难以辨认。

（一）关于合理使用的法律法规及现状

在我国《著作权法》规定的合理使用的情形下使用版权作品，只须注明作者姓名，无须取得授权，也无须支付使用的报酬。指明作者姓名、作品名称，不得影响该作品的正常使用，也不得不合理地损害著作权人的合法权益。合理使用是版权侵权免责事由的主要构成，是为了平衡公众对作品的使用和权利人专有权而规定的免责事由。

案例库数据显示了在诉讼中以合理使用作为抗辩理由的案例并不少见，甚至有逐年增加的趋势。梳理 2003～2018 年的侵权案件，发现涉及合理使用的案件有 174 起。在互联网视听产业版权纠纷中"为说明某一问题或介绍、评论某一作品而适当引用他人已经发表的作品"（83 件）、"为报道时事新闻，在报纸、期刊、广播电台、电视台等媒体中不可避免地再现或者引用已经发表的作品"（27 件）、"为个人学习、研究或欣赏，使用他人已经发表的作品"（26 件）、"不以营利为目的免费表演已经发表的作品"（24 件）、"为课堂教学或科学研究，翻译或少量复制已发表的作品"（8 件）是常用的抗辩事由，其他视听领域内的合理使用情形有 6 件（见图 3 - 19）。

（二）如何把握合理引用的"度"

"为说明某一问题或介绍、评论某一作品而适当引用他人已经发表的

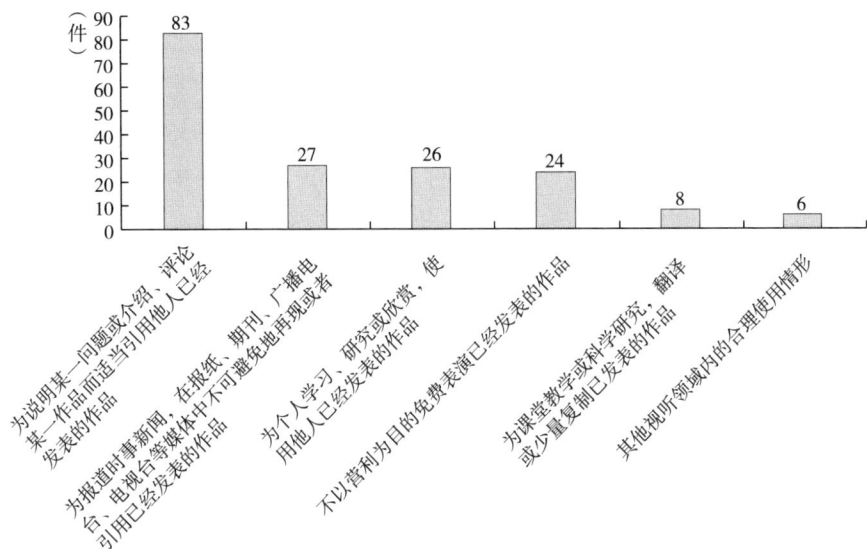

图 3 - 19　案例库中合理使用案例分类

作品"是出现次数最多的抗辩事由。

在司法实践中,第一要考虑"适当引用"的必要性,比如在上诉人上海美术电影制片厂(以下简称美影厂)与被上诉人浙江新影年代文化传播有限公司(以下简称新影年代公司)、华谊兄弟上海影院管理有限公司(以下简称华谊兄弟公司)著作权侵权纠纷一案中,新影年代公司制作了带有黑猫警长、葫芦娃等卡通形象的海报用于宣传电影《80 后的独立宣言》。法院裁定,涉案电影海报为说明 20 世纪 80 年代少年儿童的年代特征这一特殊情况,适当引用当时具有代表性的少儿动画形象与其他具有年代特征的元素一起作为电影海报背景图案,构成合理使用。[①] 即便不通过这种引用也可以达到海报的目的,但引用自由为创作提供了更多可能和自由。

第二是对于"适当引用"标准的判断存在较大差别(比如如何界定"精华片段"的问题)。"为报道时事新闻,在报纸、期刊、广播电台、电视台等媒体中不可避免地再现或者引用已经发表的作品"是合理使用的情

———————

① 上海知识产权法院(2015)沪知民终字第 730 号。

形之一。在央视公司诉看看牛视侵害作品信息网络传播权一案中，原告发现被告未经许可，在其经营的网站"看看新闻网"上通过信息网络传播涉案作品《舌尖上的中国》，被告辩称其使用涉案作品是为报道时事新闻进行的再现或引用，属合理使用。法院认为，《著作权法》所规定的合理使用是指为报道时事新闻不可避免地再现或引用已经发表的作品。最终指出，被告并非截取涉案作品中的精华片段进行宣传，而是将涉案作品全部内容上传至其网站上，被告的此种使用不能视作新闻报道所必需或者是不可避免地再现、引用，因此被告认为其属合理使用的抗辩意见不能成立。①在本案中，由于涉案作品是全篇上传，所以并不涉及对"度"的判断，但同样在判决书提出的"精华片段"，并没有进一步说明。

第三是如何界定"个体"扩大化的问题。"为个人学习、研究或欣赏，使用他人已经发表的作品"也是合理使用中的抗辩理由之一。在游戏天堂电子科技（北京）有限公司诉海口龙门客栈网侵害计算机软件著作权纠纷中，原告发现被告未经弘力数位股份有限公司或原告许可，擅自将《风色幻想4》游戏软件安装在其经营场所的多部电脑上，供公众使用。被告辩称游戏免费提供给客户玩，属个人欣赏，不属于《著作权法》《计算机软件保护条例》所规定的侵权行为。法院最终裁定被告在自己经营的网吧里向公众提供了涉案软件的使用服务，这一行为并未经过权利人的授权，构成了对原告信息网络传播权的侵害，因此应当承担相应的民事责任。② 合理使用的目的是满足使用者的小范围使用，因此基于合理使用的具体情形，使用者不必为作品的使用支付报酬，但是互联网语境下原先只针对个体的行为可能会形成更加广泛的传播效应，构成侵权。

第四是如何细分涉案主体权益。"不以营利为目的免费表演已经发表的作品"在视听领域内的侵权行为有上升趋势。在中国音乐著作权协会与苏州市广播电视总台侵害作品广播权纠纷中，原告认为苏州广电台在未支付相关著作权使用费的情况下，在其苏州社会经济频道播出的《2015苏州广电传媒华语主持人（全国）选拔大赛（第三季）》第二期节目中使用了音著协管理的涉案音乐作品，该行为侵犯了涉案音乐作品作者的广播权。

---

① 上海市普陀区人民法院（2013）普民三（知）初字第458号。
② 海口市中级人民法院（2013）海中法民三初字第13号。

苏州广电台辩称举办的该比赛是为了选拔主持人，苏州广电台未就其表演支付报酬，也未向观众收取费用，活动性质完全是公益非商业性目的，故苏州广电台使用涉案歌曲合理使用，依法不构成侵权，无须支付费用。但法院并未支持该项抗辩意见，认为该规定应系针对表演权的合理限制，并不适用于本案所争议的广播权，故对其该项抗辩不予支持。苏州广电台侵犯的是音著协对该作品所享有的广播权，但针对现场演员的表演权则在合理使用范畴中。

第五是如何界定教学科研的合理使用边界。随着网络发展，视听领域内以抗辩事由为"为课堂教学或科学研究，翻译或少量复制已发表的作品"的案件呈现出递增的趋势。在乐视网与合肥工业大学（以下简称合工大）著作权权属、侵权纠纷中，乐视网发现被告通过其经营的网站"MeePo（网址：hfut. meepo. org）"向公众提供影视作品《男人帮》的下载服务，被告辩称合工大为开展科学研究，没有侵权故意及获利，法院在判决书中标明，一般学术研究的目的应仅限于特定范围内使用少量已经公开发表的作品，而本案中合工大大量地使用涉案作品，使得公众可以接触到，且该行为不仅限于校内，已经不符合"为课堂教学或科学研究，翻译或少量复制已经发表的作品，供教学或者科研人员使用"的要求。

在合理使用中，适当标准因为载体的独特性很难进行量化，但如果拥有统一的量化标准可能又会衍生其他的"伪原创"等问题，阻碍创作自由，比如说限定引用电影的时长，引用音频的节奏数量等等，基于此认知，对于引用的量化标准需要有辅助的限定条件，比如其不可替代的本质，或者能够有着鲜明个人特色的独创价值等维度来认定。

合理使用的范围界定关系到著作权人的权益保障，侵犯权益的类别、合理使用的边界等问题都需要进一步厘清。此外，还有一系列衍生问题需要解决，比如说针对"免费表演"的条目，虽然"免费"作为核心要件，但不以获利为目的就可以成立合理使用的标准并不表示行为合法，比如说在合理使用中对作品的丑化、曲解等行为，同样有可能造成侵权。

二　法定许可的适用及其争议

法定许可是指在某种特定情况下，法律允许他人可以不经过版权人同意使用其已发表的作品，但应向版权人支付相应的报酬，并要注明出处。在网络视听产业中，由于版权纠纷的特点出现了新的变化，因此法定许可的适用性也出现了争议。

（一）法律法规相关规定及现状

我国《著作权法》规定的法定许可的情形主要有四个方面：一是为义务教育和国家教育规划所编写的教材，除非权利人明确事先声明不允许使用，则可以通过支付报酬，注明出处的方式加以使用；二是报社、期刊社可以转载他人已发表的文稿，但需要支付报酬，注明出处，并且前提条件是权利人事先没有声明不能转载；三是录音录像制作者是同他人合法录制的录音录像，需要支付报酬，但前提也是权利人没有事先声明不能使用；四是广播电台使用他人已经发表的作品的情形，同第三种情形相同。①

法定许可制度主要是对以公共利益为诉求的作品使用的一种例外。相对于合理使用，它适用的情形范围相对狭窄。梳理 2003～2018 年的侵权案件，发现视听领域涉及法定许可的案件有 138 起，集中在"录音制作者使用他人已经合法录制为录音制品的音乐作品制作录音制品（作者事先申明不许使用）"（65 件）、"广播电台、电视台播放他人已经发表的作品"（47 件）、"广播电台、电视台播放已经出版的录音"（26 件）。

---

① 《著作权法》第 25 条：为实施九年制义务教育和国家教育规划而编写出版教科书，可以不经著作权人许可，在教科书中汇编已经发表的作品片段或者短小的文字作品、音乐作品或者单幅的美术作品、摄影作品、图形作品，但应当按照规定向著作权人支付报酬，指明作者姓名或者名称、作品名称，并且不得侵犯著作权人依照本法享有的其他权利。前款规定适用于对与著作权有关的权利的限制。第 35 条：著作权人向报社、期刊社投稿的，自稿件发出之日起十五日内未收到报社通知决定刊登的，或者自稿件发出之日起三十日内未收到期刊社通知决定刊登的，可以将同一作品向其他报社、期刊社投稿。双方另有约定的除外。作品刊登后，除著作权人声明不得转载、摘编的外，其他报刊可以转载或者作为文摘、资料刊登，但应当按照规定向著作权人支付报酬。第 42 条第 2 款：录音制作者使用他人已经合法录制为录音制品的音乐作品制作录音制品，可以不经著作权人许可，但应当按照规定支付报酬；著作权人声明不许使用的不得使用。第 46 条第 2 款：广播电台、电视台播放他人已发表的作品，可以不经著作权人许可，但应当按照规定支付报酬。第 48 条：电视台播放他人的视听作品、录像制品，应当取得视听作品著作权人或者录像制作者许可，并支付报酬；播放他人的录像制品，还应当取得著作权人许可，并支付报酬。

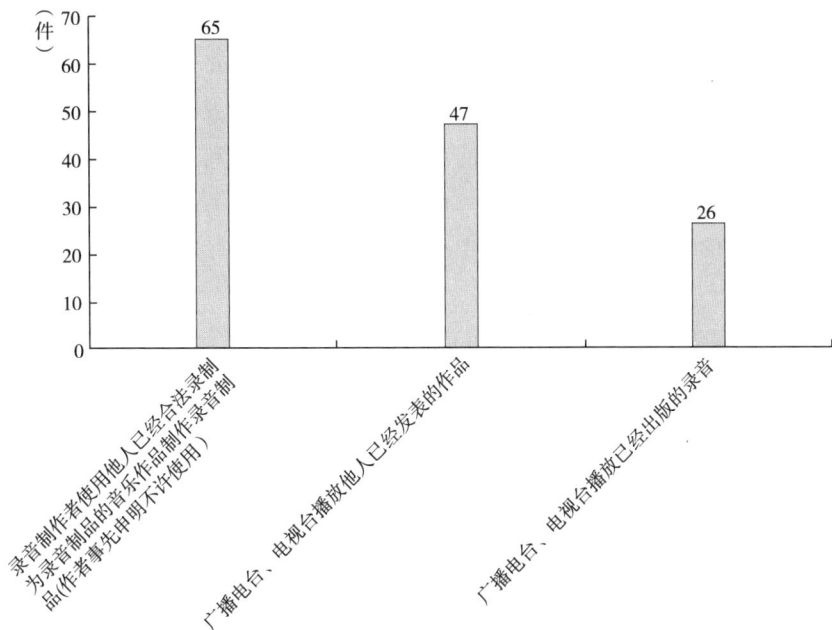

图 3 - 20　案例库中法定许可案例的分类

（二）法定许可的授权范围

"录音制作者使用他人已经合法录制为录音制品的音乐作品制作录音制品"是法定许可事由中出现较多的案例，且随着互联网发展，从 2000 年开始呈现显著的递增趋势。一般在此类案件中，权益主张一方多有明确的证据来表示侵权方未经过自己的授权，侵权事实比较清晰，判决争议性不大。尤其是在基于商业性目的时，经由版权人授权则是一条不可逾越的红线。

使用"广播电台、电视台播放他人已经发表的作品"和"广播电台、电视台播放已经出版的录音"为抗辩理由的，同样多是忽略了"应支付报酬"这一法定许可的后置条件。

在济南广播电视台与中国音乐著作权协会著作权权属、侵权纠纷案件中，音集协集中诉讼了济南广播电视台经营的济南网络广播电视台"幸福歌会"栏目中对其拥有的 9 首歌曲侵权的行为。该案中，济南广播电视台使用涉案歌曲未支付报酬，已侵犯了作者及相关权利人的著作权益，应当承担赔偿经济损失和支付合理费用的法律责任。

另外，值得注意的一点是，《广播电台电视台播放录音制品支付报酬暂行办法》规定了三种广播电视向权利人支付报酬的方式：一是按照约定的固定数额支付；二是按照一定的广告收入比例向权利人支付报酬；三是按照播放该录音制品的时长来计算应该支付的报酬。因此，电视台、广播在使用他人的录音制品时，应当主动地按照双方约定好的计酬方式向权利人支付报酬。

《著作权法》中对于法定许可的规定是一把双刃剑，一方面为作品的多渠道传播和公众低成本获取作品提供了便利，另一方面却也为作者的著作权行使造成了极大的障碍。

在《贾志刚说春秋》著作权权属案中，佛山电台主持人谢峥嵘以艺名谢涛在电台录制系列节目《谢涛听世界——春秋》并在两个频道播出，另刻录成光盘由科学文化音像出版社出版发行，其文本来源为《贾志刚说春秋》，贾志刚为该书的版权所有者。一审鉴定结果显示，《谢涛听世界——春秋》约有122.4万字与《贾志刚说春秋》内容表达相同，约占《贾志刚说春秋》全部内容的89%，《谢涛听世界——春秋》全部内容的74%。审理法院认为广播电台在使用他人作品时应当注明出处并且只允许在必要范围内的适当改动，而本案中佛山电台对涉案作品的改动已经远远超出了必要的范围，且在使用的过程中并未给贾志刚署名，佛山电台的行为不适用《著作权法》规定的法定许可的情形，侵权成立，应当承担相应的法律责任。①

随着内容创作行业的繁盛，对于作品的多重样式改编也越来越多，但改编作品与原作的版权纠纷问题层出不穷，尤其在涉及广播、电视等行业时，播放行为的改变和播放形式中对于原作的改编，究竟可否将其纳入法定许可范畴成为争议的焦点。

（三）丰富法定许可的议价空间

在法定许可的情形中，使用者虽然不用征得权利人的同意，但必须要支付法定的使用报酬，因为法定许可限制了版权人的许可权，是为了降低

---

① 北京市东城区人民法院（2014）东民初字第01501号。

使用者和版权人的经济成本，使双方的经济利益都得到满足。

但在当前的互联网大环境中，传播效率和传播效果是不可控的因素，比如翻唱歌曲的翻唱者反而红过了原唱，无形之中对原唱的市场资源进行了挤压，经济收益和社会影响都会受到损失，因此法定许可应该给予著作权人和使用者充分的议价空间，并保障双方权益。

三 "避风港原则"的适用及其争议

"避风港"这一概念来源于美国 1998 年的《数字千年版权法》（Digital Millennium Copyright Act），为了促进互联网行业的发展，在网络服务提供者没有能力事先对他人上传的作品内容进行审查，且事前也不知晓侵权事实存在的情况下，那么在发生侵权行为时，只要在接到版权人通知后将侵权内容移除，即可不用承担侵权责任。在互联网视听产业发展的早期，"避风港原则"很大程度上为互联网企业降低了运营成本，从产业发展的角度来看产生过积极作用。

（一）"避风港原则"法律法规相关规定及现状

2001 年我国《著作权法》修订过程中，考虑到随着中国互联网产业的发展，网络版权以及网络侵权案件已经开始成为高发领域，为了平衡版权人与网络服务企业之间的利益矛盾，所以引入了"避风港原则"。但在我国的相关法律文件中，并未直接使用"避风港原则"这一法律术语，但从表述上和内涵上都与"避风港原则"十分接近。[①]

在我国，关于"避风港原则"的争议最初集中在"明知"和"应知"的判断标准上，对于"通知"（notification）与"反通知"（counter notification）讨论相对较少。《最高人民法院关于审理涉及计算机网络著作权纠纷案件适用法律若干问题的解释》中，第 4 条规定著作权人可以向网络服务提供者提出警告，可以视为我国"通知—反通知"制度的开始。在 2014

---

① 《信息网络传播权保护条例》第 23 条：网络服务提供者为服务对象提供搜索或者链接服务，在接到权利人的通知书后，根据本条例规定断开与侵权的作品、表演、录音录像制品的链接的，不承担赔偿责任；但是，明知或者应知所链接的作品、表演、录音录像制品侵权的，应当承担共同侵权责任。

年通过、2021 年修订的《最高人民法院关于审理利用信息网络侵害人身权益民事纠纷案件适用法律若干问题的规定》中对于"通知—反通知"做了具体的规定，在司法实践中得到了更加广泛的应用。

为了防止"避风港原则"被滥用，我国《信息网络传播权保护条例》有一条类似"红旗原则"[①] 的规定，要求网络服务提供者要承担起合理的注意义务，不能对非常明显的侵权内容或链接不采取任何的措施。否则，该网络服务提供者就应被认定为具有主观过错，须承担相应的侵权责任。

在案例库中涉及使用"避风港原则"作为抗辩事由的案件共有 54 件，其中法院在判决结果中予以支持的有 13 起、不予支持的有 41 起（见图 3 - 21）。

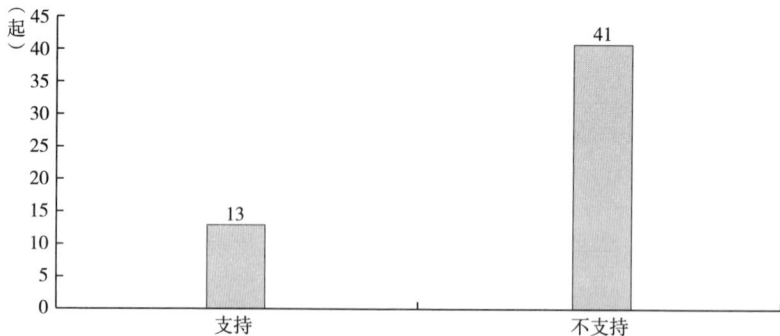

图 3 - 21　案例库中涉及"避风港原则"案例的判决结果

其中，获得法院支持的案件均履行了"通知—删除"义务，如在北京美好景象图片有限公司诉北京微梦创科网络技术有限公司等著作权权属、侵权纠纷一案一审民事判决书[②]中，法院认为原告未在起诉前通知微梦创科公司对涉案图片进行处理，且微梦创科公司在收到本案起诉材料后立即删除使用涉案图片的网页，尽到了合理注意义务，因此判定微梦创科公司无须再承担侵权赔偿责任。北京慈文影视制作有限公司与北京我乐信息科

———————

① "红旗原则"最早规定在 1998 年《美国版权法》修正案中，是指如果侵犯信息网络传播权的事实是显而易见的，就像是红旗一样飘扬，网络服务商就不能装作看不见，或以不知道侵权的理由来推脱责任，如果在这样的情况下，不进行删除、屏蔽、断开链接等必要措施的话，尽管权利人没有发出过通知，我们也应该认定网络服务商知道第三方侵权。

② 北京市海淀区人民法院（2016）京 0108 民初 35291 号。

技有限公司侵权一案①是我国适用"避风港原则"抗辩成功的第一案。在该案中，法院认定我乐公司属于网络存储空间服务的提供者，且我乐公司并未对用户上传的内容加以改动，也没有证据证明我乐公司从中获取了经济利益，并且，原告公司也并未向我乐公司下达侵权警告通知，符合《信息网络传播权保护条例》的有关规定②，判定被告侵权不成立。

使用"避风港原则"抗辩的纠纷者能否证明自己仅仅提供了网络空间服务以及是否履行了"通知—删除"义务，是法院判定其是否适用"避风港原则"的关键。

（二）"避风港原则"的适用

自媒体时代的信息传播方式和利益获取方式都有了很大的改变，以往适用"避风港原则"的要件是由用户举报然后平台进行删除，但在这个时间段内，本该属于创作者的收益可能被侵权者攫取，维权的成效和意义大打折扣。

1. "避风港原则"中的通知与反通知

由于"通知"规范未赋予侵权人辩护的权利，不利于网络服务者查明事实，因此为了完善通知规则，在"通知"规则的前提下建立起"反通知"规则，可作为通知制度的完善：如被投诉的网络服务商或侵权人认为自己未侵权，即可提起反通知，并提供相关证明材料，即反通知材料。

在北京乐动卓越与阿里云计算公司信息网络传播权纠纷上诉案中，被告在上诉中辩称其已经启动了"反通知"程序，在这一程序中，用户可以提出恢复之前被删除内容的要求，并且网络服务提供者也可以纠正自己由于收到错误侵权通知而做出的删除行为，此时，网络服务提供商不用承担

---

① 北京市朝阳区人民法院（2008）朝民初字第16141号。

② 《信息网络传播权保护条例》第22条规定，网络服务提供者为服务对象提供信息存储空间，供服务对象通过信息网络向公众提供作品、表演、录音录像制品，并具备下列条件的，不承担赔偿责任：（一）明确标示该信息存储空间是为服务对象所提供，并公开网络服务提供者的名称、联系人、网络地址；（二）未改变服务对象所提供的作品、表演、录音录像制品；（三）不知道也没有合理的理由应当知道服务对象提供的作品、表演、录音录像制品侵权；（四）未从服务对象提供作品、表演、录音录像制品中直接获得经济利益；（五）在接到权利人的通知书后，根据本条例规定删除权利人认为侵权的作品、表演、录音录像制品。

对网络用户的违约责任。法院强调必要措施的认定，应结合侵权场景和行业特点，秉持审慎、合理之原则，实现权利保护、行业发展与网络用户利益的平衡。在该案中，阿里云公司提供的是云服务器租赁服务，其对云服务器中运行的软件系统和存储的具体信息内容无法直接进行控制，在技术上不能针对具体信息内容采取"删除、屏蔽、断开链接"的措施，因此不能将这一措施作为被告的免责事由。

2. "避风港原则"的例外适用——"红旗原则"

"红旗原则"保护的对象是知名的作品，否则难以判断侵权方是否为"明知"或"应知"，对于不知名作品，版权人的权益难以适用"红旗原则"得到保护。

新传在线（北京）信息技术有限公司与全土豆网络科技有限公司著作权纠纷案被业内称为是我国应用"红旗原则"保护信息网络传播权并获得胜诉的第一案。在本案中，版权方新传在线发现土豆网上有免费的《疯狂的石头》播放，新传在线向土豆网发出侵权警告函后，土豆网在其运营的网站中曾经删除了涉案影片，但该影片又几度出现。法院判决书认为：土豆网虽然并没有直接上传涉案电影至其经营的网站，但作为一个专业性的视频网站运营商，土豆网公司有能力也理应知道在其经营的网站上存在盗版和非法转载的情况，却由于疏于监管导致涉案视频在该网站上多次传播，未能做到及时制止。土豆网公司的这种行为实质上是一种纵容和帮助侵权的行为，因此不能使用"避风港原则"作为抗辩事由。①

网络侵权案件频发的主要原因是侵权的收益大、成本低，而维权的成本则相对过高。因此"避风港原则"的适用要与行业一同发展，在多样化的网络环境中对侵权案件的认定标准进一步明确。

---

① 上海市高级人民法院（2008）沪高民三（知）终字第62号。

本章小结

  本章包含了直接侵权、间接侵权和责任免除三个方面。

  第一个方面通过对互联网视听产业的版权纠纷的案例梳理后发现，在互联网视听作品版权纠纷侵害经济权利的案例数量最多，其次是侵害邻接权的案例数量，最后是侵害人身权利的案例数量。法院的判罚仍以经济赔偿为主，并且在多数案件中由于原告举证困难或实际遭受的损失难以认定，可以将商标法领域的惩罚性赔偿制度的适用范围扩展至版权法律领域，以此来完善对包括视听作品在内的互联网版权产品的保护。

  第二个方面总结了间接侵权的构成要件、间接侵权行为的侵害方式及其应当承担的责任。技术的变革促进了互联网视听产业的发展，使得在这一领域的间接侵权行为变得便利和隐蔽。互联网视听产业中的间接侵权行为人分布在不同的网络平台中，实施侵权的行为人不再是单一的主体，而是更加多元化的主体，从网络服务提供商、平台提供者、作者、继受版权人、视听表演者、录制者、广播组织者乃至行政主管机关，实施间接侵权行为的主体外延在不断扩大，衍生出了义务与权利不对等的情形，这增加了判定间接侵权行为的复杂性。

  第三个方面通过对互联网视听产业领域内的合理使用、法定许可和"避风港原则"的相关案例梳理和数据分析后发现，随着网络环境的进一步开放和技术的迭代，互联网体系下的著作权侵权案件产生了一系列新的形态，版权的利益与社会公众利益之间的冲突开始走向更深的层次，对版权法律制度的平衡原则带来了新的挑战。

第四章 CHAPTER 4

规制调整成为版权纠纷的制度背景

第一章展示了互联网视听产业版权纠纷各个阶段的特点，也从中呈现了产生版权纠纷的产业发展"内因"。事实上，除了产业继承发展带来的原因，还与版权法律规制体系本身就处于大变化中的背景相关。一方面是国际知识产权体系的逐渐建构和调整，另一方面是国内法律体系正在进行修订和新增。这种变动可能会在具体纠纷的解决中因为国际与国内、以往与现在规制的不同增加一些争议性的元素，这种争议通过诉讼案例的示范效应会带来双重的后果：争议引发的社会讨论或许会促使某些问题的厘清，推动法治的进步，但这是一个漫长的过程。对于讨论过程中的当下来说，这种变动会使有些版权问题的解决暂时处于"无法可依"的局面，给未来侵权行为的可能后果带来不确定性。从这个意义而言，规制体系的调整是版权纠纷产生的一个外部原因。

现代版权制度是基于印刷技术而诞生的，印刷技术的特点是技术不普及，作者对作品的控制力较强。互联网语境下，技术成本降低，制作技术普及程度高，作者对作品的控制变得越来越弱。以"作者中心"转向的现代版权制度面对作者在版权利益体系中的边缘化的问题多少有些"力不从心"。同时，在经济全球化背景下，国际知识产权体系逐渐建构，但是各国的产业发达程度、国际话语权以及各国版权意识均存在差异，也导致了在全球化贸易中的版权规制体系出现了不平衡的现象。追溯上述现象会发现，在互联网的共享特性中，版权法律规制面对的根本性问题是，版权保护的"公""私"边界日渐模糊，利益的天平在"公"与"私"的争议中摇摆不定，这成为版权规制争议背后更深层次的原因。

第一节　传统法律在互联网语境下的失灵

版权（Copyright）法律，顾名思义是在保护出版专有权基础上萌芽的。现代版权制度从第一部现代版权法《安娜女王法》（Statute of Anne）颁布至今，[①] 已有三百多年的历史。《安娜女王法》之所以成为现代版权制度诞生的标志，是因为其实现了从保护出版者（复制者）的权利到保护创作者（作者）的权利的基本转向。版权制度的名称来源于印刷术，在印刷媒介时期，权利人要实现对作品的控制相对是容易的，只需要对基于单一媒介技术的作品传播控制赋予权利人以专有权利即可实现。但在互联网语境下，传统版权制度遭遇了双重挑战：第一是制作技术和传播技术的发达带来了使用的便利性和低成本，使得人人都有可能掌握一定的媒介技术，实现作品的创作、再创作和无授权传播；第二是互联网的"去中心"传播特点带来的"共享"观念的建立，尤其是 P2P 技术的应用，使得用户之间的信息分享门槛更低。同时，在媒介技术单一的印刷媒体时期，版权客体主要是以文字为表达的类型，随着媒介技术的多元化，越来越多的客体被纳入到版权规制体系。但版权法律对客体的列举方式大都是封闭式的，对于当下不断出现的新的视听产品是否属于客体的问题，公众有争议。不仅如此，传统版权制度的建立基础是"作者中心"，保护创作者权利是包括版权法律在内的整个知识产权体系的立法诉求，但数据技术和人工智能技术的发展，使得这种主体保护基础也产生了危机。

[①]　1709 年英国颁布了《为鼓励知识创作而授予作者及购买者就其已印刷成册的图书在一定时期内之权利的法》（Encouragement of Learning by Vesting the Copies of Printed Books in the Authors or Purchasers of such Copies during the Times therein mentioned）通常被称为《安娜女王法》（Statute of Anne）。引自许华飞《光荣与权利——摄影著作权集体保护的法理分析》，《中国摄影杂志》2017 年第 5 期。

一　基于印刷技术的版权制度的 "不适"

在印刷术发明之前，人们只能通过手抄的方式，将书本进行传播，这种传播方式具有以下特征：复制过程速度慢，复制成本高，传播内容质量易受抄写者主观因素影响。公元 1455 年，古登堡和福斯特掌握了活字印刷术并将《圣经》通过这种技术印在了纸上，凭借其特有优势在商业上取得了巨大突破。自此，印刷术很快在整个欧洲蔓延与应用，随着这样的浪潮，印刷业应运而生，并且很快成为了一种 "资金密集型" 行业。在此时对于作者权益的保护多是诉诸道德，更多关注的是印刷商的权利。1525 年，作为德国宗教领袖的马丁·路德第一个站出来，在他的出版物中表明了自己的手写稿件被印刷商通过不正当途径使用，并且对这种行为提出了批评与指责，他是首位在公开场合对印刷商这种无偿使用和占有他人创作性成果的行为提出反对意见的作者。一百多年后，英国哲学家洛克于 1690 年在他的作品《政府论》（*Two Treatises of Government*）中指出：作者和其他劳动成果的创作人是一样的，在作品产生过程中，都会耗费大量的精力和心血，所以应当把作者创作的作品与其他劳动成果等同化，要能够得到相应的经济回馈。在随后的日子里，要求重视对作者权利进行保护的呼声在英国逐渐得到了越来越多人的呼应，在这样的背景下，《为鼓励知识创作而授予作者及购买者就其已印刷成册的图书在一定时期内之权利的法》即《安娜女王法》在 1709 年应运而生。

《安娜女王法》作为现代版权制度的第一部法律，与那个时代印刷术的应用和发展之间存在着紧密的联系。首先，在印刷术刚刚普及的年代，使用活字印刷的首要环节是制作一个基础模板，想要通过印刷术将图书广泛传播，就必须把传播的内容印刻到固定的模板之上，因此，早期的印刷者掌握了对印刻模板翻版和出版的权利。其次，作者作为内容的创作者，有权对自己创作的作品进行管理，即有权允许或拒绝他人对自己作品印刷或出版的行为。基于以上两点原因，版权的概念进入了人们的视野。但是，随着时代的发展和技术的革新，人们对于印刷术的运用出现了很多前所未有的模式，这些新兴利用方式，因其多样性和多变性的特点，容易使被利用作品发生较大变化，从而脱离原作者的管控。此外，原有的 "版"

的概念难以适应诸如表演权等新生概念的出现，所以，随着印刷术发展而出现的版权概念，开始了逐步脱离印刷概念的进程。工业化印刷技术的出现是现代版权制度诞生和发展的基础。

在英国《安娜女王法》之后，欧洲、美国、亚洲陆续建立起来以保护作者权利为中心的版权制度。1777 年，法国在国王路易十六执政时期，出台了6 项有关图书出版与印刷的法令，这些法令指出了作者享有出版和销售自己作品的权利。随后，法国于 1791 年和 1793 年又分别颁布了保护作者部分权利的《表演者法》（Loisur Les Artistes Interprétes ou Exécutants）和相比之下更为全面的《作者权法》（Méthode de L'auteur）。① 1790 年，美国国会在宪法的授权下正式颁布统一的《联邦著作权法》。与此同时，亚洲于 1899 年也取得了一系列的发展，日本也在这一年率先加入《保护文学和艺术作品伯尔尼公约》（Berne Convention for the Protection of Literary and Artistic Works），并着手调整和完善过去的《版权条例》及《版权法》，最后在此基础上出台了一套新的《著作权法》。② 目前两大法系国家的著作权法均将其立法宗旨设定为以保护作者权利为中心，成为兼顾作品使用者和传播者利益的法律体系。

中国有关版权保护的法律制度发端于 1910 年清政府颁布的《大清著作权律》，当时西方殖民国家为了保护其在华的知识产权利益，不断给清政府施加压力，并围绕知识产权保护问题与清政府进行了一系列的谈判。③《大清著作权律》的颁布，在一定程度上承认了著作权，并涉及保护著作权的一系列措施。但是从实质上看这部法律，可以看到君主立宪制的影子，里面涉及的条目基本上体现了对封建君主权力的拥护，而忽视了普通人的民权，也正是这样的特点，决定了这部律令会受到自身的局限，难以长足发

---

① 1791 年法国通过《表演者法》（又称《表演权法》）第一次赋予戏剧作者"公开表演权"，使版权保护从"复制权"向其他权利扩张迈出了重要一步，1793 年《作者权法》开始关注作者的精神权利。引自朱淑伟《浅析以传播权为中心的版权保护的正当性》，《商情》2013 年第 23 期。

② 日本分别于 1875 年与 1887 年制定了两部《版权条例》，而且还在 1898 年颁布了《版权法》，不过，不久以后日本的立法者认为，应当与当时的国际潮流合拍，强调著作人的权利。引自《蒋志培博士：知识产权制度的产生与发展》，知识产权司法保护网，2015 年 6 月 12 日，www. chinaiprlaw. com/index. php？id = 1922。

③ 主要是以美国和日本等国家的著作权法为蓝本制定的，无论是从其形式还是内容上来看，都是西方的舶来品。引自薛宁《辛亥革命时期中国著作权法的发展》，《知识产权》2012 年第 1 期。

展。虽然肯定了著作权这种民事权利，并给予保护。然而其规定的著作权
具有不稳定性、局限性，体现了重君权、轻民权的君主立宪的本质，具有
浓厚的封建色彩。①《大清著作权律》还没等到真正的实施，清王朝的封建
统治就随着辛亥革命的爆发走到了尽头。民国后早期的法律仍然延续使用
了《大清著作权律》中的部分内容。随后，北洋政府于 1915 年颁布的
《北洋政府著作权法》对《大清著作权律》的内容进行了基本复制。这个
时期的中国著作权法虽然存在着诸多缺点与不适，但仍旧在著作权立法的
世界大潮流中，主动跟随世界节奏，积极学习西方优秀的法律文化，为著
作权立法进程提供了经验和教训。

　　新中国的知识产权法律体系发轫于 20 世纪 80 年代。1979 年文化出版
领域成立了《著作权法》起草小组，1990 年颁布了第一部《著作权法》。
值得一提的是，从新中国《著作权法》颁布之日起，广播电视就已经取代
印刷媒体成为"第一媒体"。因此，中国的版权法律沿袭传统的版权法律
理念和制定技术，但这种带有印刷媒体时代印记的新法律，与当时新兴的
媒介技术背景多少有些距离。

表 4-1　1980 年、1990 年我国广播基本情况统计②

单位	1980 年	1990 年
广播电台（座）	106	635
广播人口覆盖率（%）	—	74.7
广播喇叭（万只）	9856	8222
收音收录机数量（万台）	1191	25123

　　中国政府于 1983 年确立了四级办广播电视的方针，我国的广播电视业
进入了空前的繁盛发展时期，无论是新闻的制作与宣传、节目内容的质
量，还是广电硬件设施、技术上的保障，方方面面都取得了巨大的飞跃。
这种进步使广播电视深入到了人民生活中，给百姓的日常生活带来了便捷
与色彩。随后，国务院于 1990 年批准了《有线电视管理暂行办法》，放宽
了对有线电视的管制，不少机关、企事业单位、社会团体拥有了依法申办

---

① 薛宁：《辛亥革命时期中国著作权法的发展》，《知识产权》2012 年第 1 期。
② 中国广播电视年鉴编辑部：《中国广播电视年鉴》，北京广播学院出版社，1990。

有线电视的权利。这一次"放权"调动了社会各界办理有线电视的积极性，促进了我国广播电视业的快速发展，我国因此变成了广播电视网络覆盖人口最多、有线电视用户数最多的国家。

因此，可以说我国的《著作权法》与当时变得越来越流行的视听类作品具有更多的勾连，但事实上，立法之初的语境感，并没有体现在法律规制的内容中。我国出台的第一版《著作权法》规定的多种作品类型中并没有涉及音频作品。① 尽管广播节目在当时非常普及，电视节目方兴未艾，但是立法者并没有将广播作品和电视作品的保护列入著作权法律当中。更为重要的是，以行政区划分广泛建立的电台和电视台已经多少"稀释"了印刷媒体时期的作品稀缺价值，并且以其通俗易懂的表达方式，赢得了多元结构的更多受众，这更加动摇了基于印刷媒体的文字作品的版权价值。

不过，当时的版权法律规制并没有出现与版权环境明显的"不适"。这一方面是因为虽然媒介技术进步了，但新兴的视听技术仍然是专业媒体所掌握的稀缺资源，专业而昂贵的广播电视技术设备不能为一般的创作者所使用。另一方面也是因为视听类作品仅由专业媒体所拥生产，并在有限的视听媒体上进行传播，没有在更大的市场中体现版权价值。在节目交换和交易方面，专业媒体也逐渐建立了自己的交易惯例，比如对于新闻类作品的无偿转载、对影视剧作品的协议播出等，这些交换性而非交易性的惯例也逐渐得到了版权制度的确认。这一时期的媒介技术虽然发生了较大变化，但技术的专业化和渠道的单一类型，使得整个版权环境与印刷媒介时期相比，并没有发生根本性的改变。版权法律制度对视听产业虽缺乏"关照"，但并没有产生普遍性的矛盾。

互联网和新媒体技术的出现和普及打破了这一现状。互联网和新媒体技术使公众能够在第一时间接触和运用这类媒体，拥有新技术支持的媒体，无论是信息的存储量，还是信息的传播速度，都令传统媒体望尘莫及。技术打破渠道壁垒，让信息传播的成本更低廉，使消费者既可以很容易获得传播内容，也要受到版权制度的授权规制。同时，由于市场的激活，版权作品获得了更高的市场价值，侵权行为的数量和方式显示了仅以

---

① 作品形式有：文字作品；口述作品；音乐、戏剧、曲艺、舞蹈作品；美术作品和摄影作品；电影、电视、录像作品；工程设计、产品设计图纸及其说明；地图、示意图等图形作品；计算机软件；法律、行政法规规定的其他作品。引自《著作权法》（1990）。

民事法律来进行规制和救济的方式呈现出一定程度的"无力感"。

　　基于印刷技术所建立的版权制度在互联网语境下有些"不适"，网络技术和传播带来的作品生产和传播的新特点与版权法律规制之间产生了矛盾。比如司法实践对侵权判断的重要贡献——思想表达二分法。思想表达二分法，指思想的公共化和表达的私人化，这种理论为权衡公共利益和私人利益提供了依据。在印刷媒体时代，内容的主要传播载体是文字和图像，分辨性较强，并且作品数量相对较少，易辨别作品中的表达与思想。在互联网语境下，表达与思想的界限更难以区分，海量的作品在媒介产品类型化的运作下拥有更多的共性，单个作品的个性特征被削弱了。

　　现代版权法律制度诞生于印刷术普及的时代，在技术、表达和传播都因互联网和新媒体技术出现重大改变的语境下，现有法律制度必须通过及时而合理的调整，才能适应新形式下出现的版权争议。

二　基于封闭作品类型的成文法律的"不适"

　　版权作品基于创造性的思想，创意的表达才能构成作品。从符号学的角度来说，作品指的是在人们的共识下对具有一定意义的符号的排列重组及通过排列组合限定的某种成品。[①] 作品的这一本质也决定了法律规制所规定和描述的作品都必须以不同表达形式为区分和定义的标准。

　　为了将不同表达的作品区分开来，以更好地描述不同作品的内涵和外延，各国版权法律和国际公约普遍采用列举的方式确定作品范围。比如美国《版权法》中将作者的作品分为：文字作品；音乐作品（包括所配任何歌词）；戏剧作品（包括所配任何乐曲）；哑剧和舞蹈作品；绘画、刻印和雕塑作品；电影和其他音像作品；录音作品；建筑作品等几类。[②] 法国《知识产权法典》指出著作权法所保护的作品包括：文学、艺术及科学书籍、小册子及其他文字作品（即文字作品）；报告、讲演、布道词、辩护词及其他同类作品（即口述作品）、戏剧或戏剧音乐作品（即戏剧作品）；以书面或其他方式固定其表演的舞蹈、马戏、哑剧（即舞蹈作品等）；配词

① 卢海君：《"电影作品"定义之反思与重构》，《知识产权》2011年第6期。
② 十二国著作权法翻译组：《十二国著作权法》，清华大学出版社，2011。

或不配词的音乐作曲（即音乐作品）；有声或无声的电影作品及其他由连续画面组成的作品（即视听作品）等。《保护文学和艺术作品伯尔尼公约》中将"文学艺术作品"一词概括为科学和文学艺术领域的一切作品，并举例"诸如书籍、小册子及其他著作；讲课、演讲、讲道及其他同类性质作品；戏剧或音乐戏剧作品；舞蹈艺术作品及哑剧作品；配词或未配词的乐曲；电影作品或以与电影摄影术类似的方法创作的作品；图画、油画、建筑、雕塑、雕刻及版画；摄影作品以及与摄影术类似的方法创作的作品；实用美术作品；插图、地图；与地理、地形、建筑或科学有关的设计图、草图及造型作品"。① 这些版权法律规制对于作品普遍按照"表达方式"的区分进行分类和列举。我国的第一部《著作权法》发展至今，在对作品界定进行补充和完善过程中，同样使用了上述列举法，总体来说，法律对于作品类型的列举采取的是封闭式的方法。

在本书第二章关于客体的论述中可以看到，在互联网视听领域，许多版权纠纷围绕是否属于客体有激烈的争论。因为许多新的视听产品在形态上与现行法律规定的作品类型具有相似性，但又不是传统的视听类作品类型。在前文提到的中国第一例电竞直播纠纷案——"耀宇诉斗鱼案"中，一审判决特别指出，在《著作权法》的作品规定范围内，并不包括竞技游戏的内容。"由于涉案赛事的比赛本身并无剧本之类的事先设计，比赛画面是由参加比赛的双方多位选手按照游戏规则、通过各自操作所形成的动态画面，系进行中的比赛情况的一种客观、直观的表现形式，比赛过程具有随机性和不可复制性，比赛结果具有不确定性，故比赛画面并不属于著作权法规定的作品，被告使用涉案赛事比赛画面的行为不构成侵害著作权。"② 对电子竞技而言，虽然比赛双方运用电脑终端比拼，但又与体育比赛直播在根本上有差异之处：电竞比赛是在软件代码规定的虚拟场景下操作的，在比赛过程中，无论是人物设定、环境虚拟，还是配乐、奖惩，都是在固定的操作模式下进行。在 1982 年美国"阿提克"一案中，法官认为"虽然原告的游戏机 ROM 里面只是出现某些个别形象，而不是整个游戏画面，但

---

① 世界知识产权组织：《保护文学和艺术作品伯尔尼公约》（1886）。
② 《上海耀宇文化传媒有限公司诉广州斗鱼网络科技有限公司著作权侵权及不正当竞争纠纷案》，上海法院网，2017 年 8 月 1 日，http：//shfy. chinacourt. gov. cn/article/detail/2017/08/id/2948781. shtml。

是版权法所规定的固定，并非要求作品以人类肉眼可以感知的方式，准确地写在或记录在某个地方。游戏的场景画面能够在长时间内多次被复制。但凡在游戏启动的情况下，哪怕没有用户在使用和玩耍，游戏画面都可以出现吸引人的图像。这种情况说明，游戏已经固定，而游戏机则成为复制的载体"。从某种意义而言，电竞比赛的画面不局限为竞技过程中的自身动作，更多的是展现在播放载体上的可感知动态画面，因此更易被复制。① 从司法实践来看，不断变化的视听作品的新表达在司法实践中出现了较大的分歧。从"耀宇诉斗鱼案"中可以看出，这种分歧根源于裁判者将一些创新性表达与条文规定的作品进行"比对"时，常常产生不同的判断。

　　我国《著作权法》界定作品类型的主要方法为封闭式列举②，虽然这种列举方式对于表达相对固定的作品是适合的，但也使得作品外延包含的类型十分有限。尽管在补充性规定中努力将每一种作品进行更具包容性的阐释，但与更新速度很快的媒介产品相比，仍有滞后感。比如"以电影和以类似摄制电影的方法创作的作品"，《著作权法实施条例》第 4 条提到：电影作品和以类似摄制电影的方法创作的作品，是指摄制在一定介质上，由一系列有伴音或者无伴音的画面组成，并且借助适当装置放映或者以其他方式传播的作品。③ 这一规定虽然在"表达方式"之外还加入了"创作方法"的描述，但仍无法完全解决通过电脑制作产生的有类似表达方式的作品的法律属性问题。

　　视听作品是综合表达的作品形式，且表达方式随着新技术的发展，继续呈现出新的样态。作为一种版权法律的传统，封闭式列举在阐明作品类别方面具有准确性和可操作性的特点。从新兴的媒介学的史学观来看，视

---

① 王丽娜：《网络游戏直播画面是否构成作品之辨析——兼评耀宇诉斗鱼案一审判决》，《中国版权》2016 年第 2 期。

② 《著作权法》所保护的作品包括以"文字作品；口述作品；音乐、戏剧、曲艺、舞蹈、杂技艺术作品；美术、建筑作品；摄影作品；电影作品和以类似摄制电影的方法创作的作品；工程设计图、产品设计图、地图、示意图等图形作品和模型作品；计算机软件；法律、行政法规规定的其他作品"等形式创作的文学、艺术和自然科学、社会科学、工程技术等作品。引自《著作权法》（2010）第 3 条。2020 年颁布的《著作权法》保留了这些作品类型，只有"电影作品和以类似摄制电影的方法创作的作品"更改为"视听作品"。

③ 《国务院关于修改〈中华人民共和国著作权法实施条例〉的决定》（中华人民共和国国务院令第 633 号），2013。

听（图像域）是人类文明史的第三个媒介域①，未来如何应对视听技术和互联网技术带来的媒介革命以及容纳更具想象力的作品表达，是版权制度面临的问题之一。

三 基于主体诉求的保护策略的"不适"

版权法律作为民事法律体系的组成部分，关注的是私权利，版权制度设立的初始诉求是对创作者个人权利的保护。无论是持版权说还是持人格说的国家，都不得不承认基于创作者权益保护的诉求是版权制度的基础。在大多数情况下，创作者凭借其作品享有绝对权。我国《著作权法》规定："著作权属于作者，本法另有规定的除外。"版权首先归属于作者，作为原创者的作者利益是版权制度的核心诉求。这一般原则在各国的版权法律中都得到了遵循。版权制度寻求个人利益与公共利益的平衡，这也首先建立在对个人利益"适度保护"的基础之上。

视听类作品从一开始就基于专业制作和分工创作的方式。从最初的电影作品，到广播电视作品，几乎没有能够独自完成的情形。近几年，随着制作技术的成本降低，非专业的网络内容产品虽然出现了综合程度降低的趋势，但专业制作的视听产品仍然是互联网视听产业的主要构成部分，无论从独创性程度还是市场价值看，都是视听产业的核心产品。之前谈到即便是非专业制作的视听产品，也逐渐出现了半专业化的趋势，其中一个重要的特征就是团队式制作方式的"回归"。参与视听作品的创作人员，并非都是版权意义的作者，我国《著作权法》第 17 条规定："视听作品中的电影作品、电视剧作品的著作权由制片者享有，但编剧、导演、摄影、作词、作曲等作者享有署名权，并有权按照与制片者签订的合同获得报酬。"也就是说，我国现行法律中与视听作品的版权意义的作者仅包括五类作者。此外，尽管有的国家承认所有创作者都是作者，但在相关权利的具体行使上，仍然做出了特殊的规定。无论是不重视作者精神权利的美国版权法律，还是以法国和德国为代表的欧洲大陆法系，都对视听类作品做出特殊规定。

---

① 〔法〕雷吉斯·德布雷：《普通媒介学教程》，陈卫星、王杨译，清华大学出版社，2014，第 11 页。

在本书第二章关于主体的论述中也可以发现，视听作品版权纠纷中的主体大部分都不是作者本人，维护版权权利、进入版权诉讼的主体格局非常复杂。视听作品同时也是产业核心视听产品的主体构成，围绕产品，产业的诉求是版权价值的最大化和"变现"要求。因此，在多次链条式开发的过程中，原创者的利益实际上是不断缩小的，衍生作者及其作品不断增多。以上这些客观现实意味着，作为视听作品主体概念与传统版权法律中的作者，尤其是原创者的概念发生了"位移"，非第一原创者的作者和作者之外的主体都是基于产业链条分享版权利益的人。这与版权制度的"初心"，也就是以创作者为中心，保障他们的权利来促进智力成果的生成和促进人类社会文明的进步产生了现实的矛盾。

引发社会热议的蒋胜男与花儿影视等就电视剧《芈月传》编剧的署名权纠纷中，两审法院都因双方合同中的相关内容和宣传海报不是作品本身等判决了蒋胜男败诉。[①] 在争议的过程中，双方在社交媒体上提及了专业制作的视听作品在社会化生产和链状开发中的一些惯例。

"2012 年 8 月我与'东阳市花儿影视文化有限公司'签订《电视剧剧本创作合同》。签约时合同明确约定'该作品系乙方原创小说（还未出版）改编剧本，依据《著作权法》（2010）第 15 条，乙方享有原小说的发表和出版权利。'但制片方借口我的小说'未出版'为由，回避与我签订原著小说改编权授权合同，而仅仅与我签订《芈月传》编剧创作合同。并借口'防止同行抄袭'不许我在网络发表已经完成的小说。"[②]

"如果有作者正在网络上发表小说，小说并没有完成，但某个影视公司却看好这个创意，急于拍摄，能不能用这个创意进行电视剧剧本的创作呢？当然可以。这就是影视公司经常做的一件事：请小说作者做原创编剧，进行原创剧本创作（即不是以任何小说改编）。剧本创作完毕后，作者仍然可以继续她的小说创作，她的小说仍然以原创小说出版。"[③]

从双方提供的事实中可以看到原创者的巨大风险：作者带着不受法律

① 《好看的〈芈月传〉，繁复的版权纠纷》，人民网，2018 年 11 月 7 日，http：//ip. people. com. cn/n1/2018/1107/c179663 - 30386787. html。

② 《关于〈芈月传〉小说及电视剧著作权纠纷说明》，历史上的今天，2015 年 11 月 10 日，http：//top. todayonhistory. com/a/201511/24300. html。

③ 王小平：《网络小说改编电视剧的版权界定和一般流程》，2015 年 1 月 16 日，https：//weibo. com/p/1001603799697578977276。

保护的创意加入视听作品的创作，其创作的剧本在约定中授权了修改，意味着先于自己独立作品完成的剧本作品本身就是一个合作作品，在此基础上完成的独立作品的版权的行使还有侵害合作者版权的可能。

双方的第二起诉讼将这一风险变为了现实：2016 年 7 月 6 日，花儿影视公司以小说《芈月传》侵犯其同名电视剧剧本著作权为由，向北京市海淀区人民法院提起诉讼，将小说作者蒋胜男、出版方浙江文艺出版社、销售方北京中关村图书大厦起诉至法院，请求法院判令被告立即停止侵权并赔偿其经济损失及合理费用共计 2050 余万元。尽管一审和二审的裁决均没有支持制片方，但也印证了原创者在视听作品创作和链状开发中实际处于话语权逐渐式微的状态。

版权法律的"作者中心"的诉求体现在法律制度设计的各个环节，但视听作品主体的复杂构成、多次转移和话语权力的边缘化，使得这种制度遭遇了挑战。不仅如此，未来人工智能技术的发展更是可能彻底"颠覆"这种以主体为中心的保护诉求。英国虽然没有对人工智能生成物的版权归属做出具体规定，却是世界上少数几个通过立法来对计算机生成物版权进行保护的国家（地区）之一，在英国的《版权、外观设计和专利法》（CDPA）第 9（3）条规定："对于由计算机生成的文学、戏剧、音乐或者艺术作品，其作者应该是做出了进行作品创作所必需的安排的个人。"这通常被解读为是创建算法的程序员或软件工程师。随着人工智能技术的发展，越来越先进的人工智能生产物的出现，参与其中创作的主体变得更为复杂，很难简单地将最初创建算法的程序员视为作者。美国 2017 年 12 月发布的《人工智能未来法案》（Future of Artificial Intelligence Act of 2017）中将人工智能分为通用人工智能（General artificial intelligence）和狭义人工智能（Narrow artificial intelligence），这两者都是计算机程序在大量数据学习的基础上自动生成内容的能力，并通过学习不断优化决策与行动的能力，前者还不限于特定应用领域。[①] 针对人工智能生成物的版权属性以及"非人"的作品无法得到保护的观点将无法应对未来充满着大量人工生成物的版权市场，有观点认为应该将保护思路转换为以客体为中心，才能为未来的版权市场进行秩序建构。

---

① Future of Artificial Intelligence Act of 2017, sec. 3（a），2017.

第二节　规制体系在全球化贸易中的失衡

随着经济全球化的发展，版权作品的价值在全球性的版权链条中得以衍生，因此，版权作品保护是一个重要的全球性话题。版权法制度同其他法律制度一样是一种"地方性知识"，是从一国的文化传统、立法传统和生活传统中逐渐确立起来的与本国社会相适应的规制体系。就互联网视听产业来说，产业发展程度不同的国家对规制内容有着不同的要求。同时，在建构版权国际秩序的过程中，立法先进的国家有着话语权优势，再加上版权意识在各个国家和地区的差别，这导致了与互联网视听产业相关的规制体系发展不平衡。

一　与产业发达程度为基础的立法不相通

各国的版权法都是与本国文化产业发展水平紧密相连的，尽管有着各个国际条约进行协调，但是因为版权保护的基本原则之一是独立保护原则，所以在全球化的今天不同国家之间的版权保护仍然存在着隔阂。

美国是世界上最早实现三网融合背景下视听新媒体产业跨界发展的国家，1996 年美国实施了新的《电信法》（Telecommunications Act of 1996），在新的《电信法》中取消了电信和电视业互不进入对方市场的限制，为三网融合扫除了法律障碍，并且在此后的 10 年中，美国快速发展成为全球三网融合程度最高的国家。发展至今天，形成了包括《数字千年版权法》在内的与视听产业相关的规制体系。

在 20 世纪 50 年代，英国曾创立了一种二元广播体制，即英国广播公司和独立的电视公司共同运行的体制。其中，英国政府于 1954 年出台《独立电视法》（Independent Television Act），由独立电视公司发展商业电视的政策，取代了原来电视由英国广播公司独家运营的状态。商业电视政策发展至 20 世纪 80 年代，随着广电技术的飞速进步，市场中对于广播的需求和相关竞争也逐渐高涨，而为了应对这样的市场背景，英国也在法律上对广播电视领域做出了改变。1990 年，英国颁布《广播法》（British Broadcasting Act），为了更好地适应市场中激烈的竞争和广播电视受众日益增加的需求，将原来英国广播公司独立运营的广播，改为商业广播。自此，新的竞争机制进入了英国广电领域。

在法国，管理广电领域的机构是与法国政府的行政机构相互独立的。在 1989 年，该机构成立，其成立的职能是秉承自由多元的视听传播方针，对整个广电行业予以监督与管制。与此同时，该机构拥有在欧盟相关行业标准下，对法国广电领域的视听业制定相应法规、分配法国广电频谱、发放广电经营许可证、对公共广播机构主席进行任免、制裁违规行为等权力。

相比之下，我国网络视听产业发展较晚，2003 年被定为广播影视"网络发展年"，国家广播电影电视总局提出建立网络业务的节目运营平台、传播平台、服务平台。① 这样做主要是为了推进刚起步的 IPTV 业务步入正轨，并且创立以广电运营为主的 IPTV 业务运营模式。到了 2015 年，国务院才发布了《三网融合推广方案》，在该方案中提出，即将全面推广三网融合，在三网融合下，用户可以通过电视、手机、电脑任何一个终端获取其他终端的信息。

在法规的出台与建设领域，国家广电总局联合相关部门先后出台了《互联网等信息网络传播视听节目管理办法》（国家广播电影电视总局令第 39 号）、《互联网视听节目服务管理规定》（国家广播电影电视总局、中华人民共和国信息产业部令第 56 号）等，这些规定，对包括公网和专网的视听服务的范围进行了界定，更加明晰和严格地规范了网络视听节目的服务市场准入管理制度。其中 2006 年颁布的《信息网络传播权保护条例》是针对网络时代版权保护问题而制定的一个最为重要的规范性法律文件。该条例的颁布表明了我国在版权保护立法方面取得了重大进步，但是因为其中只涉及信息网络传播权这一个权利，这种对概念的限制导致它在具体

---

① 赵京文：《网络视听改革发展 20 年的四大阶段与四点经验》，搜狐网，2018 年 11 月 6 日，http://www.sohu.com/a/273701551_211289。

实践中还是会出现不同维度的理解。

虽然我国视听产业开始的比较晚，但是发展迅速，用户规模和市场规模快速扩大。到 2018 年，中国网络视频的用户人数基本达到了 6.12 亿，占网络整体网民数量的 73.9%，网络视听行业市场规模已达 1871.3 亿元，同比增长 52.8%，全国共备案重点网络原创节目 2381 部（档），共备案非重点网络原创节目 2459 部（档）。2018 年全网共上线网络剧 218 部、网络电影 1526 部、网络综艺 385 档，尽管上线节目数量较上一年有所减少，但是播放量比上年却有大幅度增长。[①] 在快速发展过程中，与视听产业相关的规制虽有，但不够完备。自 2003 年到 2019 年之间，我国管理部门和行业协会发布的网络视频产业相关的重要规制政策文件如表 4 - 2 所示。

表 4 - 2　2003 ~ 2019 年我国政府管理部门和行业协会发布的网络视频产业相关的重要规制政策文件

发布时间	重要规制政策文件	发布机构
2004 年	《互联网等信息网络传播视听节目管理办法》	国家广播电影电视总局
2005 年	《互联网著作权行政保护办法》	国家版权局 信息产业部
2006 年	《信息网络传播权保护条例》（于 2013 年进行了修订）	中华人民共和国国务院
2007 年	《互联网视听节目服务管理规定》	国家广播电影电视总局 信息产业部
2007 年	《关于加强互联网传播影视剧管理的通知》	国家广播电影电视总局
2009 年	《广电总局关于加强以电视机为接受终端的互联网视听节目服务管理有关问题的通知》	国家广播电影电视总局
2009 年	《关于加强互联网视听节目内容管理的通知》	国家广播电影电视总局
2012 年	《关于进一步加强网络剧、微电影等网络视听节目管理的通知》	国家广播电影电视总局 国家互联网信息办公室
2014 年	《关于进一步加强网络剧、微电影等网络视听节目管理的补充通知》	国家新闻出版广电总局

---

① 《2019 中国视听新媒体蓝皮书揭示行业新亮点、新趋势》，国家广电智库，2019 年 5 月 29 日，https：//baijiahao. baidu. com/s？id = 1634878065517954857&wfr = spider&for = pc。

续表

发布时间	重要规制政策文件	发布机构
2015 年	《关于加强真人秀节目管理的通知》	国家新闻出版广电总局
	《关于进一步落实网上境外影视剧管理有关规定的通知》	国家新闻出版广电总局
2016 年	《关于加强微博、微信等网络社交平台传播视听节目管理的通知》	国家新闻出版广电总局
2017 年	《关于调整〈互联网视听节目服务业务分类目录（试行）〉的通告》	国家新闻出版广电总局
	《互联网新闻信息服务管理规定》	国家互联网信息办公室
	《关于进一步加强网络视听节目创作播出管理的通知》	国家新闻出版广电总局
	《网络视听节目内容审核通则》	中国网络视听节目服务协会
	《关于开展打击网络侵权盗版"剑网2017"专项行动的通知》	国家版权局、国家互联网信息办公室、工业和信息化部、公安部
	《关于电视剧网络剧制作成本配置比例的意见》	中国广播电影电视社会组织联合会电视制片委员会、中国广播电影电视社会组织联合会演员委员会、中国电视剧制作产业协会、中国网络视听节目服务协会
	《新闻出版广播影视"十三五"发展规划》	国家新闻出版广电总局
2018 年	《关于进一步规范网络视听节目传播秩序的通知》	国家新闻出版广电总局
2019 年	《网络短视频内容审核标准细则》《网络短视频平台管理规范》	中国网络视听节目服务协会

在现阶段，我国在网络视听领域规制力度最大的是出台国务院部门规章，同时，行业规范也起到了一定的效用。国务院部门规章的发布机构主要为国家新闻出版广电总局，同时包括国家版权局、国家互联网信息办公室、工业和信息化部等。行业规范的发布机构主要为中国网络视听节目服务协会及相关行业协会和自治联盟。这造就了针对视听产业既有大量的规制性文件，也存在许多规制的盲区。各个层面的规制文件层次不齐，并且很难对互联网视听产业的长效发展形成较为稳定的规制体系。

二　国际版权体系建构中的话语不平等

版权法律呈现出的全球化趋势，一方面是版权作品作为文学、艺术和科学领域的智力成果的必要，另一方面也是版权产业不断拓展国际贸易的需求。这主要通过缔结国际公约的方式来实现。1883 年的《巴黎公约》和 1886 年的《伯尔尼公约》开创了通过多边国际条约来平衡各国知识产权法律的先例。在这之后，知识产权的国际多边条约日益增加，并且日渐详细，如今全球性的知识产权国际多边条约已经达到 30 多个。自 1980 年至 2007 年我国已加入了生效的 15 个知识产权国际多边条约，其加入的顺序如下（见表 4 - 3）。①

表 4 - 3　1980 年至今我国加入的已生效的知识产权国际多边条约

国际多边条约	生效时间	签约国数量（个）	我国加入时间	是否为原始缔约国
《保护工业产权巴黎公约》	1884 年	177	1985 年	否
《商标国际注册马德里协定》	1892 年	55	1989 年	否
《保护文学和艺术作品伯尔尼公约》	1886 年	177	1992 年	否
《世界版权公约》	1952 年	62（1952）98（1971）	1992 年	否
《保护录音制品制作者防止未经许可复制其录音制品公约》	1973 年	80	1983 年	否
《专利合作条约》	1978 年	152	1994 年	否
《商标注册用货品与服务国际分类之尼斯协定》	1961 年	88	1994 年	否
《商标国际注册马德里协定的议定书》	1995 年	105	1995 年	否
《工业品外观设计国际分类洛迦诺协定》	1971 年	57	1996 年	否
《国际认可用于专利程序的微生物保存条约》	1980 年	82	1995 年	否

① 世界知识产权网站，https：//www. wipo. int/treaties/zh/statistics. jsp。

国际多边条约	生效时间	签约国数量（个）	我国加入时间	是否为原始缔约国
《专利国际分类斯特拉堡协定》	1975 年	62	1997 年	否
《保护植物新品种国际公约》	1962 年	74	1999 年	否
《与贸易有关的知识产权协定》	1995 年	164	2001 年	否
《世界知识产权组织版权条约》	1970 年	192	2001 年	否
《世界知识产权组织表演和录音制品条约》	2002 年	102	2007 年	否

尽管加入了一些国际公约，但我国并非原始缔约国，并且加入的时间也相对较晚。一些视听产业更为发达的国家经过更长时间的产业实践在国际文化交流中也处于文化输出的位置。在这样的语境下，产业发达国家对于版权保护的重视程度和司法经验都更为充足，在缔结国际公约的过程中他们必然会为本国作品的传播和作者权利的保护争取更有利的条件；产业欠发达的国家则与之相反。此外，从互联网视听产业的各个子类型产品的发展历程来看，对产业成熟国家的借鉴常常成为产业发展的初始阶段必不可少的计划。

比如继 1961 年《罗马公约》赋予广播组织邻接权后，世界知识产权组织于 1998 年提出了《世界知识产权组织保护广播组织条约》（草案），希望能通过新的著作权利贯彻更有力的保护，这个条约也更加符合数字时代进步。随后，世界知识产权组织的成员国经过长期讨论，形成了两种观点，欧盟与日本认为应赋予广播组织放射信号的专有权利，而印度等发展中国家虽反对盗取信号，但不同意赋予专有权利这种观点。1994 年由世界贸易组织（WTO）签署的《与贸易有关的知识产权协定》（TRIPS）开创了一个成熟的、有约束力的全球知识产权体系，该体系深入各国的知识产权监管环境中。事实上，特别知识产权委员会在其中扮演了极其重要的角色。[①]《与贸易有关的知识产权协定》规定发展中国家的基因资源以及医药资源是人类共同的遗产，对这些遗产进行发掘处理和再次包装后，这些资源就变成了发达国家和一些跨国公司的专有财产，自此，发达国家和跨国公司

---

① 〔美〕苏珊·K. 塞尔：《私权、公法：知识产权的全球化》，董刚、周超译，中国人民大学出版社，2008，第 2 页。

有权管制他人的再次使用行为。① 知识产权委员会的目标在 TRIPS 上得到了实现。通过这些可以看出，如果掌握了世界知识产权的话语权，企业就可以根据自身制定有关知识产权的规则，也能够通过规则的制定让其他人或者企业的观点失去合法性。

在当前的国际版权体系中，中国有关版权保护的起步比较晚，在全球一百多个国家建立了自己的版权保护体系并加入国际版权公约后，我国才开始起草版权法。在国际版权实行互惠原则的前提下，中国根据多边协议，需要和其他国家依法互相保护彼此的版权。在中国版权事业起步之时，由于自身对于版权保护经验的缺乏，与外国之间互相使用作品时出现了严重不对等的情况。怎样才能使中国在全球性的版权规制体系中获得更多的话语权，也是当前及未来中国的版权法律规制面临的挑战之一。

目前中国缔结了《视听表演北京条约》，这个条约从磋商到 2012 年缔结，历时长达 20 年，在我国之前加入的相关公约中，都没有包含通过视频的形式对表演进行录制，或者是在录制内容里出现表演行为的内容。基于这样的背景，《视听表演北京条约》的缔约国在相应情况下负有对中国表演者实施法律援助的义务。这弥补了国际上对于表演者利益维护板块的缺失，使视听作品产生和传播的各个环节，得到了一定的平衡。《视听表演北京条约》弥补了此前国际条约中保护表演者权利的不足，成为信息时代为表演者的声音和形象提供全面保护的国际条约，标志着表演者权利保护从传统走向现代，从制度创建走向制度完善，给版权保护工作带来了新的发展机遇；同时，批准这一条约有利于加强我国在知识产权保护方面与国际社会的合作，借鉴国际社会在视听表演者保护领域的成功经验。②

我国在国际组织关于《视听表演北京条约》议程及规则制定的过程中积极地发挥了自身的作用，成功地维护了国家利益，同时最终条约的通过也表现了我国对知识产权事业发展的重视程度和积极参与的责任意识。《视听表演北京条约》的通过同样为北京市建立"版权之都"的征程提供了一个良好的开端，这也更加有助于我国文化软实力的提升。

---

① 封泉明：《中国跨国公司自主知识产权培育研究——以制造业跨国公司为例》，博士学位论文，福建师范大学，2012。
② 王野霏：《抓住机遇，乘势而上，促进首都版权产业又好又快发展》，《中国新闻出版报》2014 年第 3 期。

　　除了国家层面缔结的国际公约，具体产业之间的自律性联盟也正在形成。例如多家节目模板公司在法国戛纳联合成立了国际节目模式保护协会（The Form at Recognition and Protection Association，简称 FRAPA），这个机构致力于保护全球的节目模板。为了更有力地保障全球节目模板的使用和交易，FRAPA 采取了多种措施。首先，FRAPA 成立了模板机制供模板创立人注册；其次，FRAPA 组织密切关注每年世界各地的版权案例，并加以推广和普及；再次，FRAPA 组织还致力于做好有关电视节目模板的市场分析和法律顾问工作。除此之外，国际电视节目模板律师协会（International Format Lawyers Association，简称 IFLA）在 2004 年由 Marc 和 Jonathan Coad 成立，也在保护电视节目模板上采取了诸多措施。事实上，这些著名的国际视听产业自律联盟是在相关大企业的推动下，为特定产品类型的版权保护寻求国内法和国际法的立法可能性。

　　无论是具有广泛约束力的国际公约，还是具体产业之间的自律性联盟，产业的发展水平以及国家的综合国力等因素都会影响到其在国际版权话语体系中的地位。

三　交易惯例形成的版权意识不一致

　　版权作为一种独特的智力成果，与一个国家的文化背景必然存在着千丝万缕的关系。不同国家的发展历史不同，价值取向也就产生了很大出入，这直接决定了不同国家对版权应该管制的范围、内容、期限、对象等一系列要素的认知会形成很大的差别。纵观版权史的发展，拥有不同文化背景的国家往往会对版权进行不同角度的理解。

　　产业先进国家由于版权交易的惯例已久，在长期的交易过程中逐渐形成了较为严格的版权意识以及交易双方都认可的行为惯例，并成为行业诚信的一部分。视听产业中的作者、传播者和投资人也在这个过程中形成了较为良性的内在关系。

　　比如美国视听产业中的制片人制度，司法实践中在由判例法进化为成文版权法的过程里，曾有一种将作品归属于雇主的方案，20 世纪初美国一些法官从英国《版权法》中借鉴了雇主作者制度，并在判决中将雇主视为作者。1909 年，美国版权法将此制度变成文化，规定"在雇佣作品中，

'作者'一词也指雇主"。制片者是法律上的作者,其他参与创作人员是事实上的作者。这一规定是符合"法律拟制"理论的,也就是把本来不同质的事物为了某种需要作为同质的事物对待。① 没有参与实质创作作品的制片者最终可以直接行使影视作品的经济权利。② 美国这种版权规定与视听产业发展的特点是匹配的:专业制作的视听作品由制片公司和电视公司组织实施,特别是电视剧作品按"季"播出的方式,令制片方需要严格按照合同与创作者形成雇佣或者委托关系。

又如德国《版权法》第 8 条第 1 款规定:当多人共同创作一部作品时,个人不能就各自创作部分进行单独利用时,他们就是该作品的合作作者。从条文字面分析,德国《版权法》中,界定"合作作品"的概念从三个方面入手:第一,合作作品的作者们拥有共同合作的目的;第二,合作作品的作者们共同创作过作品;第三,若众作者最终成为了共同作者,他们之中每个人负责创作的作品部分不能与最终的"合作作品"分离使用。这虽然在局部实际偏离了大陆法系国家的作者优先的传统,却是在产业交易惯例中对法律规制做出的调整,制片人通过"法定转让"和"推定转让"的途径占有影视作品利用权,或者通过"法定转让"的途径获得影视作品著作权。

交易的发达所形成的惯例实际上是一种由市场力量自发产生的秩序。这种秩序的约束力具有行业内的普遍约束力。与市场经济相关的产业内部秩序总是首先形成惯例,与经济有关的法律规制也总是通过对有益市场发展的惯例的确认来维持正常的经济秩序。对于现代版权意识来说,尊重他人的智力成果,也就是尊重法律确认的权利人的权利内容。在版权成为互联网内容产业核心驱动力的现实下,人们的这种版权意识会首先在行业内形成,并随着产业规模的不断扩大,进而变成全民的版权意识。

版权意识是版权规制体系建立的现实语境的重要构成部分,如果只是"白纸黑字"的规定,规制的执行就会变成行政治理居多,这对于广泛应

---

① 李伟民:《视听作品著作权主体与归属制度研究》,《中国政法大学学报》2017 年第 6 期。
② 美国的版权制度并不认可作者的人身权利,只有在电影作品和视听作品被作为"合作作品"对待时,导演、编剧、作词和演员等参与实质创作的人员才被当作电影作品和视听作品的共同作者,共同享有电影作品和视听作品的著作权。引自黄世席《美国电影版权的合理使用问题研究》,《电影艺术》2010 年第 6 期。

用的版权作品、对于民事权利领域中的版权权利保护来说，并不是一个具有可持续的方式。完善的交易惯例、提高视听平台商和消费者的作品版权意识，是解决版权问题的核心因素。基于此，作为视听作品的平台一方，要提升平台版权意识，并在传播作品的过程中对消费者进行良好的教育和引导。无论是平台方还是消费者，都要从观念和行为上双管齐下，抵制侵犯版权的行为。

第三节　规制诉求在"公""私"
争议里的摇摆

"利益被认为是法律背后的实质性因素。"[①] 版权法的本质属性是保证一个作品在创作、传播再到使用的过程中不受侵害、公平分配。版权法追求的目标之一，也包括在整个过程中各个环节存在的主体能在利益上均衡。作者投入精力和资源创作作品，应当赋予他们对自己的作品享有专有权利。同时，如果给予作者过多的保护，又将造成作者与作品使用者和公共利益的不平衡。并且，作品的创作都是建立在先前作品的基础之上的，只有允许后来的创作者使用这些作品，才能产生更多的创新型作品，提升社会整体文化水平。个体利益与公共利益的分配并不是一件容易的事情，例如，当个人的权利范围小时，创作人就会在经济收入上得不到相匹配的收益，作品创作的积极性就会受到很大程度的削减。相反，若公共利益没有得到很好的保护，作品在传播过程中的成本会提升，一些好的作品在这样的环境下，就难以实现自身价值，传播过程也会受到阻碍。在版权规制体系调整和变动的过程中，从推动法律调整的背后力量到规制内容的争议，"公"与"私"的平衡一直都是最重要的议题。

一　立法动因的"公""私"平衡

法律的调整过程非常复杂，立足变动的社会状态进行调整是基本要求。在这些变动的事实中，实际上充满了各种各样社会力量的角逐。每一

---

① 费安玲：《著作权的权利体系研究——以原始利益人为主线的理性探讨》，博士学位论文，中国政法大学，2004。

种参与角逐的力量都是从自身特定的视角出发，提出法律规制调整的意见。从这个意义来说，每一次立法活动和相关规制的调整，其实都是立法者从众声喧哗中寻找更有利于解决现实问题的中间道路。

世界知识产权组织自 1998 年提出《世界知识产权组织保护广播组织条约》（草案）后的十多年里，长期力求制定新广播保护条约，为广播组织争取更多的著作权利和法律保护，但是由于各国之间在意见和认知上的冲突，草案从制定到颁布的过程中，遇到了重重阻碍。

比如上文提到的节目模板的立法问题从 20 世纪 60 年代起就一直被讨论，并在模板产业的推进下，一些法律界人士一直为其奔走呼号，至今仍然没有一个国家的版权法对节目模板有明确规定。1990 年颁布的《英国广播电视法》（草案）曾试图以独立作品的形式对其进行版权方面的保护，但仍由于议会中的激烈争论未能实现。

此外，由于信息类视频的出现，新闻作品的版权保护也存在着诸多争议。2018 年 10 月 8 日，江苏省高级人民法院终审判决显示，今日头条所属北京字节跳动科技有限公司（以下简称"字节跳动公司"）因未经授权转载《现代快报》4 篇文章，须赔偿其经济损失 10 万元，另赔偿《现代快报》为维权支出的合理费 1.01 万元。[①] 这个版权侵权案例是迄今网络媒体违法转载传统媒体原创作品赔偿金额最多的案例。2019 年 1 月 21 日，中国报业协会向最高人民法院呈送《关于将现代快报诉今日头条一案作为指导性案例的建议》，这显示了作为新闻媒体的联盟机构在《著作权法》修订的背景下，对于推动新闻作品的版权保护的努力。

在立法推动力量的影响下，版权保护的规制诉求在"公"与"私"的摇摆中不断做出调整。因为现代版权制度的基础就是平衡作者的私权利与公共利益，但随着同类作者群体的形成以及相关的与产业显著性的版权管理组织、产业联盟等的兴起，"公"与"私"的边界并不总是清晰明确。

平台定位的问题实际也同样存在这种争议。互联网平台化意味着平台在互联网具有越来越重要的话语权，但平台并不是传统意义的版权主体。相关规制对于平台义务的加重趋势比较明显，比如在美国的《数字千年版

---

① 郑春平、朱俊骏：《版权之争下的新媒体资产管理——从现代快报三年实践看媒体融合新课题》，《中国记者》2018 年第 12 期。

权法》中，正式确定了网络服务平台的"协助侵权责任"与"替代侵权责任"[①]；欧盟最新版权法修改方案中备受争议的"链接税"与"上传过滤"[②]；中国《民法典》"侵权责任编"中第1197条的相关规定，为追究网络平台承担相应侵权责任提供了法律依据；《信息网络传播权保护条例》第14条到17条以及23条则对"通知—删除"规则进行了细化。《最高人民法院关于审理侵害信息网络传播权民事纠纷案件适用法律若干问题的规定》（以下简称《最高法关于信息网络传播权的规定》）也就网络服务提供者责任进行了规定，包括教唆、帮助侵权的认定，负有较高注意义务的情形等。[③]

　　我国为了规制网络侵权问题出台了诸多有关网络版权的法规，但是在网络平台侵权不断的情况下，对平台的追责显然更具有现实的可行性和简便性。现有的法律规范难以面面俱到，若想要更深层次、更全面地对网络侵权现象加以管制，就需要对现有法律进行完善。一般来说，网络视听平台不具有审核用户上传内容的义务，对于用户所产生的侵权行为不必担负相关责任。但是，若平台受到相关权利人的举报和反馈，则有责任采取相应的整治措施，否则需承担侵权人的连带责任。在当下的多数视听平台中，都存在对侵权内容的举报标识，平台承诺会在一定时间内处理相关举报内容，并且基于此措施设立了《信息网络传播权保护条例》，这些举措也大大减少了视听平台的侵权行为，为用户监督与维权带来了方便。但互

[①] 美国法院认为，判断网络平台是否成立"协助侵权"时需要具体分析两个构成要件：一是知道要件；二是实际贡献（material contribution）要件。如果网络服务商收到了合理的符合规定的侵权通知，那么应当认定其为知道，如果没有网络服务平台所提供的服务，侵权用户就不能够对版权文件进行定位和下载，那么则应该认定被告构成实际贡献。引自徐实《美国网络平台承担知识产权间接侵权责任的经验与启示》，《北方法学》2018年第5期。

[②] 欧洲议会以438票赞成、226票反对、39票弃权通过了欧盟最新版权法修改方案。方案中争议最大的第11条与第13条分别被称为"链接税"与"上传过滤"。第11条将授予在线共享内容的版权，诸如谷歌、Facebook这些互联网科技公司须向出版商、作家等内容创作者支付费用才能分享后者的作品内容和使用作品链接。第13条要求诸如谷歌、Facebook这类互联网科技公司使用"有效的内容识别技术"，来过滤平台上传的所有内容是否侵犯版权。引自《欧洲议会投票通过版权法案》，人民网，2018年9月14日，http://ip.people.com.cn/n1/2018/0914/c179663-30293300.html。

[③] 张新宝：《互联网上的侵权责任：〈侵权责任法〉第36条解读》，《中国人民大学学报》2010年第4期。

联网资源的海量性使得平台方核实所上传资源的版权归属，需要大量的人力物力的投入，无疑增加了平台方的运营成本。网络服务平台属于企业性质的，过多公共职能的赋予必定会使得其放弃一部分原本应当归于合理的私人利益。关于平台争议的相关内容，在第六章会展开更加详细的讨论。

二 大数据创作方式的"公""私"争议

大数据技术是在当前网络时代的背景下通过挖掘、分析和运用数据的科学技术。依托于大数据系统下的音视频网络传播，可以将大数据的不同作用应用到作品创作和传播的不同环节中。例如可以通过数据挖掘形成自身创意，通过数据分析来了解受众需求和喜好，通过数据应用提升作品的传播效率。大数据技术的普及为网络视听作品的传播带来了很大的便捷，但是，不恰当地运用大数据技术，则会出现很多现行法律难以管制的侵权问题。

2016年9月索尼推出两首新歌，这两首歌完全是由机器人创作的。其中一首歌名叫"Daddy's Car"，通过模仿披头士乐队的音乐风格创作而成，与真人乐队的音效具有很高的相似度，令人真假难辨。

大数据的创作方式实际上是运用了多人提供的素材资源的整合，如果进行这种整合的是常规版权作者，其版权作品的性质并不会有太多争议，但在人工智能生成的情况下，其作品性质和权利归属就产生了"公""私"的争议。主张作品的公共属性的，是从数据库中的素材提供者共同创作这一角度进行思考的；主张作品的私人属性的，是从技术架设的主体角度进行阐述的。

目前，许多国家开始研究具有非符号化性质的人工智能。在技术革新日新月异的今天，人工智能的发展进入了一个新领域。不少国家的研究试图将人工智能的工作流程与人类大脑的工作流程相联系，使人工智能的运作流程更接近于人脑神经系统的运作流程。通过这样的革新，人工智能工作产生的作品，将更接近人脑智力思维成果。相比发展初期的人工智能机器人，这样的机器人将拥有更接近人脑的图像语言处理系统，运作流程也与人的意识思维更接近。

怎样给人工智能作品定性，是一个备受争议的问题，许多学者都基于此问题提出了自己的观点，主要概括为两个方面：一是结果说，二是结果过程说。结果说认为对人工智能创造物的可版权性判断，应该以"额头出汗"原则建立起独创性判断的客观标准。[①] 结果说学者强调作品内容在最后成型时符合法律范围内对作品的定义即可，不需要探究创作主体是人还是人工智能以及创作的具体过程。基于此观点，结果说学者认为人工智能创造物可以被赋予版权。结果过程说认为人工智能生成物在表现形式上符合作品构成要件，但其生成内容仍然逃不过算法、规则运作的范畴，不具作者独特个性，不能认定为作品。[②]

明确人工智能创作物可版权性的主要目的，是以现有法律法规来对其进行调整和规制，如果为其设置过高的进入门槛，则难以达到解决争议的目的，结果说能够更加简便地进行判断。因此，仅需人工智能创作物在客观形式上满足作品的构成要件即可。[③]

无论是前者的数据挖掘还是后者的人工智能，在其创作过程中都需要庞大的数据库数据作为模仿或者学习的素材，这些数据库中的数据是由人来贡献的，具有公有属性，但是大数据创作的作品是个人的作品，具备私有属性，只是在创作过程中所使用的数据具有公有属性。

人工智能的创作本身带有经济属性，创作者和使用者都可能从中获得巨大的经济利益。从另一个角度来看，人工智能创造品本身，又依托于整个社会的文化和知识的大背景，在这样宏大的数据背景下，人工智能才有可能通过大数据技术创造出优质成品。除此之外，人工智能发展到一定阶段，必然会存在公共利益和私权之间的矛盾，要想解决这种冲突，就更需要版权法在其中发挥平衡的效用。大到社会与个人，小到人工智能制作者、传播者和使用者，在人工智能发展下产生的大系统里，各个环节都展现着多方利益，而在这些多方利益的中心，法律所要发挥的平衡作用的重要性也就显而易见。关于这个领域的研究，美国国会技术评价局早在1986年的CONTO报告里就提到了关于解决这类问题的措施，随着技术的发展，所有的平衡都可能再次失衡，而要想长期保持平衡与稳定，版权法的制定和完善必须与时俱进。

---

① 易继明：《人工智能创作物是作品吗？》，《法律科学》2017年第5期。
② 王迁：《知识产权法教程》（第四版），中国人民大学出版社，2014。
③ 任霄：《人工智能创作物的可版权性》，《法制博览》2019年第17期。

　　纵向审视版权法律制度，长久以来，自身的开放特性使其能够在时代发展和技术进步的大环境下，抵御日新月异的技术带来的失衡冲击。同样，面对未来新技术的发展，版权法也需贯彻一直以来的开放性，灵活应对外界变化，并且紧跟时代潮流，及时进行自我审视和调整，才能促进人工智能和人文作品相辅相成，这也是保持各方利益平衡的长久之计。

本章小结

本书前三章通过案例展示的互联网视听产业中的版权纠纷、出现的种种争议，显示了由于产业的继承关系带来的多元主体、复杂身份的原因，整个版权体系在全球范围内正在经历的大的变革也应当成为这些争议的重要背景。本章则对版权规制体系的调整进行了说明和分析。在互联网视听产业的研究领域中，存在一种一旦观察到产业实践和法律规制有矛盾的地方就呼吁法律做出调整的简单逻辑。版权法律天然带有更多与现实互动的开放基因，是调整周期较短、与创作方式和市场格局联系紧密的法律制度。

互联网及其相关技术的普及带来了视听产业的爆发式发展，甚至可能将人类文明从印刷（书写域）推进到视听（图像域）这一新的媒介域阶段。① 因此，不难理解生长于印刷媒介时期的版权法律制度本身所面临的重大调整。

这一章从三个方面简要地呈现了在这一过程中版权法律制度调整中的主要矛盾和冲突。第一，传统法律制度在互联网语境下的"失灵"，这是由于版权制度适应印刷技术的特性以及采用列举的方式与新作品保护之间的不适，并且随着主体格局的复杂化，产业主体与版权制度的创作者主体之间的距离越来越大，基于"作者中心"实现现代制度转向的版权法律又似乎走到了再转向的路口。第二，在这个转向的过程中，国家、组织和个人的力量有所博弈。从立法的基础来看，与版权产业高度相关的各个国家和地区的法律体系的完备程度不一，立法时间先后差距较大，这导致在国

---

① 〔法〕雷吉斯·德布雷：《普通媒介学教程》，陈卫星、王杨译，清华大学出版社，2014，第 7 页。

际版权体系的建构中出现了话语的不平等以及版权意识的不一致。第三，在个体权利和公共利益之间寻找平衡的版权法律在新一轮的调整中不但有着法律变动中常见的各种利益群体的推动，还要面对新的作品创作方式带来的颠覆性的关于"个体"和"公共"的大争论。

　　本章不但呈现了互联网视听产业纠纷的制度背景，也作为本书一个承上启下的部分，引出下一个部分的话题，那就是其他国家和地区正在进行的对于版权制度的调整，有哪些是值得我国借鉴的部分。

第五章

CHAPTER 5

其他国家和地区相关法律规制的调整

新技术的出现不仅使得人们的生活更加便利，也促进了文化产业的发展。与此同时，新技术的出现还带动了版权法的变革。每种新的复制技术出现之后都对原有的版权制度发起了挑战并刺激其不断发展。本章主要选取欧盟、英国、美国、日本、韩国以及我国香港和台湾地区的版权（著作权）相关规定加以探讨，希望能够对我国著作权法相关内容的调整提供启示。

第一节　主体和客体的相关规定及其调整

对其他国家和地区法律展开研究是我国法律发展不容忽略的部分，无论是英美法系国家的判例法还是大陆法系国家的成文法，在版权法保护领域均有其独到之处，有一定借鉴意义。

一　欧盟关于视听主体和客体的规定及调整

欧盟虽然一直致力于版权领域的一体化，但欧盟颁布的相关指令只具有整体的指导意义，这就意味着欧盟各国可以结合自身国情和版权保护的发达水平制定自己的版权法。因此，欧盟各国的版权法仍然具有强烈的地域色彩。此外，无论是整个欧盟还是各成员国，都存在缺乏对受保护作品的统一解释等相关问题。

（一）关于视听作品主体的规定及调整

目前，欧盟关于视听作品保护的主要法令为 1992 年 11 月 19 日的《出租权指令》（EC Lease Directive）和 1993 年 10 月 29 日的《保护期法令》（EC Protection Ordinance）。

在《出租权指令》中，电影及视听作品的作者身份推定为第一导演，成员国可以自由规定其他的合作作者。[①] 而在《保护期法令》中规定"电影或视听作品"的第一导演应被看作作者或作者之一，各成员国可以指定其他的联合作者。此外保护期规定中也对主体有所涉及：电影或视听作品

---

① 《出租权指令》第 2 条第（2）款：For the purposes of this Directive the principal director of a cinematographic or audiovisual work shall be considered as its author or one of its authors. Member States may provide for others to be considered as its co-authors.

的保护期从下列人当中最后一个去世的人去世之年起 70 年，无论他们是否被指定为联合作者：第一导演、剧本作者、台词作者、专门为该电影或视听作品的使用而创作音乐的作曲者。

由上述两个关于视听作品主体的法令条文至少可以推断出两点：第一，视听作品的作者首先应当是导演；第二，剧本作者、台词作者、专门为该电影或视听作品的使用而创作音乐的作曲者也被纳入了作者的范围，并且这种"纳入"是自动性的，无论是否被指定为联合作者都会自动成为作者之一。

如前文所说，欧盟颁布的指令只是对欧盟成员国立法起指导性作用，各成员国可以依照欧盟颁布的版权指令制定适合本国的版权法。因此，各成员国的版权法中对视听作品主体的规定更具有特点。

法国的《知识产权法典》规定："完成视听作品智力创作的一个或数个自然人为作者。如无相反证明，以下所列被推定为合作完成视听作品的作者：剧本作者、改编作者、对白作者、专门为视听作品创作的配词或未配词的乐曲作者、导演。视听作品源自仍受保护的已有作品或剧本的，原作作者是新作作者。"① 一般而言，各国的著作权法都是用列举的方式完成对作者的描述。但法国采用的这种列举方式较为特殊——它具有很强的开放性。这种开放性主要表现在该条文中所列举的五类作者之外，如果存在相反的证明，那么其他完成视听作品智力创作的作者也视为作者。法典还有一个特殊的地方就是如果视听作品来源于仍受保护的已存在的作品，原作作者也是新作作者。

与法国规定作者的特点截然不同的是德国。德国没有在其著作权法中单独对视听作品作者进行相关规定，而是遵循一般版权作品的作者认定。但值得注意的是，德国著作权法中有专门针对电影的特殊规定。德国著作权法第 65 条关于电影著作以及以类似摄制电影方式制作的著作的著作权自下列人员中最后死亡者死亡起 70 年后归于消灭：主导演、剧本著作人、对话著作人、为相关电影著作配乐的作曲家。② 另外，德国著作权法第 89 条第 3 款规定："为制作电影著作而被利用的著作，如小说、剧本和电影音

---

① 法国《知识产权法典（法律部分）》第 L. 113 – 7 条。
② 德国《关于著作权与有关的保护权的法律》第 65 条第 2 款。

乐，其著作权不受影响。"① 从该条文可以推断，为了制作电影作品而使用的原来的作品比如剧本、电影音乐等，由于上述作品的作者不是电影作品的作者，因此对这些原材料作者的权利保护不会被纳入电影作品的保护范围之内，而是在原有的作品保护中受到保护。

目前欧盟成员国中对视听作品的主体规定呈现出不同的特点。有的国家认为视听作品的主体认定具有不同于一般版权作品主体认定的特性，因此将其作为单独的部分呈现在本国的著作权法中，且并未做出特殊规定，如果原本著作权法中就有关于同性质作品作者的特殊规定，那么对视听作品作者的推定也适用于这些规定。对视听作品原材料作者的认定，法国认为原作作者也是新作作者，而德国则认为其不在视听作品规定的作者范围中。

（二）关于视听作品客体的规定及调整

由于欧盟制定版权保护指令的出发点在于保护版权市场的良性竞争，其目的在于促进版权相关产业的发展，因此欧盟的版权法中并没有对作品的原创性做具体的要求，而只是有一个简单的标准：作品须是作者自己的智力创作。欧盟的版权法修订者也并不认为应当对原创性做出具体规定并划分标准。

个别欧盟成员国对作品的原创性做出了明确的规定，如现行的西班牙《知识产权法》（Derecho de Propiedad Intelectual）第 10.1 条规定："知识产权的客体应当为所有原创的文学、艺术、科学创作，可以任何现在已知或者未来发明的方式或媒介表达，无论有形抑或无形。"

大多数欧盟成员国选择了与欧盟一致的做法，就是在界定受保护的客体时，除了对临界作品和衍生作品进行特别的规定之外都忽略原创性规定或对其采用模糊化的处理方式。这种模糊化的处理方式就是用"智力作品"②、"个人智力创作"③ 等描述性词语对作品进行概括的界定。

至于对作品固定方式的规定，与作品的原创性规定一样，欧盟的指令

---

① 德国《关于著作权与有关的保护权的法律》第 89 条第 3 款。
② 法国《知识产权法典》第 L112-1 条：本法条规定保护一切智力作品的著作权，而不问作品的体裁、表达形式、艺术价值或功能目的。
③ 德国《著作权法》第 2 条，本法所称著作仅指个人的智力创作。

及司法判例对其并没有更为严格的规定，只要其固定形式表达了作者的思想且可以被社会公众所感知，那么就应当被视为符合著作权法。因此，它们对于作品的唯一要求即为作者独创的智力成果。但需要注意的是，欧盟版权法关于作品固定还是有一条基本准则，即固定的无差异性。

欧盟对视听作品客体并没有对版权作品的原创性和固定方式提出额外的要求，欧盟以及欧盟各成员国都是采用清单式方法列举受保护的作品类型。因此，那些没有将视听作品作为一种单独的受保护的作品类型去加以保护的国家，其列举的受保护作品清单常常只含有与视听作品具有相似性质的作品类型。对于已经将视听作品作为一种单独的受保护作品类型加以保护的国家，对视听作品有了明确的定义。如法国在其《知识产权法典》中将视听作品定义为"有声或无声的电影作品及其他由连续画面组成的作品，统称为视听作品"①。

法国与欧盟其他成员国的不同之处在于将电影作品划归于视听作品加以保护。实际上欧盟对视听作品的保护最初就是从电影作品的保护中演变而来的。法国的《知识产权法典》将电影作品纳入视听作品的范畴里进行保护，不仅扩大了视听作品的内涵，也体现了法国对于视听作品保护的重视程度。

除此之外，欧盟及各成员国还出现了对一些更加具有互联网视听性质的具体作品的保护规定。

活动图片：有关活动图片的立法保护出现在德国的著作权法中，其将活动图片定义为不能作为电影著作保护的连续画面或连续音像。并且，这类活动图片适用于德国著作权法第三部分关于电影的特殊规定，因此可以推断在德国，符合这一要件的网络动图和网络短视频也可以依法进行保护。

多媒体作品及电子游戏：欧盟成员国之间对多媒体作品和电子游戏的保护一直都存在差异。将多媒体作品和电子游戏作为特定的视听作品进行保护会引发著作权、所有权及合同方面与这些作品的制作不适应的问题。因此，一些对视听作品采用广义定义的国家倾向于拒绝将多媒体作品特殊化为视听作品，特别是互动作品或电子游戏。

---

① 法国《知识产权法典》（法律部分）第 L. 112 - 2 条。

《欧盟期间指令》（EU Period Directive）为了确定影片版权的保护期间，制定了一份有关权利人的清单，并建议考虑保护的作品（或至少依据特殊条款涉及的视听作品—影片）不涉及电脑游戏和多媒体作品。由于在视听作品制度方面，欧盟各国的立法已经实施了这些期间条款，所以很有可能已经默示在视听作品定义（及保护机制）中排除了电子游戏和多媒体作品。①

二　英国关于视听作品主体和客体的规定及调整

现行的英国版权法律制度主要由 1988 年的《版权、设计与专利法案》（Copyright，Designs and Patents Act 1988，简称 CDPA）构成。该法案自制定以来，已历经多次修订。修订的原因主要来自两个方面：一方面，自1988 年以来，欧盟在知识产权领域先后颁布了一系列指令；另一方面，英国国内法的制定或修改对版权法律制度带来了影响。

（一）关于视听作品主体的规定及调整

英国对于作品著作权归属的认定一般都遵循"作品的作者享有作品的原始版权""雇佣作品的原始版权则归属于雇主"的著作权归属一般原则。②

英国对视听作品主体的认定分为三种情况，一种是适用于一般版权作品的主体认定，一种是适用于合作作品的主体认定，最后一种是适用于雇佣作品的主体认定。

关于第一种情况，英国著作权法中有如下规定。一是与作品相关之"作者"，是指创作作品的人。二是该人应当为对录音或影片制作之必要安排承担责任的人；制作广播的人或者在以接收并即时转输其他广播的情况下，其他广播的制作人。三是对于电脑生成的文字、戏剧、音乐或者艺术作品而言，作者应是对该作品创作进行必要安排的人。③

第二种情况是鉴于 20 世纪 90 年代，欧盟先后颁布了《租借权指令》

---

① 〔英〕埃斯特尔·德克雷：《欧盟版权法之未来》，徐红菊译，知识产权出版社，2016，第67 页。
② 参见英国《版权、设计与专利法案》第 11 条。
③ 参见英国《版权、设计与专利法案》第 9 条。

和《保护期指令》对各成员国提出了"必须将视听作品的主要导演确定为作者之一"进行保护的要求。基于上述两项指令的情况,英国在 1996 年对其版权法进行了修改,将制片人和主要导演作为视听作品的合作作者纳入保护并使其共同享有版权。

第三种情况是适用于雇佣作品的主体认定,依据《版权、设计与专利法案》第 11 条确立的"雇佣作品"原则,如果制片者与主要导演系雇佣关系,视听作品是作为雇员的主要导演在雇佣过程中完成的,那么,制片者作为雇主则是该视听作品版权的原始所有人,主要导演作为雇员不再享有视听作品著作权,但在英国的版权法体系中是将视听作品作为合作作品的。① 因此,这两种情况会导致视听作品的主体认定陷入一种混乱,即当视听作品是作为雇员的导演在雇佣过程中完成的作品时,视听作品的版权并不归主要导演享有,这与欧盟颁布的某些指令中要求各成员国必须将视听作品的主要导演确定为作者之一相违背。

由此可见,英国对于视听作品版权的归属仍然遵循着只有作者才能享有版权的原则。就具体的情况而言,可以分为三种情况,分别是适用于一般版权作品作者的认定原则,适用于合作作品作者的认定原则和适用于雇佣作品作者的认定原则,根据认定视听作品的类型不同而有所区分。当第二种情况与第三种情况发生冲突导致作品著作权认定混乱时还可以根据制片人与主要导演在制作作品之前所签订的版权归属协议来进行主体的认定。

(二) 关于视听作品客体的规定及调整

现行的《版权、设计与专利法案》并未对视听作品客体做出明确定义,但在其第一编第一条中列了一张封闭式清单,明确规定对 8 种作品予以保护:具有独创性的文字、戏剧、音乐、艺术作品、录音制品、电影、广播以及出版物的样式设计。

1. 作品原创性及固定方式规定

英国直到 1911 年修订的《著作权法》才开始提及作品的独创性问题,并且在经过一系列司法实践后才形成了解释独创性的两个基本原则:一是

---

① 英国《版权、设计与专利法案》第 10 条第 1A. 规定:电影作品应被视为合作作品,除非该制作人与总导演是一个人。

作品不是对他人作品的抄袭,二是作品必须投入个人的技巧、劳动或者判断。由此可以推断英国关于作品独创性的要求较低,甚至在其历史上还出现过"值得复制的,也就值得保护"的原则。对于视听作品如录音制品、广播等的原创性要求则更低,只要求不是从其他之前的同类作品中复制而来。对于文学、戏剧、音乐作品的固定,英国《版权法》要求"只有其能够以写或其他方式记录"才能够成为具有版权的作品,并在《版权、设计与专利法案》第 178 节中详细界定了"写"的含义。①

2. 具体视听作品的规定

《版权、设计与专利法案》对具体视听作品的规定主要是以下几类作品类型:戏剧作品、录音制品、电影和广播。此时,对它们的规定大致呈现出一个共同特点,就是具备可复制性或者能够被记录下来。如对录音制品的规定使用了"可复制性"和"能够再现"②,对电影作品的规定使用了"再现运动图像"③ 这一词,这三个词都是对记录的相似性表达。

此外,英国创新性地纳入了交互式视频游戏作为版权客体进行保护。在英国交互式视频游戏的剧本和故事是作为戏剧性作品受到英国《版权法》的保护的。例如,一个游戏玩家能够改变游戏剧情发展时,则后续发展的故事将会受到保护。这是由于在某种程度上,该游戏玩家已经根据原有的游戏故事剧本进行了可能性的创造并产生新的戏剧性作品。

除了对视听作品的一般作品类型进行了法定规定外,英国还对电视画面风格形式是否应当被纳入版权客体进行保护而展开了热烈的讨论。

电视画面风格形式特别是比赛节目的画面风格形式已成为很有价值的财产。某一画面风格的形式可以定义为"元素进行固定和重复的结果例如事件的特殊类型的计划序列、片断、布景和音乐的策划、构成该节目的戏

---

① 以任何符号或代码记录,无论采用何种方式或媒介。

② 英国《版权法》第 5A 条规定:(1) 本编中,"录音制品"是指——(a) 具有可复制性的声音的录制,或者 (b) 文字,戏剧或音乐作品之全部或任何部分的声音的录制,且该录制品可全部或部分再现作品,而不论录制的媒介以及对声音进行复制或再现的方法;(2) 若录音制品是或在某种程度上是对在先录音制品的复制,则不享有版权。

③ 英国《版权、设计与专利法案》"版权编"第 5B 条规定:(1) 本编所称"电影"是指能够通过任何手段再现运动图像的任何媒介上的录制品;(2) 附随于电影的音轨应被视为本编所称的电影的一部分。另外,该条的第 (4) 款和第 (5) 款还分别规定若一部电影是或在某种程度上是对在先电影的复制,则不享有版权,本条款的任何规定不影响电影声轨作为录音制品所享有的任何版权。

剧结构、通过此结构引起剧情发展。"①

在英国，画面风格的形式并不包含在《版权、设计与专利法案》所列举的受保护的 8 类客体形式中，但仍有观点认为只要表现图像画面风格的形式具备原创性就应该获得保护，其原创性可以体现在特征的描述、情节或戏剧事件等方面，但在实际的司法实践中这种观点并未被立法者所接受，这主要是由于在原创性的界定上存在难度。②

三　美国关于视听作品主体和客体的规定及调整

美国政府在 1995 年 9 月发表的《知识产权与国家信息基础设施：知识产权工作组报告》（Property and the National Information Infrastructure：The Report of the Working Group on Intellectual Property Rights），即著名的"白皮书"（以下称《白皮书》），从法律、技术以及教育等方面入手，评估和探讨了数字技术在网络化时代对知识产权法律制度造成的影响，提出了对美国现行《版权法》（Copyright Act）修改的具体建议。在《白皮书》的基础上，美国国会于 1998 年制定了《数字千年版权法》，旨在使美国《版权法》现代化。美国作为主要的判例法国家，其对数字时代背景下的著作权保护问题的灵敏反应值得我们学习。

（一）关于视听作品主体的规定及调整

美国在其《版权法》中将视听作品列为独立的作品类型，在著作权归属问题上却并没有对其进行特别的规定，适用一般的归属规则。美国《版权法》第 201 条（a）项规定，作品的原始版权属于作品的作者或者作者们。合作作品的作者为作品版权的共同所有人；该条（b）项规定，在雇佣作品的情况下，雇主或委托方被视为作者并享有版权中的一切权利，除非双方当事人以书面文件明确做出了相反约定。③ 如果视听作品是个人独

---

① 〔英〕帕斯卡尔·卡米娜：《欧盟电影版权》，籍之伟、俞剑红、林晓霞译，中国电影出版社，2006，第 62 页。

② 根据思想表达二分法原则，受《版权法》保护的只是表达方式，但在画面风格的保护中，有时创意与表达难以界定。

③ 李明德：《美国知识产权法》，法律出版社，2003，第 195 页。

立完成的，那么该个人将享有作者的视听作品版权；如果视听作品是作者与其他人合作完成的，且不存在受雇佣或者受委托的情形的话，那么上述合作作者将共同享有版权；如果视听作品属于雇佣作品，则雇主或者委托方在无相反约定的情况下均享有视听作品的版权。

在美国，电影作品作为视听作品，绝大多数情况下属于雇佣作品。因此，美国的视听作品版权主要归属于雇主或者委托方，即制片者。值得注意的是美国用雇佣作品作者的认定原则去推定视听作品的主要原因是希望创作者与版权可以分离。这种分离是为了保障投资者享有著作权利，从而营造出一个良好的版权市场投资环境，以促进版权市场的发展和繁荣。

（二）关于视听作品客体的规定及相关调整

美国《版权法》的历史发展是受保护的作品种类不断增加的历程。如美国1790年的《版权法》中受保护的作品只包含了地图、图表和书籍，1802年增加了印刷字体，1865年增加了摄影和底片，1912年增加了电影，1971年增加了录音。版权作品种类的不断扩张是由于科学技术的不断发展。

1. 作品独创性和固定方式的规定

美国《版权法》第102条（a）规定："以任何现在已知的或者以后出现的物质表达方式——通过此种方式可以直接或借助于机械或装置可感知、复制或以其他方式传播作品——固定的独创作品受版权保护。"①

美国法院长期以来执行较低的独创性标准：只要作品是由作者创作，或者来自作者而非抄袭他人，就满足了独创性的要求。在司法实践中还曾提出"汗水理论"的标准，即只要创作者在创作作品的过程中，付出了劳动，流了汗水，就可以获得保护。虽然"汗水理论"最初是就汇编作品进行阐述的，但是对其他作品的独创性构成同样具有意义。后来，该理论在1991年的"菲斯特"（Feist Publications, Inc. v. Rural Telephone Service Company, Inc.）案中被美国联邦最高法院否定，提出了最低限度的创造性的标准。

1976年的《版权法》第一次明确规定了版权作品的"固定"，并对其

---

① 美国《版权法》第102条（a）款。

进行了明确的定义。美国《版权法》第 101 条：作品"固定"在有形载体上，指经作者同意将作品体现在文本上或录音制品上，其长期性和稳定性足以使在不短的时间内可感知、复制或者以其他方式传播作品。由正在传送的声音，图像或两者构成的作品的录制与其传送同步进行的，视为"固定"①。

2. 具体视听作品客体的规定

美国对于受保护的视听客体的规定主要有以下几类。

音像作品：指由系列相连的图像构成的作品，这些图像的制作旨在使用器械或装置（如放映机、观察仪或电子设备）与配音（如有声音）一同播放，无论其载体（如胶片或磁带）的性质如何。

电影作品：指由系列相连的图像组成的作品，这些图像与配音（如有声音）一起连续出现会产生一种动感。②

录音制品：指以现在已知的或者将来出现的方法固定声音（电影或其他音像作品的配音除外）的物体，通过该物体可直接或者借助机械或装置可感知，复制或传送声音。"录音制品"这一术语包括声音首次固定于其中的物体。③

录音作品：指由固定系列语言或其他声音（但不包括电影或其他音像作品的配音）的音乐而产生的作品，无论声音的物质载体（如唱盘、磁带或其他录音制品）的性质如何。④

可以看出对于具有画面的客体强调的是"画面系列相连"，即强调作品画面的连续性；对于音乐类的视听作品而言，着重强调固定，甚至规定可以"被感知"。此外，美国《版权法》还将电子游戏和广播电视的转播纳入了版权保护的客体。

对广播电视的转播而言，只有当广播电视将作品直接向公众转播的同时又将节目固定在了有形媒介上的时候，才能受《版权法》的保护。对广播电视的现场转播是从电影作品或者录音作品的角度出发进行考量的。可

---

① 作品的固定也是美国联邦法律与各州法律的分界线。联邦法律规定只要固定在了有形物上，该作品就可以受到保护，而那些没有固定的作品可以通过各州的普通法或版权法予以保护。
② 美国《版权法》第 101 条。
③ 美国《版权法》第 101 条。
④ 美国《版权法》第 101 条。

见，这类作品只是作为"电影作品"或"录音作品"进行保护的。

此外，电子游戏作品成为美国联邦保护法的保护作品之一可以追溯到 1982 年的"阿克提"案，当时双方争议的焦点就在于电子游戏是否被固定在了有形的表达媒介上。法院认为，《版权法》所规定的"固定"并非要求作品以人类肉眼可感知的方式，准确地写在或者记录在某个地方；《版权法》第 102 条规定作品可以被固定在将来产生的表达媒介上，用于游戏机的 ROM（半导体内存）就是"未来产生的表达媒介"①。因此如果电子游戏已经被固定，那么它就可以受到联邦《版权法》的保护。

美国并没有在版权保护的客体中将视听作品特殊化，只要符合作品的固定要求和原创性要求，就可以被保护。对于那些无法被固定下来的作品，如一些无法回放的网络直播就不是《版权法》保护的客体。

四 日本和韩国关于视听作品主体和客体的规定及调整

日本和韩国对于视听作品的规定也较为相近。日本现行的《著作权法》修订于 1970 年。该法是在参考了《伯尔尼公约布鲁塞尔修订案》（Brussels Amendments to the Berne Convention）和《保护表演者、录音制品制作者和广播组织国际公约》（Rome Convention for the Protection of Performers, Producers of Phonograms and Broadcasting Organizations, 简称《罗马公约》）的基础上进行修订的。韩国现行的《著作权法》于 2009 年 7 月 31 日颁布，2010 年 2 月 1 日起施行，其广泛借鉴了著作权国家条约和发达国家知识产权保护条约，对受保护的作品进行了全面规定，并就许多法律规范的适用进行了详细规定。

（一）关于视听作品主体的规定及调整

同为大陆法系国家，与法国一样，日本对视听作品的作者实行开放列举式的方式，但日本在视听作品主体的认定方式上又与多数国家不同。

"作者原始取得著作权原则"是著作权法国家确定作品著作权归属的一般原则。但日本并非是严格执行"创作人原则"的著作权法国家，在作

---

① Midway Manufacture Co. V. Artic International, Inc., 547F. Supp. 999 (N. D. Ⅲ. 1982).

品属于职务作品情形时，日本仍然将法人视为作者。如果电影作品不属于职务作品，那么电影作品的作者就是对电影作品整体制作做出了独特贡献的人。① 其中，如果电影作品属于职务作品，其作者仍然是法人。但这就会造成一种不公平的现象，在电影的前期构思和实际制作的环节中，有大量的工作人员都进行了智力创作，都对电影作品的制作做出了贡献。那么在这种情况下，"不给制作者任何权利是不行的。企业家保证作品构思的实现，肩负着第七种艺术的未来，应当尽最大努力使之取得主导权，并消除其所承担的风险。但是，维护其利益时，并非一定使之取得作者资格。可以考虑在电影作品完成时，将电影作品的版权归电影制片者所有"②。据此，日本《著作权法》第 29 条第 1 款规定："电影作品（适用第十五条第一款、本条第二款或者第三款的电影作品除外）的著作权，如果其作者向电影作品制作者承诺参加该电影作品的制作，则属于电影作品制作者。"③

日本关于视听作品作者的推定原则主要是出于对视听作品作者构成的复杂性和保护制作者权利的综合考虑。如果将类版权作品作为合作作品确定归属，那么视听作品著作权人将过于庞杂，版权人众多使作品的使用受到制约。考虑到视听作品的制作伴随着大量的资金投入以及巨大的市场风险承担，投资方承担着巨大的风险又无法便捷地行使权力的话，其投资视听作品创作的意愿将会降低。

韩国《著作权法》没有对视听作品的作者做特殊规定，只是在权利内容部分有所提及。韩国《著作权法》第 2 条规定："作者"是指创作作品的人；第 100 条的第 1 款规定：与电影作品制作者协议合作创作电影作品的人享有电影作品的著作权，同时推定电影作品制作者享有对电影作品的必要使用权，除非另有规定；第 2 款，第 1 款的规定并不影响用作制作电影作品的小说戏剧、艺术作品或音乐作品的著作权；第 3 款，对于电影作品的使用，如果有与电影作品制作者协议合作创作电影作品的表演者，则推

---

① 日本《著作权法》第 16 条是专门针对电影作品的作者规定：电影作品中，除电影作品中被改编或者复制的小说、剧本、音乐或者其他作品的作者之外，负责制作、导演、演出、摄影、美术等工作，对电影作品整体制作做出了独特贡献的人，都是电影作品的作者。但是，适用于第 15 条的规定时，不在此限。

② 〔日〕半田正夫、纹谷畅男编《著作权法 50 讲》，魏启学译，法律出版社，1990，第 95 页。

③ 《日本著作权法》，李杨译，知识产权出版社，2011，第 22 页。

定第 69 条规定的复制权、第 70 条规定的发行权、第 73 条规定的广播权、第 74 条规定的交互传输权都出让给电影作品制作者，除非另有规定。①

从韩国《著作权法》中对视听作品作者的推定可以看出，韩国著作权将电影的制作人视为电影作品的作者，如果电影作品为合作作品，那么参与创作的成员都可以享有电影作品的著作权，但是制作者享有对电影的必要使用权。

（二）关于视听作品客体的规定及调整

日本《著作权法》第 2 条第 1 款第 1 项的规定：作品是通过创造性方式表达思想或情感的产品，并且该产品属于文学、科学、艺术或者音乐的领域。韩国《著作权法》第一章第 2 条第 1 款将作品定义为对人的思想或情感的独创性表达。因此推定韩国与日本的作品必须表达出"思想或情感"，并且这种表达方式应是创造性的。这种规定排除了仅仅是罗列事实的东西，创造性则是指要表达出作者的个性。

关于作品的固定，根据日本《著作权法》第 10 条对作品的例示，受保护的视听作品为：音乐作品、电影作品和摄影作品。在第 2 条中还规定了录音制品，即指固定了声音的光盘，录音磁带和其他有形介质（但专门为了和影像同时播放的录音制品除外）。

根据韩国《著作权法》列举的作品类型，受保护的视听作品为：音乐作品、戏剧、舞蹈、哑剧及其他戏剧作品、照片作品（包括以类似方法创作的作品）、电影作品。② 且"录音制品"和"电影作品"有具体规定。"录音制品"是指固定有声音（涉及语音或声音）的媒体介质，但不包括包含声音的图像。"电影作品"是指一系列图像（无论有无伴音）的独创性集合物，并可以通过机械或电子设备而被看到或听到。③

日本对具体的视听作品的规定目前只有音乐作品、电影作品和摄影作品以及录音制品。在录音制品的规定中着重强调了需要固定在光盘、录音磁带和其他有形介质上。韩国只对录音制品和电影作品有具体的规定，并且在规定中都强调了对作品的固定。

---

① 韩国《著作权法》第 100 条。
② 韩国《著作权法》第 4 条。
③ 韩国《著作权法》第 2 条。

第二节　权利内容的相关规定及其调整

版权（Copyright）作为英美法系国家的法律表达，是对知识产权的概括性描述，而大陆法系国家则将知识产权分为作者权（Author's right）和邻接权（Neighboring right）。无论是哪种表达方式各国都没有否认其权利内容包括了作者的人身性权利和财产性权利。

一　欧盟关于权利内容的规定及调整

自20世纪90年代以来欧盟颁布了一系列旨在协调各成员国之间版权差异的指令，如《计算机软件保护指令》（EC Computer Program Protection Directive）、《数据库保护指令》（Database Protection Directive）、《版权与邻接权保护期指令》（Copyright and Neighbouring Rights Protection Directive）等。相较于欧盟于商标权及外观设计上的已经颁布的条例，一直只能在版权方面颁布协调指令的原因主要有二：其一是欧盟成员国之间，存在着根深蒂固的大陆法系与英美法系的差异，各国对知识产权的认识很难达成一致，因此形成一部"版权法"困难重重；其二是版权法或著作权法所保护的作品种类繁多、形式各异，涉及的利益关系极其复杂，在当前条件下几乎很难制定出一部统一有效的"版权条例"。

2015年12月，欧盟委员会发布了《面向现代欧洲的版权框架》（Towards a Modern European Copyright Framework），虽然该框架再次明确了建立欧洲统一版权制度和面对数字环境的改革目标，但截至目前，欧盟版权领域内，依旧按照统一的版权指令协调各国版权问题。

(一)《出租权指令》相关内容

1992 年 11 月 19 日，欧共体理事会通过了《关于知识产权领域中出租权、出借权和某些相关权的指令》。这个指令就是通常所称的《出租权指令》。《出租权指令》赋予了权利人许可或者禁止他人出租、出借的权利。

进入 20 世纪 70 年代后，作品复制技术日益成熟，录音录像技术进一步发展，因此催生出了一个以出租、出借录音录像制品而获取报酬的新兴产业。在此之前，欧洲各国家并未对出租、出借权进行规定，且存在着一个与之完全相反的规定即"发行权用尽"制度，该制度认为作品原件或者复制品，由版权人或者经其同意而在欧共体范围内首次销售之后，版权所有人就用尽了自己的权利。在这种情况下，合法持有者可以进一步销售原件或者复制品，甚至销售至其他成员国。但是 1988 年发生的"Warner"案将有出租权制度的丹麦和没有出租权制度的英国置于法庭两边，欧盟意识到统一出租权将有利于成员国的经济。因此，1995 年欧共体委员会发布的《版权与技术挑战绿皮书》（Green Paper on Copyright and Challenge of Technology）将出租权协调问题纳入其中。

《出租权指令》不仅将版权人纳入其中，还包括了四种邻接权人，即表演者、录音制品制作者、广播组织和电影制片人。对于上述邻接权人，出租权指令还规定了四种权利，即录制权、复制权、发行权和广播与传播权。

录制权是指作品的表演者享有禁止或者许可其他人录制其表演活动的权利；广播组织则享有禁止或者许可他人录制其广播的权利，不论这些广播是通过有线方式还是无线方式传播，或是通过电缆和卫星传播的。[①]

复制权是指作品的表演者就其已经被录制的表演活动、录音制品制作者就其制作的录音制品、制片人就其已经被录制的电影、广播组织就其已经被录制的广播节目，均享有禁止任何人以直接或者间接的方式进行复制的权利。[②]

发行权是指作品的表演者就其已经被录制的表演活动、录音制品制作

---

① 《欧盟出租权指令》第 6 条。
② 《欧盟出租权指令》第 7 条。

者就其制作的录音制品、制片人就其已经被录制的电影、广播组织就其已经被录制的广播节目，均享有以公开方式销售或者以其他方式向公众提供该录制物或复制件的权利。① 这种情况下，欧盟承认发行权用尽制度依旧存在，但是不再将出租权和出借权包括在其中。

广播与传播权指表演者就其表演活动享有许可或者禁止他人无线广播和公开传播的权利，除非有关的表演是广播或者播放固定有表演活动的物品。广播组织就其广播节目享有许可或者禁止他人无线转播的权利。

（二）　《卫星广播与有线转播指令》（Satellite Broadcasting and Cable Retransmission Directive）相关内容

1984 年欧共体委员会发表了《关于建立共同体广播市场的绿皮书》（Green Paperon the Establishment of the Common Market for Broadcasting），其标题是"没有边界的电视：关于建立广播，尤其是卫星和电缆广播共同市场的绿皮书"，1989 年 10 月欧共体理事会通过了一个关于电视广播的指令，简称《电视无国界指令》（EC Directive on Television Broadcasting Activies）以协调成员国有关电视广播的法律规定。1993 年 9 月欧共体理事会通过了《卫星广播与有线转播指令》。②

该指令规定作者享有专有权利，授权卫星广播组织公开转播自己的作品。这种专有权利只能通过合同方式实现。由于卫星广播或有线传播的特殊性，这种授权又面临着一个问题，即发射国、接收国、卫星所有国、广播组织是否都需要经过授权。卫星广播与有线转播权相较于其他版权而言并不一定能带来经济利益，但是其也非常具有探讨价值，尤其是现有技术条件下，卫星节目转播已经形成一个媒体链接，音像节目通过卫星广播之后，可以通过有线方式、微波方式转播，还可以体现在其他媒体，如互联网中。作品传播技术的不断发展，尤其是数字电视和互联网的发展使得越来越多的音像制品出现了跨境服务，使得卫星广播与有线转播指令面临着再次的发展和延伸。

---

① 《欧盟出租权指令》第 8 条。
② Council Directive93/83/EEC of 27 September 1993 on the coordination of certain rules concerning copyright and rights related to copyright applicable to satellite broadcasting and cable retransmission，Official journal NO. L248，06/10/1993.

（三）《版权与邻接权保护期指令》（Drirective on Copyright and Neighbouring Rights Protection）**相关内容**

1993 年 10 月欧共体理事会通过了《版权与邻接权保护期指令》，要求成员国在 1995 年 7 月 1 日以前通过国内立法贯彻执行。该指令规定成员国内对版权作者提供有生之年加 70 年的保护，对邻接权提供 50 年的保护。

保护期指令的意义在于以指令的形式协调了成员国的保护期。保护期作为《伯尔尼公约》的例外内容，因各国规定不同，在国际交流中的保护程度也不同，《伯尔尼公约》的签署国应当享有国民待遇原则，但是由于保护期的例外，因此版权人只能享受来自来源国的版权保护期，因此如果来源国的保护期时间较短，那么其版权的国际竞争力就会较弱。

（四）《追续权指令》（Directive on Right of Pursuit）**相关内容**

追续权的含义是跟随作品的权利，即艺术家就其作品原件的再次销售所享有的收益权。追续权因其不可转让性具有版权中精神权利的内容，又因为其实现的是经济利益，因此也含有财产性权利的内容，《伯尔尼公约》规定了追续权保护期至少为作者有生之年加 50 年，欧盟在《追续权指令》中规定追续权保护期为作者有生之年加 70 年。

欧盟在该指令里对追续权的实施进行了规定，只有当艺术品原价的再次销售价格达到 3000 欧元或者超过 3000 欧元时，追续权人才可以主张权利金，且售价不同，权利金的给付比例也是不同的。

（五）《信息社会版权指令》（Directive on Copyright and Related Rights in the Information Society）**相关内容**

《信息社会版权指令》的出台即为了应对网络技术对版权和邻接权保护的挑战，也是为了贯彻世界知识产权组织在 1996 年 12 月缔结的《表演和录音制品条约》和《版权条约》，指令主要从以下方面为版权人及邻接权人提供了救济途径。

复制权：《信息社会版权指令》第 2 条指出成员国应当对作者或者邻接权人提供允许或者禁止他人复制其作品或者邻接权客体的专用权利。无论这种复制是以何种方式或形式所进行的，无论是直接或者间接的复制、永久的或暂时的复制，还是全部复制或暂时复制。此外，该指令还将这种独有的复制权的权利人扩展到电影制片人和广播组织。

向公众传播权：第 8 条规定"文学技术作品的作者应当享有专有权，授权将其作品以有线或者无线方式向公众传播，包括将其作品提供给公众，使公众中的成员在其选定的地点和时间获得相关作品"。向公众传播权包含了以有线、无线、广播、互动的方式将作品传播给公众，唯一不包括的就是现场的公开传播。

向公众提供权：《信息社会版权指令》延续了《表演和录音制品条约》的做法，针对邻接权的客体，规定了互动式的"向公众提供权"而非广义的"向公众传播权"，该指令的第 3 条第 2 款规定"邻接权人就其受保护客体享有专有权利，授权或者禁止以有线或无线的方式向公众提供受保护的客体，是公众中的成员可以在其个人选定的地点和时间获得这些受保护的客体"。

发行权：首次在国际条约层面上规定了发行权，并将发行权定义为"是对作品原件或者复制件的提供，不包括作品在网络的传输和下载。"发行权的规定使得"发行权用尽"原则再次被提及，即"如果作品的原件或者复制件，是由作者自己或者经其同意在欧盟范围内首次销售，或者以其他方式转移了所有权，则权利人就用尽了自己的发行权"。

（六）《单一数字市场版权指令》（Directive on Copyright in the Digital Singles Marker）相关内容

2019 年 3 月 26 日经欧盟议会正式表决，通过了《单一数字市场版权指令》，该指令通过后，欧盟各国有 24 个月的时间调整其国内版权法以配合该指令。与其他版权指令相比，该指令更为深入地介入到了互联网平台，进一步对版权的许可使用和版权权利内容进行了扩张，其中包括以下几种权利。

文化机构流通使用权：该指令指出成员国应规定，集体管理组织根据权利人授权，可以与文化遗产机构缔结非商业目的的非排他性许可协议，以便复制、发行、向公众传播或向公众提供由该机构永久保存的非流通作品或其他内容，不论所有涵盖在该许可中的权利人是否都已授权该集体管理组织。该条款创造性地提出非流通作品的复制、发行、向公众传播和向公众提供权，只要集体管理组织符合一定要求且该作品不能在通过合理努力后通过正常商业途径取得。

协商协助权：该指令指出成员国应确保，为在视频点播服务上提供视听作品而寻求达成协议的各方当事人在面临与权利许可有关的困难时，可以寻求中立机构或调解人的协助。该中立机构（成员国为本条目的设立或指定的机构）和调解人应协助各方当事人进行协商，并协助其达成协议，包括在适当情形下向各方提交建议书。该条款根据互联网视频平台的特点，力图使平台双方实现平等。

新闻出版者的权利：该指令指出，在成员国范围内依法成立的新闻出版物的出版者，对于信息社会服务提供者在线使用其新闻出版物，享有与版权人相同的复制权和传播权。该权利保护期限为新闻出版物出版后2年，从新闻出版物出版后次年1月1日起算。对于新闻出版商因信息社会服务提供者使用其新闻出版物而获得的收入，新闻出版物中包含的作品的作者可以从中获得适当的份额。

合理求偿权：该指令规定当作者将其作品中的某项权利转让或许可给出版者后，该转让或许可协议即为出版者提供了充分法律依据，使其有权针对属于被转让或许可权利的例外或限制的作品使用行为请求一份补偿。

公开传播权的扩张：该指令指出在线内容分享服务提供者允许公众访问其用户上传的版权作品或其他受保护内容的，其实施了法律意义上的向公众传播或向公众提供行为。在线内容分享服务提供者须根据欧盟相关条款向权利人取得授权，例如通过签订许可协议获得授权，以便向公众传播或向公众提供作品和其他内容。在线内容服务提供者与权利人之间的合作，不得阻止用户上传不侵犯版权和相关权利的作品和其他内容，包括符合例外或限制的作品和其他内容。

合理报酬权：该指令指出如果作者和表演者许可或转让开发利用其作品或其他内容的专有权，他们有权获得适当且相称的报酬。

在此该指令引入了"透明度义务"，即成员国应在考虑各领域特殊性的情况下，确保作者和表演者能够定期（至少一年一次）从与达成了权利许可或转让协议的当事人或其继承人那里获得关于他们的作品及表演之开发利用的最新、相关和全面的信息，尤其是关于开发利用模式、所有产生的收入和应付的报酬等方面的信息。在该合同相对人不持有上述信息的情况下，权利人有权向被许可人要求提供信息。当最初约定的报酬被证明显著地低于从作品或表演开发利用中产生的所有后续相关收入时，作者和表演者或其代表有权向与其订立开发利用合同的对方当事人或其继承人主张额外的合理报酬。

撤销权的扩张：该指令对撤销权进行了扩张以适应互联网时代版权人财产性权利的实现。指令规定在作者或表演者以独占方式许可或转让其对作品或其他受保护内容的权利的情况下，如果未对该作品或其他受保护内容进行开发利用，则作者或表演者可以全部或部分地撤销权利之许可或转让。

（七）法国《著作权法》相关内容

法国早在大革命之后就颁布了 1791 年《表演权法》及 1793 年《复制权法》，1992 年制定了《知识产权法典》（法律部分），该法典的第一部分即《文学和艺术产权》，其中又分三卷，第一卷为"作者权"，第二卷为"邻接权"，第三卷为"关于作者权、邻接权及数据库制作者权的通则"。法国《著作权法》在第二编"作者权利"中规定了精神权利和财产权利。

追悔权及收回权：法国《版权法》规定"尽管使用权已转让，甚至被转让的作品已经出版，对于受让人来说作者对仍享有追悔或收回的权利。当然作者必须事先赔偿受让人因其追悔或收回该权利给受让人造成的损失后，才能行使这项权利。在行使追悔或收回权利后，作者决定发表其作品的，必须优先将该作品的使用权向最初选择的受让人以最初确定的条件提出。"①

设立网络作品传播与权利保护高级公署：明确设立网络作品传播与权利保护高级公署，确立该公署为独立公共机关，其目的是完成监控用于提供在线公共通信服务的电子通信网络是否合法，对于非法使用具有著作权和邻接权的作品和制品的情况予以处罚，调整和监督著作权和邻接权所保护作品和制品的保护情况，此外也监督和调整相应识别技术措施的施行。

---

① 法国《知识产权法典（法律部分）》第 L. 121 ~ 4 条。

(八) 德国《著作权法》相关内容

德国 1876 年颁布了第一部著作权法，其现行的著作权法主要包括《著作权法》（Uhrhebergesetz）和《关于实施著作权与有关的保护权的法律》（Gesetzüber die Wahrnehmung Von Urheber - rechten und verwandten Schutzrechten）。

德国《著作权法》第四节"著作权的内容"第 2 条规定了 3 种人身权利，第三小节规定了 13 种使用权。最具有特色的权利包括以下内容。

利用权：第五节"著作权中的权利转移"第 2 条"利用权"将著作权合同的相关内容增加到著作权法中，利用权是指著作认可授予他人单项或全部使用方式的利用著作的权利。更创新性地规定了对"未知利用方式"合同约定了"在合同另一方愿意接受新的著作利用方式，并按照新得到的地址寄给著作权人通知"及"日后得知的利用方式的报酬"，即合同伙伴接受尚不为人知的利用著作的新方式，著作人有权要求一种特殊报酬。该条规定将著作权的利用放到了更长远的科技未来，使得在法律不能预见的情况下著作人也可以主张权利。

回收权：第 41 条和第 42 条分别规定了"因不行使而引起的回收权"和"因信念改变而引起的回收权"，与法国《著作权法》规定的"追悔权及回收权"相比，德国《著作权法》规定了回收权行使的前提即"不行使"和"信念改变"，该条款的好处是限制了著作权人回收权使用的条件，相比法国《著作权法》的规定，使著作权交易更加稳定。

欧盟在版权领域颁布的一系列指令作为概括性的文件，其起草和颁布的程序相较于各国版权法的制定来说更为迅速。2019 年正式实施的《数字单一市场版权指令》没有回避版权的市场化内容，从如何更好地适应市场或使版权给版权人带来适当的财产性权益出发进行了规划，无论是合理求偿权还是合理报酬权，无论是网络播放权的扩张还是撤销权的扩张都以此为目的。此外，由于德国和法国均规定了"追悔权"（收回权），该权利是对精神权利和财产权利的综合体现：对已转让作品的追悔权是一种对精神权利的保护，对于再次转让的作品仍需考虑初始受让人和受让价款的行为又是对市场交易的一种保护。

二　英国关于权利内容的规定及调整

英国《版权法》以 1988 年出台的《版权、设计与专利法案》为主要内容。该法案主要包含两部分内容，第一编为版权，第二编为表演权。其与 2002 年颁布的《视觉障碍人士法案》、2003 年颁布的《版权及相关权利条例》、2006 年颁布的《表演（精神权利等）条例》等内容共同组成了英国版权法的全部内容。

版权是文学艺术作品创作者和作品的传播者就其作品或媒体产品所享有的权利。[①] 英国《版权法》所列举的受保护的作品包括：文学、戏剧、音乐和艺术作品；录音作品、电影作品和广播节目以及版本之版面安排。且英国《版权法》明确指出，版权是一种财产权。

（一）关于版权财产性权利的规定

英国《版权法》开篇即点明了版权即一种经济性权利，因此没有单独列明哪些权利是财产性权利，而是默认版权所有者的权利都应当是经济性的；同时由于不能否认精神性的权利，相关规定散见于该版权法的不同章节。

英国《版权法》第二章将版权享有者之权利分为"版权禁止之行为""版权间接侵权""侵权复制品"三项。其中版权禁止之行为即是规定该项权利仅为版权人所享有，其他人均禁止为该行为，其中包括复制；公开发行；向公众出租或出借；公开表演、播放或者放映；向公众传播；改编及与改编有关之行为等。

复制权：是指实施或者授权他人实施任何受版权法禁止的复制行为必须经版权人授权，对任何种类的版权作品而言，复制其作品均视为侵权行为。其中对文学、戏剧、音乐或者艺术作品的复制是指以所有物质形态对作品进行的复制，这里包括通过电子手段以任何媒介储存作品。关于电影或广播的复制包括对构成电影或广播的图像的整体或其实质性部分拍摄成照片。对于上述各类型作品的复制均包括临时性复制和基于对作品的其他

---

① 李明德等:《欧盟知识产权法》，法律出版社，2010，第 137 页。

使用所产生的附随性复制。

公开发行权：是指向公众公开发行作品复制品必须经版权所有人授权，这里所称的公开发行作品的复制品包括将未在欧洲经济区投入流通的作品投入流通或将未在欧洲经济区或其他地方流通的作品投入欧洲经济区之外的地方流通。公开发行权虽然强调了复制品的发行，但是也包括作品原件。

出租、出借权：是指向公众出租或出借作品的复制品必须经版权所有人授权。这里的出租是指为了直接或间接的经济或商业利益，在将会或可能会被返还的前提下允许他人使用作品复制品的行为。出借是指并非为了直接或间接的经济或商业利益，在将会或可能会返还的前提下允许他人通过公众可以利用的机构使用作品复制品的行为。这里所指的复制品包括文学、戏剧、音乐作品；电影或录音制品。出租、出借权虽然强调了作品的复制品但是也包含作品原件。

公开表演、播放或者放映权：是指所有公开表演文字、戏剧或者音乐作品；播放、放映录音制品、电影或广播的行为；借助于接收经由电子手段传输的视频或音频之设备公开表演、播放或放映作品的行为均需版权人许可。其中表演包括授课、演讲、讲话和布道并且包括任何视觉及听觉的呈现，这包括通过录制品、电影或广播进行的呈现。

向公众传播权：是指所有向公众传播文字、戏剧、音乐或艺术作品、录音制品或电影、广播的行为均需经版权人许可。这里所说的向公众传播包含通过电子的方式向社会公众的传播或对实施的广播，涵盖以电子形式使公众在其自选的地点和时间得到前述作品的行为。

改编权或与改编有关的权利：是指除权利人外的所有人对文字、戏剧或者音乐作品如果想进行改编必须取得权利人许可。对文字作品的改编包括对作品的翻译行为；包括将戏剧作品改编为非戏剧作品，或将非戏剧作品改编为戏剧作品；或对作品中的情节、动作进行部分或全部地转化，使其成为能够刊登在书、报、杂志等类似载体上并被复制的图画。对计算机程序和数据库的改编包括对计算机程序和数据库进行的编排、修改或翻译。对音乐作品的改编包括对作品进行编排或者编曲。对计算机程序进行的翻译包括将某版本的程序转换成计算机语言或者代码，或者将计算机语言或代码转换成某版本的程序，或者将某版本的程序转换成不同的计算机语言或代码。

除此之外，英国《版权法》规定了五种版权间接侵权的情形，这些侵权行为侵犯的依旧是版权人的财产权，但是由于其并非直接作用在作品本身上因此视为间接侵权。在阐述间接侵权时首先应当明确一个概念，即侵权复制品。英国《版权法》专门列出一个小节阐述何为侵权复制品，即一项物品的制造构成了对有关作品版权的侵犯时，那么其为侵权复制品。基于此而出现的对侵权复制品的进口、持有或处分、提供制造手段等行为如果未经权利人的许可，都将视为对财产权利的侵犯。另外还有为侵权表演提供场所和为侵权表演提供设备的行为，也是如此。

（二）关于版权精神性权利的规定

英国《版权法》虽然认为版权是一种经济权利，但是并没有否定凝结在作品中的作者的精神权利，但这种精神权利主要是为了财产权利的行使做铺垫。

表明身份权：英国《版权法》保护文学、戏剧、音乐或艺术作品的作者以及电影作品的导演有表明其身份的权利。规定中规定了文学或戏剧作品的作者有权在包含此作品的电影或录音制品公开发行时，要求在上述作品中表明其身份。这种类似的表明权也包含在音乐作品、艺术作品中，只要这些作品被特意用于其他作品中，就应当标明作者的身份。

反对作品贬损权：英国《版权法》保护文学、戏剧、音乐或艺术作品的作者以及电影作品的导演，赋予他们制止他人对其作品进行贬损处理的权利。这里的贬损处理包括任何添加、删减、修改或改编作品，并赋予权利人一种权利，即如果其认为这种处理扭曲了作品或破坏了作品的完整性、有损于作者或导演的名誉和声望，那么就可以将其视为贬损。

（三）关于表演权权利的规定

英国《版权法》第二编是表演权，其主要规定的是表演者和录制者的权利。表演是指戏剧表演、音乐表演、文学作品的朗诵表演或综艺表演或者类似表演。录制是指对现场表演的直接录制、对表演之广播的录制或者直接或间接地对另一个表演录制品的录制。

表演者权财产性权利：表演者的财产性权利包括允许对现场表演进行

录制权、对录制品的复制权、向公众发行复制品的权利、向公众出租或出借录制品的权利、向公众提供录制品的权利、使用录制品的合理报酬权。录制者是指与表演者就该表演签订录制合同的一方当事人或录制合同的利益受让人。未经录制权人同意，所有对其录制作品全部或任何实质部分的录制都侵犯了录制权人的财产权利。

表演者权精神性权利与版权权利中的精神权利相同，也主要包括表明身份权和反对贬损处理权。

对表演者表明身份权的规定是指表演者有权要求在举办或上演公开的适格表演、现场直播适格表演、向公众传播适格表演之录制品或向公众发行此类录制品的复制品时应当标明表演者身份。

对表演者反对贬损权的规定是指表演者有权要求在现场直播或在公开场合播放或向公众传播表演之录音制品不应受到曲解、贬损或者其他的修改。与版权中反对贬损权相同，表演者的这种精神权利在实施时如何确定尺度和边界现在还没有明确的判例支持。

三　美国关于权利内容的规定及调整

美国《版权法》包括十三章136条，并未分成版权和表演者权利，也未就财产权利和精神权利进行划分。美国《版权法》第106条对版权作品的专有权进行了规定，这六项专有权利应当被视为版权的财产性权利。这些权利分别是以下几种。

复制权：版权人可以使用版权作品制作复制品或录音制品。

演绎权：版权人可以根据其版权作品创作演艺作品。

处理权：以销售或其他方式对该作品的所有权进行转让，或者以出租、租赁或出借的方式向公众提供该版权作品的复制品或者录音制品。

表演权：涉及文学、音乐、戏剧、舞蹈作品、哑剧和电影或者其他音像作品等版权作品时，权利人可以公开表演该版权作品。

展出权：涉及文学、音乐、戏剧、舞蹈作品、哑剧及绘画、图形或雕塑作品等版权作品时，包括电影或者其他音像作品的单个图像等作品，权利人可以公开展出该版权作品。

数字表演权：涉及音乐作品，权利人可以数字音频传输形式公开表演作品。①

在对版权作品的专有权进行了列举式说明后，美国《版权法》又在第106条中规定了"某些作者"的署名权及保护作品完整权，这里的"某些作者"在该条被明确限定在了视觉艺术作品的作者。

此外，对于录音作品的版权人的专有权，美国《版权法》仅是在第一章第14条进行了概括性规定，并点明录音作品的版权人享有第106条版权作品权利人第1~3项权利，不包括第4项的表演权。

美国《版权法》在概括性的规定版权人或邻接权人权利时语言精练且短小，但在如何使用、出让、转移这些权利和保护这些权利时，却浓墨重彩地进行了表述。

美国《版权法》第二章对版权所有权的归属与转让程序进行了详细的描写，其中对于第204条的转让协议更是规定了需要采取书面形式，但是非专属性的授权许可可以不签订书面协议。

1984年从事低成本恐怖电影的片商拉里·科恩（Larry Cohen）请求特效制作公司为其制作特效镜头，在特效公司交付了特效镜头后科恩表示对这些镜头不甚满意，仅支付了少于合同约定的报酬，因此特效公司并未对上述镜头进行书面授权。但是在其后科恩却将这些镜头放进了其拍摄的电影《异性大灾难》中并将电影交付发行，特效公司因此提起了诉讼。案件在审理过程中联邦地区法院支持了科恩驳回了特效公司的诉讼请求，其认为特效公司和科恩之间是默示的协议，特效公司对该判决不服，美国联邦第九巡回上诉法院对该案件进行了重审，最后上诉法院支持了地区法院的判决，其理由是虽然科恩支付了少于合同约定的价格且也没有取得明示的授权许可，但是特效公司并未对上述未授权镜头进行收回和销毁，因此其行为默示许可肯恩对该镜头的非专属性使用，作为权利人特效公司还可以将上述镜头进行再次转让。

该案件为电影等视频作品的授权许可提出了可供思考的问题：对于未经授权但是已经许可使用并收取部分报酬的作品，如何评价权利人的转让行为？利用权利人作品部分进行再创作是否需要权利人授权，这种授权必须是明示的还是只要支付了报酬就可以通过默示行为取得？

---

① 美国《版权法》第106条。

英美法系国家均是通过判例来制定规则，没有相应的判例即难觅规则的踪影，且受自由理论的影响，英美法系更加看中合同的性质，其将版权人的权利纳入权利法中，对于非版权人意志的一举一动均视为侵权。这样的特点在版权媒介和传播方式不断创新的今天，英美法系的反应往往更加迅速；但同时为了更好地为判决做出指引，需要对许多技术细节加以明确。

四　日本和韩国关于权利内容的规定及调整

日本现行《著作权法》颁布于 1970 年，并于 1971 年开始实施，与大陆法系的代表德国一样，日本《著作权法》颁布至今共进行了 26 次修改，不难看出版权法与科技进步的相互羁绊。日本《著作权法》将版权分为著作权和邻接权，第三章对权利内容进行了单独的规定，涉及作者人格权和著作权。其中著作权即经济性权利，人格权即精神性权利，第四章则对邻接权进行了规定。

韩国《著作权法》制定于 1957 年，至今已经进行了 18 次修正，最近一次修正是在 2006 年，现行《著作权法》从 2010 年 2 月 1 日起施行。韩国《著作权法》将作者的精神权利、财产权利等分别单独列章。韩国《著作权法》在借鉴了国际条约和主要国家的版权法制度后，全面对版权和邻接权相关权利进行了规定，将包括信息网络提供商等较新颖的内容都囊括其中。

（一）关于版权财产权利的规定

日本《著作权法》规定的财产权利包括以下几种类型。

复制权：作者享有复制其作品的专有权利。①

上演权和表演权：作者享有为了让公众直接看到或者听到而上演、演奏其作品的专有权利。② 该条款在韩国版权法被称为"公开表演权"。

上映权：作者享有公开上映其作品的专有权利。该条款仅为日本版权

---

① 日本《著作权法》第 21 条。
② 日本《著作权法》第 22 条。

法有规定。①

公众传播权：作者享有向公众传播其作品的专有权利，也享有使用接收装置公开传达其已经向公众传播的作品的专有权利。②

口述权：作者享有公开朗诵其文字作品的专有权利。③

展览权：作者享有公开展览其美术作品原件或者尚未发行的摄影作品原件的专有权利。④

发行权：电影作者享有通过发行其电影作品复制品发行电影作品的专有权利。日本版权法特别保护电影作品中被复制的作品的作者享有通过发行该电影作品复制品，发行电影作品中被复制的作品的专有权利。这里所指的复制品特指小说、剧本、音乐、美术作品。⑤

转让权：作者通过转让其作品向公众提供作品的专有权利。⑥

出租权：作者享有通过出租方式向公众提供作品原件或者复制品的专有权利。⑦

翻译权和改编权：作者享有通过翻译、编曲、改变形式、改成剧本、制作成电影或者其他改编形式改编其作品的专有权利。该条款在韩国被称为"演绎作品的制作权"，是指作者有权基于自己的原始作品制作演绎作品的权利。⑧

与二次作品使用有关的原作品作者的权利：日本《著作权法》所保护的二次使用作品的原作者，享有与二次作品作者同样的权利。二次作品是指通过翻译、编曲、改变形式、改成剧本、制作成电影或者其他改编形式改编其作品。⑨

韩国《著作权法》对于版权财产性权利的规定不仅权利内容较少而且语言极度概括，为此，韩国《著作权法》单辟一章对版权财产权的出让、

---

① 日本《著作权法》第 22 条之二。
② 日本《著作权法》第 23 条。
③ 日本《著作权法》第 24 条。
④ 日本《著作权法》第 25 条。
⑤ 日本《著作权法》第 26 条。
⑥ 日本《著作权法》第 26 条之二。
⑦ 日本《著作权法》第 26 条之三。
⑧ 日本《著作权法》第 27 条。
⑨ 日本《著作权法》第 28 条。

行使和消灭进行了规定。其中有三条规定非常特别：首先是版权财产权可以全部或部分出让，但是版权的出让行为并不能涉及演绎作品制作权，因此可以说演绎作品制作权是专属性的财产性权利；其次是版权人可以授权他人使用版权财产权，但是该授权人未经版权人许可不得再授权他人行使版权财产权，也就是说版权财产权人拥有无限制授权他人使用其财产权的权利；最后是版权财产权人可以针对财产权设立质权，但质权人不得超越版权人实行版权财产权，而是可就版权财产权使用收入优先受偿。

（二）关于精神权利的规定

日本《著作权法》关于精神权利的规定主要包括三种类型。

发表权：作者对其尚未发表的作品（包括未经其同意发表的作品），享有向公众提供或者提示的权利。[①] 但是日本《著作权法》规定，在作品未发表之前转让作品的行为，及将作品提供给行政机关的，视为已经履行了发表权。该条款在韩国《著作权法》中被称为"公开权"，其更加偏重作者公开的意思表示而不是公开的行为，韩国《著作权法》保护的公开权是作者有权决定是否公开作品。

姓名表示权：作者享有在其作品的原件或者在向公众提供或者提示其作品时，将其真名或者假名作为作者姓名表示或者不作为姓名表示的权利。[②] 但是，日本《著作权法》对于姓名表示权的规定不适用于行政行为，即部分行政行为可以不表示作者姓名。该条款在韩国《著作权法》中被称为"署名权"。

保护作品完整权：作者享有保持其作品和作品标题完整性的权利，有权禁止违反其意志对其作品或者作品标题进行的修改、删除或者其他改变。[③] 韩国《著作权法》的"保护作品完整权"还包括作品结构的完整。

韩国《著作权法》在精神权利保护上比较全面地将合作作品的精神权利享有方式也进行了规定。即只有作者一致同意才能行使作者的精神权利，且共同作者可以指定其中一个人代为行使精神权利。

---

① 日本《著作权法》第 18 条。
② 日本《著作权法》第 19 条。
③ 日本《著作权法》第 20 条。

（三）关于邻接权的规定

日本《著作权法》将邻接权分为表演者的权利、录音制品制作者的权利、播放组织的权利。韩国《著作权法》将邻接权分为表演者的权利、录音制品制作者的权利、广播组织的权利。

日本的表演者权：包括姓名表示权、保护表演完整权、录音权、录像权、播放权、有线播放权、传播可能化权、转让权、出租权等。其中特别需要说明的是对商业录制品的二次使用，播放组织和有线播放组织，使用经过享有录音、录像权的权利人许可而对其表演进行录音的商业录音制品进行播放或者有线播放时，应当向该表演者支付二次使用费。如果国内存在从事表演为业的相当数量的表演作者为成员组成的团体时，只能由其中经过该团体同意并经文化厅长官指定的团体收取二次播放费用。这就是所谓的演员协会、歌曲协会等。由全体作为代表行使权利使得市场行为更加便捷，无论是购买者还是表演者，都能节约成本，获得更高的回报。

韩国的表演者权则包括表明表演者身份的权利、保护表演完整权、复制权、发行权、出租权、公开表演权、表演的广播权、交互传输权。其中特别需要说明的是表演者的交互传输权，即表演者有权以交互方式传播自己的作品，此处的交互传播便是基于互联网视听平台的一种传播。此外为了明确表演者的财产性权利，韩国《著作权法》特别明确规定了广播组织对已经录制有表演的录音制品进行广播的，应当向表演者支付合理的经济补偿金；数字声音传播组织传播录制有表演者的录音制品时，应当向表演者支付合理的补偿金；使用录有表演的、销售用的录音制品而表演的人，应该向录音制品中的表演者支付相应的补偿金。

录音制品制作者权：主要包括复制权、播放可能化权、商业录音制品的二次使用权、转让权和出租权等。此项韩国的规定主要包括复制权、发行权、出租权、交互传播权等。同样，广播组织使用销售用录音制品制作广播的，应当向录音制品制作者支付合理的经济补偿金；数字声音传播组织使用销售用录音制品的，应当向录音制品制作者支付合理的补偿金；使用录有表演的、销售用的录音制品而表演的人，应该向录音制品中的录音制品制作者支付相应的补偿金。

播放组织权：主要包括复制权、再播放权和有权播放权、播放可能化权、电视播放的传达权。另外，日本规定了有线播放组织的权利与之基本相同。而韩国的广播组织者权主要包括复制权和同步传播权。

日本和韩国的《著作权法》对版权权利的内容都没有进行宽泛性的规定，其权利的内容相较我国《版权法》的内容也偏少，但是无论是日本《著作权法》中与二次使用作品的原作者的权利，还是韩国《著作权法》中对版权交易过程中演绎权的保留，都可以看到日本和韩国的《著作权法》均在此处做了预留性的规定，以期更好地适应互联网时代下版权保护的需要。

五　香港特别行政区和台湾地区关于权利内容的规定及调整

中国香港特别行政区和台湾地区作为开放的港口性地区，有其地缘优势，也有其历史原因，香港特别行政区《版权条例》的规定借鉴了英美法系模式，几经修改更加贴合现代社会版权法保护的立法理念和保护模式。台湾地区虽然更加偏重大陆法系，但其"著作权法"却是例外。

（一）关于财产性权利内容的规定

香港特别行政区《版权条例》与英国版权法存在相同之处：其并未明确指出什么样的行为是版权人的权利，而是转向指出什么样的行为是侵犯版权的行为，以此可以推断出版权法保护的权利内容。台湾地区"著作权法"制定于1928年，后经过多次修正，现行版本为2006年修订版本。该法的编撰体例沿袭大陆法系的版本。但是在其编撰内容上却可见英美法系的影子，其原因在于台湾地区与美国在1993年曾签署了"北美事务协调委员会与美国在台协会著作权保护协定"，该协定否认了邻接权制度①，这使台湾地区在其"著作权法"方面并未完全融入大陆法系的立法理念。与香港《版权条例》相比，台湾地区"著作权法"因未就条文内容进行明确划分，且其将著作权和表演者权规定在了一起，上述权利人的财产性权利

---

① 萧雄淋：《两岸著作权法视听著作之立法检讨——以视听著作之定义、归属及保护期间之比较为中心》，《智慧财产评论》2012年第1期。

的内容只得依靠"法律"条文予以归纳总结。

复制权：是指以任何实质形式复制版权作品的行为，包括以电子方式对该作品进行储存复制行为；包括对艺术作品进行的平面复制及立体复制；包括对电影、电视广播或有线节目全部或部分的任何影像的照片复制；包括制作已发表版本的排印编排的精确复制品；包括制作任何作品的短暂存在的制品或该等作品的其他用途而附带制作的复制品。

该条款在台湾地区被称为"重制权"，表明版权人独享重制其著作的权利，表演人则独享以录音、录影或摄影方式重制其表演的权利。因重制包含重新编排、制作等内容，因此与复制权并不完全相同，台湾地区"著作权法"关于此处的规定十分独特。

向公众传播：香港特别行政区《版权条例》所保护的"向公众传播权"特指向公众传播该作品的行为，包括向观众提供、广播、有限传播、无线转播等方法使公众认识或可以从其自行选择的地点及时间观看或收听该作品。① 该条款为2014年最新修订款，该条款将互联网传播纳入其中。台湾地区则将其称为"公开播送权"，其内容为著作人专有公开其著作的权利，表演人专有就其表演或重制后的表演公开播送的权利。

出租权：是指版权人为了直接或间接的经济或商业利益，令作品的复制品在该复制品将予或可予归还的条款下供人使用，这里的作品包括电脑程序；声音纪录；影片；收录在声音记录内的文学、戏剧、音乐作品；载于连环图册内的文学作品或艺术作品。② 台湾地区则规定著作人专有出租其著作的权利，表演人就其重制于录音著作之表演享有专有出租权。③

改编权：是指以书面或其他方式记录作品的行为即为制作改编本的行为。就文学作品或戏剧作品而言是指该作品的翻译本、由戏剧作品转为非戏剧作品的或由非戏剧作品转为戏剧作品；就音乐作品而言是指该作品的乐曲编排或改编谱。该条款特别说明不得以该条款推论什么构成或不构成复制某作品。④ 该条款在台湾地区被称"衍生权"是指著作人专有将其著作改成衍生著作或摄影著作之权利。

---

① 2014《香港版权（修订）条例草案》第28A条。
② 2014《香港版权（修订）条例草案》第25条。
③ 台湾地区"著作权法"第29条。
④ 2014《香港版权（修订）条例草案》第29条。

公开表演、放映、播放权：香港特别行政区《版权条例》所保护的公开表演权是指包括讲课、讲话、演说或讲道及借任何有声方式表达。公开播放或放映是指如以接收借电子方法传送的影像或声音而将作品公开表演、放映、或播放的行为。①

口述权：该条款为台湾地区特有，是指著作人专有公开口述其语文著作的权利，台湾地区"著作权法"就作品的呈现方式和涉及的作品类型都进行了列举式规定，该口述权不涉及其他类型作品。

（二）关于精神权利内容的规定

在精神权利方面，香港特别行政区《版权条例》单列一章对精神权利进行了规定，台湾地区则未就精神权利和财产权利进行划分。

被识别权：香港特别行政区《版权条例》对该内容命名为被识别为作者或导演的权利，其权利内容大体于署名权内容相同，是指具有版权的文学作品、戏剧作品、音乐作品或艺术作品的作者以及具有版权的影片的导演，在作品作为商业发表、公开表演、广播或包括在有线传播节目服务内、包括在影片或声音纪录中被识别的权利。② 这在台湾地区"著作权法"中被称为"表明身份权"。

反对作品贬损权：香港特别行政区《版权条例》对反对作品贬损处理的权利大体与保护作品完整权相同，是指具有版权的作者及具有版权的影片的导演，就其版权作品被任何增加、删除、修改或改编或作品经处理后歪曲或残缺不全，或在其他方面对作者或导演的荣誉或声誉具有损害性的处理。③ 该条款在台湾地区"著作权法"中被称为"名誉权"。

（三）邻接权权利内容的规定

香港特别行政区《版权条例》赋予表演者和具有录制权的人与版权所有者类似的权利内容，台湾地区的"著作权法"并未涉及邻接权人的规定。香港对邻接权的规定只涉及财产性权利。

录制权：香港特别行政区《版权条例》对任何人在未获得合格表演者

---

① 香港特别行政区《版权条例》第 27 条。
② 香港特别行政区《版权条例》第 89 条。
③ 香港特别行政区《版权条例》第 92 条。

的同意的情况下直接自行录制表演，录制该表演的整项或者其他实质部分；将该表演的整项或实质部分现场广播；直接自非录制表演的广播或包括非录制表演的有线传播节目录制该表演者的整项或实质部分的表演或现场向公众提供盖表演的行为均是侵犯了表演者的录制权。[1]

复制权：香港特别行政区《版权条例》对任何人在未获合格表演者同意的情况下就该表演者表演的整项或实质部分的录制品进行复制的行为侵犯了表演者的复制权。[2]

向公众发放复制品权：对任何人在未获合格表演者同意的情况下就该表演者整项或实质部分录制品的复制品向公众传播的行为侵犯了表演者权利。[3]

录制品使用权：香港特别行政区《版权条例》对任何人在未获合格表演者同意的情况下将该表演的整项或实质部分公开放映或播放、广播或将该部分包含在任何有线传播节目服务内的行为侵犯了表演者的权利。[4]

输入或输出、管有该录制品的权利：香港特别行政区《版权条例》对任何人在未获合格表演者同意的情况下将该表演的整项或实质部分的复制品输入香港或输出香港或管有、向公众提供、出租、出售、分发等行为侵犯了表演者的权利。[5]

录音制品制作者的权利与表演者权利中的录制品使用权和输入、输出、管有该录制品的权利相同。

---

① 香港特别行政区《版权条例》第 200 条。
② 香港特别行政区《版权条例》第 204 条。
③ 香港特别行政区《版权条例》第 205 条。
④ 香港特别行政区《版权条例》第 206 条。
⑤ 香港特别行政区《版权条例》第 207 条。

第三节 免责情形的相关规定及其调整

《伯尔尼公约》第 9 条第 2 款规定：本联盟成员国法律要允许在某些特殊情况下复制上述作品，只要这种复制不损害作品的正常使用也不致无故侵害作者的合法权益。[①] 《与贸易有关的知识产权协定》（Agreement on Trade – Related Aspects of Intellectual Property Rights，简称 TRIPS）第 13 条规定：各成员国应当将对各种排他权的限制或例外局限于某些特殊情形，而且这些情形是与作品的正常利用不相冲突，不会不合理地损害权利持有人的合法利益的。《世界知识产权组织版权条约》第 10 条规定：（1）缔约各方在某些不与作品的正常使用相抵触、也不无理由地损害作者合法利益的特殊情况下，可在其国内立法中对依本条约授予文学和艺术作品作者的权利规定限制或例外。（2）缔约各方在适用《伯尔尼公约》时，应将对该公约所规定权利的任何限制或例外限于某些不与作品的正常利用相抵触、也不无理由地损害作者合法利益的特殊情况。[②]

合理使用是基于不损害版权人利益的情况下的一种使用，因此其内涵和外延应当是明晰的，为此各国纷纷在其成文法中对合理使用或版权使用的例外情况进行了规定，只有严格限于这类规定的行为才能适用于版权法的免责。

一 欧盟关于免责情形的规定及其调整

数字技术的发展扩展了作品的使用形式，增加了作品使用的便利性，

---

① 《保护文学和艺术作品伯尔尼公约》第 9 条第 2 款。
② 《世界知识产权组织版权条约》第 10 条。

新的例外和限制也需相应增加。欧盟版权法旨在协调各国之间的版权规定的差异，以实现版权交易的流动畅通。

（一）《信息社会版权指令》中的免责

该指令指出在新的电子技术环境下，各成员国已存的例外或限制应当被重新评估，主要为了促进版权作品在欧盟范围内的跨境利用和跨境活动能够进一步发展，使得市场实现一体化。该指令第五条单独对例外与限制进行了规定。

复制权的免责：该指令对某些临时性的复制行为给予免责性的规定。这种临时性复制行为应当是短暂的或偶然的，该行为构成了技术过程中不可分割的和必要的组成部分，从事此种行为的唯一目的是使第三方之间通过中间服务商能够进行有效的网络传输，也是为了合法使用作品或其他客体。有关的复制行为本身不应具有独立的经济价值。[①]

公共事务的免责：该指令指出为了教育和科研目的、为了公共机构（例如图书馆和档案馆等）的利益、为新闻报道的目的、为了引用、为供残障人士使用、为了公共安全进行的使用以及在行政和司法程序中进行的使用，可以在合理范围内进行例外免责。但在这些免责情形下，权利人应当获得合理的补偿，就他人使用其受保护的作品或其他客体获得适当的补偿。确定此种合理补偿的形式、详细的安排和可能达到的水平。[②]

非营利机构的免责：该指令指出为了某些非营利性机构的利益，例如公共图书馆与类似机构以及档案馆，成员国可以规定一项例外或限制。[③]

残障人士的免责：该指令指出为残障人士的利益而使用，与残障直接有关，并且是非商业性的，以特定残障的需求为限。[④]

时事利用的免责：该指令指出报刊复制、向公众传播或提供有关当前经济、政治或宗教方面的已发表的文章或广播作品或其他同类性质的客体，或为了批评或评论的目的而引用。上述利用应当提供版权人信息包括作者姓名等，除非结果表明指出来源是不可能的，其使用以引用的特定目

[①] 《欧盟信息版权指令》第 5 条。
[②] 《欧盟信息版权指令》第 5 条。
[③] 《欧盟信息版权指令》第 5 条。
[④] 《欧盟信息版权指令》第 5 条。

的为限，应符合公平惯例。①

为漫画、讽刺或滑稽模仿作品而使用：该指令规定为了上述目的使用版权作品可以免责。② 同时指出这些例外和限制的行使应当与国际义务相一致。适用这些例外和限制不得有损权利人的合法利益，或与正常利用其作品或其他客体相抵触。成员国提供此类例外或限制，尤其应充分反映此类例外或限制可能在新的电子环境背景下对经济带来的日益增长的影响。因此，当对版权作品或其他客体出现某种新的利用方式时，应当进一步缩小某些例外或限制的范围。

(二)《单一数字市场版权指令》中的免责

该指令是同样单独使用一个章节就版权法保护的例外及限制进行了规定。

以科学研究为目的的文本和数据挖掘：该指令指出成员国应当规定，科研机构和文化遗产机构为科学研究目的进行文本和数据挖掘，对其合法获取的作品或其他内容进行复制与提取的行为，适用免责条款，但作品或其他内容的副本应以适当的安全等级储存，可保留作科学研究之用，包括为验证研究结果之用。权利人可以采取措施确保承载作品或其他受版权保护内容的网络和数据库的安全性和完整性，但该措施不应超过实现这一目标所必需的限度。

在数字和跨境教育活动中使用作品或其他内容的免责：该指令规定成员国应以允许在实现非商业目的的正当限度内，为教学说明这一单纯目的而对作品或其他内容进行数字化使用，只要该使用是在教育机构负责的教育场地或其他场所，或通过只有教育机构的学生、或教学人员才能进入的安全电子环境进行。但该使用应当附有包括作者姓名的来源说明，除非事实上无法做到。

文化遗产保护的免责：该指令指出成员国应规定，为保存作品或其他内容的目的以及在此项保存的必要范围内，文化遗产机构以任何格式或媒介复制任何由其永久收藏的作品或其他内容的行为在版权法范围内免责。

---

① 《欧盟信息版权指令》第 5 条。
② 《欧盟信息版权指令》第 5 条。

二　英国和美国关于免责情形的规定及其调整

英国和美国作为判例法国家，长久以来在与成文法国家的比较中总被认为能够更快地对社会发展和变化做出相应调整，但是在版权保护和免责部分，英国和美国似乎并未有更多的动作。

（一）英国关于免责情形及其调整

英国《版权法》单辟一章对"涉及版权作品的允许实施的行为"进行了规定，即在版权法保护方面，英国先给予了版权人绝对的自由，然后再在其中圈画出允许他人触碰的范围。与其他国家版权法中免责情形相同，英国《版权法》也规定了基于研究和个人学习的免责；批评、评价或新闻报道，但这种新闻报道不能包括照片；版权作品的附随性使用这种行为如果是故意的，那么不能被视为是附随。

基于视觉障碍的免责：包括存在视觉障碍的个人合法持有或合法使用文学、戏剧、音乐或艺术作品或者公开出版物的全部或者部分，因其视觉障碍而不能使用的，为个人使用目的根据原件制作易于使用的复印件，但是这份易于使用的复制品如果被销售、出租、展示或向公众传播，那么将视为对版权的侵犯；若一个被批准成立的机构合法持有商业性出版的文字、戏剧、音乐或艺术作品，或商业出版物的原件之全部或部分，该机构为因缺陷而无法接触原件的视觉障碍者个人使用之目的制作、提供可易于使用的复制品，同样这份易于使用的复制品如果被销售、出租、展示或向公众传播的那么将视为对版权的侵犯。

教育的免责：在教学或教学准备过程中，由施教者或受教者在教学或教学准备过程中，以制作电影或者音频轨道的方式对录音制品、电影或广播进行复制，且这种教学活动不能是商业性质的；以教育机构使用为目的，且在标题或任何发行商发行的或以其名义发行的广告中做出声明的作品选集，但其中需主要包含不享有版权的材料且五年内同一发行商发行的汇编作品中不得收录同一作者的两篇以上的作品节选；向包括教育机构中的教师、学生以及与该机构的活动有直接联系的其他人在内的观众、对文字、戏剧或音乐作品进行的表演，如果是在该机构的活动过程中由教师或者学生进行的或者是为教学目的有任何人在该机构中所进行的对作品的表演、播放或者放映；为本机构之教学目的，教育机构制作或以其名义制作的广播录制品，或者此类录制品之复制品，在附有充分声明并且该教育目的为非商业性的时候；教育机构或以其名义可以在法律允许范围内为教学目的而对已经出版的文字、戏剧或者音乐作品的片段进行复制，在附有充分声明并且该教育目的为非商业性的时候。为教育目的而进行的复制行为产生的复制品不能以出租、销售、展示或者向公众传播。①

图书馆与档案馆的免责：主要包括复制行为，这种复制行为可以分为对期刊文章的复制、对已出版作品部分的复制、对同一资料的多份复制、可以出借复制品、可以向其他图书馆出租复制品、可以替换作品的复制品、可以复制未出版作品、为出口的目的进行复制。英国《版权法》规定享有免责权利的图书馆或档案馆应当归属国务大臣制定的条例约束的图书馆或档案馆。②

英国《版权法》还根据科技的发展对一些行为也进行了免责规定，其中包括电子形式作品的免责，购买者通过购买形式合法取得的电子形式作品的复制品，在其个人意志下可以进行复制、改编，但是该购买者不得对其复制、改编的作品进行转让，否则就侵犯了版权人的权利。该条款是对个人使用的一种扩展。

（二）美国关于免责情形的规定及其调整

美国《版权法》中用了较大的篇幅去对版权人专属权进行了限制，且相较于其他国家将所有免责都视为合理使用，美国《版权法》还专门对合理使用进行了规定。

合理使用免责：美国《版权法》第 106 条规定，"合理使用"是基于批评、评论、新闻报道、教学、学术和研究目的而对版权作品的使用，不构成侵权。③ 但是合理使用的范围一直应当考虑四个要件：一是该使用的性质和目的，是商业使用还是非营利的目的；二是受版权保护作品的性

---

① 英国《版权法》第 32～36 条。
② 英国《版权法》第 37～44 条。
③ CCCC Caucus on Intellectual Property, "Use Your Faire Use : Strategies toward Action," *College Composition and Coummunication*, 3（2000）, pp. 485 – 488.

质；三是使用部分占版权作品全部内容的比重；四是该使用对版权作品市场价值是否有影响。

除此之外，衍生作品是否属于合理使用在美国也曾经过多次讨论。衍生作品是基于一个或多个已有作品而形成的作品，例如翻译、乐曲改编、戏剧改编、演义、电影翻译、录音、文艺品复制、缩写、节略或已有作品可能被重述、改变或者改编的任何形式。① 美国对衍生作品一般有两种处理意见，一是认定是变形使用；二是认定为对原作的侵权。莱瓦法官在自己的论文《制定合理使用标准》（*Toward a Faire Use Standard*）中提出了"转换性使用"的问题，他认为变形使用必须富有创造性地使用了原作的材料，但是以不同的形式或者出于与原作不同的目的。同样在 Castle Rock v. Golub & Carol Publishing 案②中对"转换性使用"进一步明确为是指涉嫌侵权作品并非只是原作的替代品，而是以其他创作目的为向导，利用不同的角色塑造，通过增加新的内容，更改了原作，传递给他人新的意义或信息。

互联网环境下视听作品充分实现了视频、动画、音响、口播的混搭，电视节目和电影、动画等被碎片化剪辑并重新编辑，此时过分的强调著作权会影响创作性，那么是否可以按照合理使用规则来进行约束。美国对此进行了制度上的探讨，有些学者认为应当扩大公众对信息的访问权限，使用者在观看含有版权人内容的视听材料时应当通知版权人，版权人有 14 天的期限可以拒绝。③ 另外能否创设一个行政机关监管合理使用，该机关附属于版权局，并对各种使用进行监管。

表演权免责及调整：美国国会在 1971 年颁布的《录音制品法案》（Sound Recording Act）中创造了"复制和发行"录音制品"有形"复制件这一权利，该条款是第一次对录音制品提供版权法保护，但是该法案创设的版权中不包含表演权，该立法的理念在于唱片行业与广播行业是共存的，唱片行业需要借助广播行业宣传其唱片以促进用户去购买录音制品。因此广播行业仅需要向版税委员会支付法定许可费即可使用录音制品进行

---

① 该定义来源于美国 1976 年《版权法》。
② 王迁编校《国外版权案例翻译1》，法律出版社，2013，第 294～341 页。
③ Gideon Parchomovsky, Pillip J. Weiser, "Beyond Faire Use", *Cornell Law Rewiew*（November 2010）: Vol. 96, No. 1.

表演。

美国《版权法》第 110 条对某些表演或展出行为进行了免责，其中涉及的 11 条免责情形包括：非营利教育机构教育教学过程中；在礼拜场所的仪式上或其他宗教集会上，表演非戏剧文学或音乐作品或者表演具有宗教性质的戏剧音乐作品或展出作品；没有直接或间接的商业利益，且不支付给表演者、发起人或者组织者以费用的或者其他报酬形式而表演非戏剧文学作品或音乐作品；政府机构或者非营利性农业或园艺组织在其主办的年度农业或园艺交易会或展览会上表演非戏剧音乐作品；由销售企业向公众表演非戏剧音乐作品，无直接或间接的门票收入，表演的唯一目的是促进作品的复制品或录音制品、表演中使用的视听装置或其他装置的零售，表演的传输未超过企业的所在地，并且限制在销售进行的邻近区域；特别为盲人或其他残疾人设计的并以其为主要接收对象的传输或在传输中表演非戏剧文学作品等。

美国 1995 年颁布了《录音制品数字表演权法案》（The Digital Performance Right in Sound Recordings Act，简称 DPRSRA），该法案赋予了录音制品版权人一项专有的表演权，它仅限于"通过数字音频传输进行交互式播放或广播音乐制品的行为"，此即"交互式服务"的第一次提出，其被定义为"使用户能够按需接收由其或其代表选择的特定录音制品的服务"。但批评者认为该法案对于版权所有者的"表演权"保护过于狭窄，1998 年美国在《数字千年版权法》基础上制定了现行法的第 114 条，将交互式服务的范围扩大到"为用户特别定制的传输服务。"那么非交互式的服务依旧享受法定许可即可。

"Launch 公司案"可以很好地解释非交互式表演权在互联网时代的表现。Launch 公司是一家网络广播网站的经营者，该网站提供一种名为 LAUNCHcast 的网络服务，该服务通过询问和追踪用户的喜好，网站后台可以自动筛选并播放符合用户口味的特定类型、同类歌手或相同曲风的音乐，只提供播放和跳过当前音乐两种操作。BMG 公司享有 Launch 公司播放的部分音乐的录音制品版权，因此对 Launch 公司提起了诉讼。

美国纽约南地区法院将该案件中 Launch 公司提供服务是否属于交互式服务的职责交给了陪审团，陪审团做出驳回 BMG 公司诉讼请求的裁决，BMG 公司不服上诉至美国第二巡回法院。上诉法院最后做出了支持地区法院的判决。上诉法院认为，尽管每次用户都会生成独一无二的播放列表，但是用户并不能请求播放特定的录音制品，因此表演不具有足够的预见性，不会导致唱片销售量降低的后果，因此不属于交互式服务。

图书馆和档案馆的免责：美国《版权法》规定图书馆、档案馆或者任何在上述机构内雇佣范围内的雇员，依据法律的规定，对一部版权作品制作的不超过一件的复制品或录音制品，或者发行该复制品或者录音制品的，不视为侵犯版权。[1]

转播的免责：美国《版权法》规定假如转播是由卫星传送方为私人家庭收视或者为在商业性企业内部收视而面向公众进行的，对于转播，卫星传送方遵守联邦通信委员会规范广播电视台的信号的传送规则、条例和授权，对于向接收传播的每一用户，或者向与传送方订立合同直接或间接向公众传递转播以公司人家庭收视或者在商业性企业内部收视的分配人提供的每一转发服务，不直接或间接收取费用的；运营方从事的转播，如果该运营方无法直接或间接控制首播的内容、首播的选择或转播的特定接受人，并且运营方有关转播的行为仅系提供线路、电缆或其他通信话路供他人使用；卫星运营方依法定许可为私人家庭收视从事的转播；有线通信系统以外的政府机构或其他非营利性组织从事的转播，转播不具有任何直接或间接的商业目的，且未向接收者收取费用的。[2]

私人家庭收视的免责：美国《版权法》规定假如转播是由卫星传送方为私人家庭收视或者为在商业性企业内部收视而面向公众进行的，对于转播，卫星传送方遵守联邦通信委员会规范广播电视台的信号的传送规则、条例和授权，对于向接收传播的每一用户，或者向与传送方订立合同直接或间接向公众传递转播以公司人家庭收视或者在商业性企业内部收视的分配人提供的每一转发服务，不直接或间接收取费用；转播网络电视台的含有作品表演或展出的，依据法律规定，假如转播是由卫星传送方为私人家庭收视或向公众进行的，卫星传送方遵守联邦通信委员会规范广播电视台的信号的传送规则、条例和授权，对于向接受转播的每一用户提供的每一转发服务，直接或间接收取费用的。[3]

---

[1] 美国《版权法》第 108 条。
[2] 美国《版权法》第 111 条。
[3] 美国《版权法》第 119 条。

为盲人或其他残疾人的复制的免责：美国《版权法》规定获得授权的实体复制或者发行先前已发表的非戏剧文学作品的复制品或录音制品，假如复制品或录音制品系以仅供盲人或者其他残疾人使用的专门形式制作和发行的。①

美国《版权法》中的免责四要件被许多国家借鉴吸纳，用以衡量互联网环境下新的版权使用行为是否能够被免责条款所吸纳。

三 日本和韩国关于免责情形的规定及其调整

日本、韩国与我国互为近邻，相同的地缘环境和文化背景，使得文化交流与贸易较之其他国家更为频繁，因此，了解日本与韩国版权保护的免责情形有助于我国对待不同传播行为采取不同处理方式。

（一）日本关于免责情形的规定及调整

日本《著作权法》"权利内容"对"著作权的限制"进行了规定，其中包含 33 条内容。这部分免责情况大致可分为如下情况。

为私人使用目的的复制：免责规定的第一条即列明为了在个人、家庭或者其他类似的有限范围内使用，使用人可以复制作为著作权客体的作品。这其中首先明确了是为了个人、家庭使用或有限范围内对使用，这不包括使用供公众使用而设置的自动复制机器进行复制；也不包括可能避开或致使附着在作品上的保护措施失效的复制；更不包括明知属于侵害著作权的自动公众传播而接收并进行数字化方式录音或者录像的复制。

图书馆的复制：国会图书馆以及以供公众使用图书、档案或者其他资料为目的设立的图书馆和依照政令设立的其他设施，在法律规定的情况下可以不以营利为目的，使用图书等的图书、档案或者其他资料的复制作品。

公共事务的使用：日本《著作权法》对一部分公共事务中对版权作品的使用进行了免责性规定，这部分规定包括引用的免责、关于时事评论的转载、政治演说、为了报道时事事件的使用等。但是上述使用的免

---

① 美国《版权法》第 121 条。

责应当被限制在合理范围内，且不得对抗权利人明确的禁止转载或使用的声明。

为了教育教学的使用：对于教育教学活动中使用版权作品的行为进行了免责性规定，这部分免责行为包括教科书的登载、为了制作放大教科书等的复制、学校教育节目的播放、在学校和其他教育机关中进行的复制等、作为考试问题的复制。在这部分免责使用中一部分行为应当根据文化厅做出的标准给予版权人一定数额的补偿金，且在使用过程中根据作品的种类、用途以及公众传播方式会导致权利人利益收到不当损害的，不适用免责条款的规定。

为了身体障碍者的复制：帮助视觉障碍或者听觉障碍者可以更为便利地获得版权作品，并对版权作品进行复制，适用免责条款的规定。

不以营利为目的的使用：对不以营利为目的上演等行为进行了免责性规定。已经发表的作品，不以营利为目的，而且不向听众或者观众收取任何费用时，可以公开进行上演、演奏、上映或者口述，但是如果上述表演向表演者支付了报酬的话，那么不属于免责情况。已经播放的作品，不以营利为目的，而且不向听众或者观众收取任何费用时，可以进行有限转播或者专门以该播放服务地域内接收为目的进行自动公众传播。已经播放或者有线播放的作品，不以营利为目的，而且不向听众或者观众收取任何费用时，可以使用接收装置公开送达。已经发表的作品，不以营利为目的，而且不向该作品复制品的借受者收取任何费用时，可以通过借贷方式向公众提供，该条款不包括电影。为了供公众使用电影胶卷和其他视听资料目的而设置的视听觉教育设施和其他设施以及按照政令从事有关听觉障碍者福利事业的人，对已经发表的电影作品，在不向电影作品复制品的借贷者收取费用时，可以通过借贷复制品的方式进行发行。这种情况下从事该发行人应当向权利人支付合理的补偿金。

行政或司法使用：对行政或司法程序中使用版权作品给予了免责。这些使用包括裁判程序中的复制；按照《行政机关信息公开法》等为了公开所进行的使用；按照《国会图书馆法》为了收集互联网资料进行的复制。

特殊目的临时复制：对一些为了实现特殊目的而实施的行为进行免责。其中包括播放组织、有线播放组织为了自己的播放行为进行的复制，该复制品不得保留并使用超过 6 个月；计算机程序复制品所有权人为了在自己的电子计算机上使用该复制品而进行的复制；由于维护、修理内置储存媒介的复制机器时，在必要限度内进行复制；为了防止播放故障等进行的复制；为了进行传播可能化信息的传播单位识别符号的检索进行的复制；为了分析信息进行的复制，当该行为仅包括分析本身，不包括为了供信息分析者使用制作的数据作品；伴随电子计算机中的作品使用进行的复制，该复制是为了电子计算机在处理过程中更加顺利且流畅，在必要限度内进行的复制且仅能存储在电子计算机内含媒介内。

（二）韩国关于免责情形的规定及调整

韩国《著作权法》专门列出一章来阐述产权保护的免责情况，该章共计 17 条。大致可以分为如下情形。

行政或司法使用：对为了立法、行政机关的内部使用或司法程序的使用，可以在必要限度内复制作品，但该复制必须在合理的限度内。

为了教育教学的使用：高中及以下的学校为了教育的目的，可以在必要范围内复制已经公开的作品；基于相关法律的规定由国家或地方政府经营的教育机构，可以基于课堂教学目的而在必要范围内复制、公开表演、广播或者交互传播已经公开的作品的一部分。如果考虑作品的性质、使用目的和方式所必需，可以使用作品的全部。上述使用在一定条件下应当向权利人支付补偿金。此外不以营利为目的而进行学校的入学考试，或其他知识、技能考试的，可以在必要范围内复制已公开的作品。

公共事务的使用：对一部分公共事务中对版权作品的使用进行了免责性规定，这部分规定包括在新闻报道、批评、教育、研究等合理范围内，以符合合理惯例的方式引用已发表的作品；为了时事报道的目的的使用、基于政治目的的演说演讲的使用；时事新闻文章或社评的复制等。

非营利用途的公开表演及广播：不以营利为目的，既不向听众、观众或第三人收取费用，也不向表演者支付费用的，可以对已公开作品进行公开表演或广播；当不向听众或观众收取费用时，可以为公众复制、表演商业性录音制品或电影作品。韩国《著作权法》相较其他国家版权法在非营利用途的免责规定更为宽泛。

私人使用的复制：使用者可以为了个人、家庭或类似的使用而在有限范围内复制他人已经发表的作品，但不得在公用复印机上进行复印。

图书馆的复制：依据《图书馆法》而设立的图书馆或以供公众利用图书、文档、记录或其他资料为目的并有大总统令规定的相关设施在进行部分复制行为时予以免责，包括应用户的请求或以调查、研究为目的，图书馆复制一份已公开发表的作品的一部分；为了保存的需要对图书的复制；应其他图书馆的要求，提供用于保存绝版作品及因其他类似原因难以获得图书等的复制品。

此外韩国《著作权法》对使用计算机等信息处理设备在图书馆阅读电子书籍也有相应免责性规定，即图书馆可以复制或交互传输它所保管的图书，但是同时阅读图书等人数不得超过图书馆复制品的总数。为了用户能在其他图书馆等利用计算机进行阅览，图书馆可以复制或交互传输图书，但是若该图书等的全部或部分是以销售为目的出版的，出版五年内不得实施本条款。

为视觉障碍者的复制：为了视觉障碍者，通过盲文复制、传播已发表的作品给予免责。为了保护视觉障碍者，指定的设施如果不以营利为目的，可以记录已发表的口述或书面作品，也可以复制、发行或交互传输作品的记录形式。

广播组织的临时复制：广播组织为了自己的广播可以在经过授权后用自己的设施对作品进行短暂的录音或者录像，该行为在版权法上免责，但上述录音或录像的保存期不得超过录制之日起一年。

四 香港特别行政区和台湾地区关于免责情形的规定及调整

相比台湾地区，作为贸易港的香港特别行政区似乎在公共利益与私人利益的平衡方面做得较好。台湾地区"著作权法"虽然借鉴了美国和日本等国家的经验，在几经修正后，与社会需求仍然有些脱节。①

---

① 曾子豪：《从电影的全球化生产与消费解构反盗版的迷思与困境——以台湾的电影商品市场为例》，硕士学位论文，南华大学，2006。

（一）香港特别行政区关于免责情形的规定及调整

香港特别行政区《版权条例》考虑了这些使用行为并不与版权人对作品的正常使用相抵触，且并没有损害版权人的合法权益前提下规定了免责情况。

研究和私人学习免责：以研究和个人学习为目的合理使用版权作品的行为免责。

批评、评论及新闻报道的免责：为批评或评论某一作品或批评某一作品的表演而公平处理该作品，在附有足够声明的情况下免责。对借声音纪录、影片、广播或有线传播节目报道时事，不需要附有声明。

附带包含的免责：某项作品附带地包括在艺术作品、声音记录、影片、广播或有线传播节目内的行为免责，这种附带免责因主观故意而不适用。

残障人士使用的免责：为方便残障人士制作便于阅读文本或指明团体为阅读残障人士制作多份便于阅读文本的行为予以免责，这种免责及于制作过程中的中间品或指明团体须备存的记录。

教育的免责：为教学或接受教学的目的、为教学或考试的目的、制作供教育用途的选集、在教育机构的活动过程中表演、播放或放映作品、教育机构制作广播及有线传播节目的记录等行为免责。

图书馆和档案室的免责：由图书馆长制作期刊内文章的复制品、制作已发表作品的部分复制品、制作多分相同材料的复制品、为供应其他图书馆制作复制品、制作作品的替代复制品、某些未发表的作品的复制品、某些在文化或历史方面有重要性的物品的复制品的行为免责。其中香港《版权条例》较其他版权法更为精细，该部分条款对每份复制品可复制字数进行了明确的规定。

公共行政、立法或司法的免责：香港特别行政区政府、行政会议、司法机构或任何区议会为有效率地处理紧急事务的目的，公平处理版权作品的行为免责。

非营利目的的免责：向任何观众或听众公开放映或播放任何广播或有线传播节目而不向观众或听众收取费用的行为免责。

车辆内播放声音广播的免责：凡在车辆内播放声音广播的主要目的是

让该车辆的司机取得公共资讯包括但不限于新闻导报、天气预测及交通情况时，则其中涉及的任何文学、戏剧、音乐作品的行为免责。

（二）台湾地区"著作权法"关于免责情形的规定及调整

台湾地区"著作权法"规定的免责情形大体可以归纳为以下几点。

"行政""立法""司法"使用免责：因"立法"、"行政"或"司法"适用的目的，认为有必要将他人著作列为内部参考资料时，在合理范围内，重制他人著作的行为免责。

教育教学使用免责：各级学校及其担任教学的老师，为学校授课需要，在合理范围内，重制他人已公开发表的著作的行为免责，包括为编辑教课用书在合理范围内得重制、改作或编辑他人公开发表的著作。

图书馆等的使用免责：供公众使用图书馆、博物馆、科学馆、历史馆、艺术馆或其他文教机构在一定情况下可以重制其收藏的著作的行为免责。

时事报道使用的免责：以广播、摄影、录制、新闻纸、网路或其他方法为时事报道的行为，在必要范围内，可以利用其报道过程中接触的著作的行为免责。另外为了报道、评论、教学、研究或其他政党目的在合理范围内可以引用已经公开发表的著作的行为免责。

残障人士使用的免责：为了视觉障碍者、听觉机能障碍者需以点字、附加手语翻译或文字重制已公开发表的著作中的行为免责。相关机构为了增进视觉障碍者、听觉机能障碍者福利以录音、电脑、口述影像、附加手语翻译或其他方式利用已公开发表之著作的免责。

非营利目的使用的免责：不以营利为目的，未对观众或听众直接或间接收取任何费用，且未对表演者支付报酬，可以在活动中公开口述、公开播送、公开放映或公开演出他人已公开发表之著作。

个人使用的免责：个人或家庭为非营利目的在合理范围内，需利用图书馆或非供公众使用之机器重制已公开发表的著作的行为免责。

短时储存的免责：广播或电视机构为公开播送的目的，以自己的设备录音或录影著作的行为免责，该录制品必须保存于指定场所且储存期限不得超过六个月。

本章小结

欧盟、英国、美国、日本、韩国以及我国香港特别行政区和台湾地区版权规制的主体、客体、权利内容和免责规定的具体内容及其近年来做出的与视听产业相关的调整，呈现出以下特点。

第一，主体的界定具有开放性。

世界各地版权法对视听作品主体的规定有两种趋势，其一是在版权法中单独规定视听作品的作者，以法国为代表；其二是适用于一般性的作品作者的推定，包括以德国为代表的大多数国家。主体以列举方式呈现，被大多数国家版权法所采用，但不同的国家也呈现出不同的特点。有的国家列举方式更为开放，如法国，开放性主要表现在除了其条文中所规定的五类作者之外，如果有相反的证明，也包括其他完成视听作品智力创作的作者。而有的国家和地区则严守传统的认定方式：谁进行了智力创作，谁就是作者。如德国、日本。此外在雇佣作品方面，台湾地区"著作权法"规定雇人于职务上完成之著作，以该受雇人为著作人。但契约约定以雇用人为著作人者，从其约定。但该作品的著作财产权却归雇佣人享有。换句话说，在精神层面保护了作者的精神权利，在经济层面上也保护了雇佣人的利益，这在一定程度上在原创者和雇佣者的保护中间寻求了一种平衡。

第二，客体的界定具有前瞻性。

关于客体的规定与调整呈现出以下两种趋势。其一是将视听作品作为一种单独的受保护的客体形式进行保护，并对视听作品进行了明确的定义，这一做法是出于视听作品的复杂特性以及国际趋势的综合考虑。其二是将视听作品纳入现有的保护客体中进行保护。只要视听作品符合一般版权作品的构成要件，就能够获得版权保护。

第三，权利的界定注重协调性。

这体现在三个方面：首先是财产性权利与精神性权利协调统一。如德国和法国版权法赋予了作者收回权或追悔权，虽然可能导致双方财产权利的冻结，但保护了作者精神权利的体现。其次是法定性权利义务与约定性权利义务协调统一。比如英国和美国的版权法以作者有权禁止他人为某种行为的方式，将版权权利"积极行使权"交付给了作者。因此任何人需要使用上述权利都应当经过版权人的授权，这种授权均是基于一种约定行为。最后是传统的报酬请求权利和发展的报酬请求权利协调统一。如《单一数字版权市场指令》引入了"透明度义务"，赋予了作者要求知悉作品被利用情况或在不能知悉的情况下主张额外的合理报酬的权利。

第四，边界保护呼吁更强的合理性。

虽然互联网行业的发展使得不同主体呼吁其客体应当得到互联网保护，但是也不宜将保护的客体范围进行很大程度的扩张。知识产权保护需要兼顾个人利益和社会公共利益，如果大范围地增加受保护的视听作品类型，效果可能会适得其反，不利于作品的传播和文化产业的发展。如欧盟2018 年通过的《单一数字版权市场指令》中虽然并没有明确将表情包纳入保护范围，但是在第 11 条和第 13 条中明令网络平台禁止并及时删除用户上传侵犯版权的内容，引发网民及网络服务商的不满。

第六章 CHAPTER 6

香港特别行政区和台湾地区关于视听作品主体和客体的规定及调整

我国香港特别行政区现行的 2007 年《版权（修订）条例》是以 1997 年《版权条例》为基础修订得来。更早的 1973 年的《版权条例》则借鉴了英国 1956 年颁布的《版权法令》。1997 年的《版权条例》，于 1997 年 6 月 27 日生效。我国台湾地区的"著作权法"制定于 1928 年，它以 1910 年的《大清著作权律》为蓝本，并参考日本立法。但随后为了向世界知识产权保护标准靠拢，台湾地区"著作权法"历经了六次修订，现行的为 2006 年修订版本。

第一节 关于视听作品主体的规定及调整

香港特别行政区《版权条例》对作品作者的描述为"创作该作品的人",这个表述与英国《版权法》的表述相同。条例列举了可称为作者的范围,即"就声音记录而言,是指制作人;就影片而言,指制作人及主要导演;就某一广播而言,指做出广播的人;就接收和即时再传送而转播另一广播的广播而言,指做出该另一广播的人;就有线传播节目而言,指提供包括该节目在内的有线传播节目服务的人;就已发表版本的排印编印而言,指发表人"①。另外,对于合作的影片或广播作品,《版权条例》规定除非影片的制作人与主要导演为同一人,否则该影片应当视为上述二人的合作作品,同理如果广播是视为多于一人做出的,这个作品也为合作作品。香港特别行政区《版权条例》同样规定在没有相反证据的情况下,由雇员完成的戏剧作品、音乐作品或影片均视为雇主是该作品的第一拥有人。

台湾地区"著作权法"没有对视听作品的作者做出特殊的规定,对视听作品作者的推定沿袭的是一般版权作品作者的规定。

台湾地区"著作权法"对作者的一般性规定为第 3 条第 2 款:著作人:指创作著作之人。但在台湾地区"著作权法"关于作者的规定上,有两个值得注意的地方,一个是当作品为雇佣作品时,在双方没有特殊的约定时,著作人是受雇人而非雇佣者。具体条文如下:受雇人于职务上完成之著作,以该受雇人为著作人。但契约约定以雇佣人为著作人者,从其约定。② 但该作品的著作财产权却归雇佣人享有(双方无约定的情况下)。③

---

① 香港特别行政区《版权条例》第 11 条。
② 台湾地区"著作权法"第 11 条。
③ 台湾地区"著作权法"第 11 条:依前项规定,以受雇人为著作人者,其著作财产权归雇用人享有。但契约约定其著作财产权归受雇人享有者,从其约定。

　　另一个值得注意的地方便是将出资人也纳入了作者的范围之中。台湾地区"著作权法"第 12 条规定：出资聘请他人完成之著作，除前条情形外，以该受聘人为著作人。但契约约定以出资人为著作人者，从其约定。依前项规定，以受聘人为著作人者，其著作财产权依契约约定归受聘人或出资人享有。未约定著作财产权之归属者，其著作财产权归受聘人享有。①

---

① 台湾地区"著作权法"第 12 条。

第二节 关于视听作品客体的规定及调整

香港特别行政区《版权条例》在第 2 条采取列举的方式指出，"版权是按照本部而存在于下列类的作品的产权：a. 原创的文学作品、戏剧作品、音乐作品或艺术作品；b. 声音记录、影片、广播或有线传播节目；c. 已发表的版本的排印编排"①。该条款的规定与英国现行的《版权法》第 1 条几乎相同。

音乐作品是指由音乐构成的作品，但不包括拟伴随该音乐而唱出或讲出的文字或表演的动作。

戏剧作品包括舞蹈作品或默剧作品。

声音记录是指对声音的记录，该声音可从该记录重播或记录一项文学、戏剧作品或音乐作品的整项或任何部分的记录，而重现该作品或部分的声音可从该记录的产生。

影片是指记录在任何媒体上的记录，活动影像可借任何方法自该记录产生。②

香港特区《版权条例》未将视听作品明确表达在保护客体中，但是其开放性的表述，使得无论是可视还是可听的作品都能被归于某类现存的保护客体从而得到保护。

台湾地区"著作权法"深受美国和日本的影响，兼具大陆法系和英美法系的特点。其体例更加倾向于大陆法系国家。台湾地区"著作权法"第 3 条在词句定义时写道"著作是指属于文学、科学、艺术或其他学术范围之创作"这个定义的范围相较于前述各国略显狭窄，尤其是其他条款中加

---

① 香港特别行政区《版权条例》第 2 条。
② 香港特别行政区《版权条例》第 7~9 条。

上了"学术"二字，使得应该具有社会娱乐性的创作似乎被排斥在外，另外也未涉及任何视听作品。

此后台湾地区"著作权法"又列举了其纳入保护范围的客体种类，包括"语文著作、音乐著作、戏剧、舞蹈著作、美术著作、摄影著作、图形著作、视听著作、录音著作、建筑著作、电脑程式著作"[1]。此处相较于上文的规定涵盖更为广泛，尤其是其将视听著作纳入其中。但也可以看出，台湾地区"著作权法"认为视听作品与音乐作品、戏剧作品均不同。

---

[1]　台湾地区"著作权法"第5条。

第七章 CHAPTER 7

法律规制的改进方向和路径

视听产业已经成为一个全球性的产业，并且以其不断创新的演绎作品，建构起了越来越深入和持续的产业链条，在链条的每一个环节都有可能以优秀的作品为中心，辅之以恰当的传播手段，成为一个新的盈利点。绪论中已经表明，本书所研究的互联网视听产业不同于视听新媒体的内涵，与传统广电业以政府推进、政策紧随为主导力量不一样，是一种基于互联网传播特性的原生内容产业，产业的新业态和新问题远远早于规制体系的改革而出现，可以说经过了一个相对"野蛮"的生长期，规制才逐渐跟上产业发展的节奏进行调整。但是，对于整个法律规制体系来说，这意味着规制的调整有两个重要的准则：第一是法律的相对稳定性。法律是社会规则的"底线"，也是现代国家最为重要的治理手段，不能够朝令夕改，因此应具有一定的前瞻性，以容纳未来的发展和变革；第二是法律法规和其他规制内容应该有机结合，互为补充，形成相对平衡的"规制空间"。具体到版权领域的规制调整，是一个漫长而又应该迅速跟上产业发展的改革进程。由于每一类版权作品在生产和形成产业的过程中差异较大，用"放大镜"仔细研究每一类作品及其背后的产业发展，才能提出有针对性和实践价值的改进建议。

　　同时也要看到规制体系本身也在调整的过程中，这些调整的驱动力一方面来自本国规制体系和产业的矛盾互动，另一方面也伴随着我国积极加入国际知识产权体系的建构而产生的外部驱动力。在这个过程中，他国法律、产业和版权理念会对我国的规制调整形成促动甚至压力，这些外部力量有的是我国可以吸纳的，有的则是需要规制制定者予以立足我国的实际进行选择的。无论如何，规制调整的立足点都应该是中国的产业发展现状、法律承继关系和版权意识的水平。

第一节　"个体中心"到"产业中心"：规制调适的全面转向

现代版权制度起源于"作者中心"，也就是从保护复制者之权到保护作者权利的转变。创作者应该从人身权利和经济权利上得到足够的保护，这不仅是保护社会创新的原创力，也是尊重他人智力劳动的版权意识的普及。但不得不承认的是，生产方式已经发生了极大的变革，个体的独创性劳动对于许多版权作品，尤其是以视听作品为代表的综合性作品来说，无法成为唯一的创造性力量。近年来在整个知识产权领域中贸易保护者加强版权保护的力量愈加强大①，尽管这一现象遭到许多研究者的批评，但从另一个角度思考，这或许也是版权产业②在适应社会生产方式变化进行转型的必然要求。事实上，"产业中心"和"作者中心"一直以来都是英美法系和大陆法系版权制度的一道分水岭，尤其体现在对作者的人身权利的相关立场和规定上。③ 视听作品创作的集体性、再创作的链条化以及使用的中介化已经成为整个互联网内容产业的主流生产形态。在互联网语境下，离开广泛的传播，版权的经济价值无从实现，对作者人身权利的保护也会因此失去现实意义。今天，视听作品版权保护的"产业中心"位移已

---

① 比如 1994 年世界贸易组织（WTO）通过的《与贸易有关的知识产权协定》（TRIPS）要求政府为了使国际贸易不致遭到"扭曲和阻碍"，知识产权保护措施不致成为"合法贸易的障碍"而需要制定知识产权保护"新的规则和纪律"。引自〔美〕苏珊·K. 塞尔《私权、公法——知识产权的全球化》，董刚、周超译，中国人民大学出版社，2008，译序第 1 页。

② 世界知识产权组织（WIPO）在 2003 年发布的《版权相关产业经济贡献调查指南》中将版权产业分为"核心版权产业""相互依存的版权产业""部分版权产业""非专业支持产业"四类。美国、加拿大、澳大利亚、荷兰、新加坡等国家使用"版权产业"的名称，在我国称为"文化产业"。我国在 2012 年修订完成了《文化及相关产业分类（2012）》。

③ 详见本书第五章的相关内容。

经在世界各国的版权制度改革中日趋明显。

一 立足本国产业的实际探讨适度边界

立足中国国情，体现出中国特色，致力于解决中国的问题，必须着眼于解决我国版权创造、运用、保护、管理面临的突出问题。基于2003年第一例视听作品版权纠纷案以来超过15年的诉讼案例样本的分析，从整体上来说，盗版、网络非授权传播和抄袭等侵权行为在互联网视听产业发展的各个阶段成为比较突出的问题。近年来，随着版权意识的逐渐提升，国家治理行动等多方发力，尽管对侵权行为的遏制获得了显著的成效，但通过上面几章的分析也可以发现：一定侵权行为的高发总是与行业发展阶段的特点密切相关。这一结论不但被本书的研究所证实，在前人关于知识产权产业的整体性研究中也有所显现。根据知识产权阶段发展和区域发展的相关成果，知识产权产业经济得到充分发展之前，仿制的阶段无法逾越；[①] 同时，我国相关部门正在推进的知识产权区域布局工作[②]也证明了知识产权产业发展不仅在全球，而且在国内也存在区域发展不平衡的问题。

视听产业法律规制调整所依据的产业实际应该首先立足当下的产业发展在全球视听产业中的实际水平，正如前文所说，互联网视听产业经过了一个"野蛮生长"的阶段，规制体系是逐步跟上发展形势的。因此，规制调整的首要目标是要尽快解决当下的问题。其次，法律规制的调整又应该具有相对的稳定性，因此未来的产业新形态新发展是怎样的，也是规制调整的重要参考依据。并且，随着中国在相关技术领域的崛起，应该对未来的产业有着充分的估量空间。最后，就是如何处理本国主张和外力推动之间的关系，要积极争取全球知识产权体系中的话语权，但也不能盲目跟从外力驱使的力量来调整我国的法律规制内容。

---

① 郑文明、杨会永、刘新民：《广播影视版权保护问题研究》，法律出版社，2013，第30页。

② 国家知识产权局从2015年开始在全国选择了7个地方展开知识产权区域布局试点工作，并形成了《中国知识产权区域布局研究报告（2017）》，国家知识产权局网站，2017年8月4日，http://www.sipo.gov.cn/ztzl/zscqqybjgz/zscqqybjgz_tpxw/1067961.htm。

（一）立足现阶段实际的"准入门槛"

从作品创作角度来说，我国视听产业中原创力尚未充分开发，我国视听产业还处于以"仿制"为主的发展阶段；从版权价值实现角度来说，我国的互联网视听产业的盈利模式不是以付费模式为主，而是以免费内容拉动流量，以此吸引广告的模式为主；从主要生产者角度来说，传统的广电媒体与新兴的互联网视听企业的定位还不清晰。

从第一章可以看出，在产业发展的不同阶段，"盗版""非授权传播"和"抄袭"是各个阶段中主要的侵权方式。这从版权纠纷的司法实践视角呈现了我国互联网视听产业各个发展阶段的特点，显示出对独创性程度较高的"专业制作作品"从简单复制侵权到以"网民自制作品"稀释专业制作内容再到对专业内容的渴求这一过程。从中可以发现独创性较高的作品一直数量较少，这在著名版权维权企业"维权骑士"①的最新数据中也得到了印证：仅在 2019 年上半年，疑似被侵权的内容同比提升 91%，但被侵权的作者占比却下降了 15%；同时，作者的版权收益增长在 3 个月内，单个作者的最高收益就增长了超过 4 倍。② 在现阶段独创性程度高的"精品""优质"的"专业制作作品"在版权市场上还属于稀缺资源。视听产业高度类型化的生产方式决定了相似度也是经济价值的保证。从发展的阶段来说，我国互联网内容产业起步比较晚，模仿已经取得较好市场成绩的产品也是一个必然阶段。这一方面说明我国互联网视听产业的原创能力还需要进一步释放；另一方面也说明产业未来发展驱动优质作品的诞生仍然会主要来自行业的集体化和专业化生产，来自个人"单打独斗"式的创作不太可能将创意变现为拉动链条式开发的版权作品。在这种情况下，对作品独创性程度的标准、对在作品基础上的再创造等现象，不宜持过于严格的态度，因为行业发展的阶段还没有能够达到作品生产"质"的提升基础上的增

---

① "维权骑士"是源于知乎上一次由原创作者公开发起的原创维权代理竞拍行动，是由一起参与维权行动的六个人组建起的一家为提供版权管理和保护服务的网站。引自《"骑士"出马，能否保护原创之花》，人民网，2016 年 4 月 11 日，http://ip.people.com.cn/n1/2016/0411/c136655 - 28266533. html。

② "维权骑士 & 鲸版权"自 2016 年以来出品的第 9 期行业版权报告，由"维权骑士"根据自身独立的数据监测以及公开数据研究发布。引自《2019 上半年内容行业版权报告现已发布》，搜狐网，2019 年 7 月 22 日，http://www.sohu.com/a/328619163_99970761。

量。相反，产业还处于先增量的阶段，而后再细分市场，再提升质。

同时，通过近年来出现的"刷流量"案例，比如"首例视频网站刷流量案"①、首例"暗刷流量案"②、"'爱奇艺'网站因视频被非法刷流量诉'触媒创想'案"③ 等令人可以一窥互联网视听产业的营利模式是建立在以用户的数量和关注度为基础的现实，"流量"则正是数量和关注度的量化手段。正如上海徐汇区法院知识产权审判庭庭长王利民在接受中央电视台采访时所说："访问数据对视频网站经营者而言，既直接影响经济收入，也能通过系统分析后，作为决策的重要考量因素，蕴含着大量的商业价值，能给视频网站经营者带来竞争优势。"④ 在"出让受众"阶段，以海量的免费内容吸引最大数量的用户，然后主要以广告的方式营利仍然是主导的商业模式。虽然以腾讯、爱奇艺和优酷为代表的视频网站，以搜狗、喜马拉雅等为代表的音频网站通过购买优质版权内容不断培养用户的付费习惯，但免费用户仍然占据全部用户近一半的比例。⑤ 在这种情况下，对于作品如果设定了较高的独创性标准，或者新的作品形式如果因独创性较低无法成为版权作品，就会令大量的视听类作品无法实现其版权价值，也无法带来海量的免费作品。只有在用户整体的可支配收入增长、付费习惯已经养成的语境下，或许才能为作品的版权保护设定较高的门槛。当然，如

---

① 上海市徐汇区人民法院公开审理的国内首例因视频网站"刷流量"引发的不正当竞争案，并于 2018 年 8 月 24 日一审判决受到侵害的视频网站获赔 50 万元。引自《伪造不少于 9.5 亿次虚假访问 全国首例视频网站刷流量案宣判》，央视网，2018 年 8 月 26 日，http：// news. CCTV. com/2018/08/26/ARTIWFwNzKzB04SV7dZjofKs/80826. shtml。

② 北京互联网法院于 2019 年 5 月 23 日宣判了全国首例"暗刷流量案"，收缴了签订刷流量合同的双方当事人的非法所得。引自《全国首例！网络"暗刷流量"第一案宣判》，中国法院网，2019 年 5 月 25 日，https：//www. chinacourt. org/article/detail/2019/05/id/3961380. shtml。

③ 因认为对方利用技术手段对"爱奇艺"网站视频进行刷流量，北京爱奇艺科技有限公司以不正当竞争纠纷为由将触媒创想（北京）科技有限公司、北京数字简史科技有限公司诉至法院，要求二被告停止不正当竞争行为，消除影响并赔偿经济损失 150 万元。日前，海淀区法院受理了此案。引自《"爱奇艺"诉"触媒创想"索赔 150 万》，中国知识产权（网络版），2019 年 5 月 6 日，http：//www. chinaipmagazine. com/news - show. asp? 23699. html。

④ 引自《伪造不少于 9.5 亿次虚假访问　全国首例视频网站刷流量案宣判》，央视网，2018 年 8 月 26 日，http：//news. CCTV. com/2018/08/26/ARTIWFwNzKzB04SV7dZjofKs/80826. shtml。

⑤ 以视频用户为例，2018 年网络视频付费用户比例为 53％，引自国家广电总局发展研究中心发布的 2019 年度《视听新媒体蓝皮书》。引自《网络视听〈蓝皮书〉发布　5G 新技术将创造全新产业空间》，每日经济新闻，2019 年 5 月 29 日，https：//baijiahao. baidu. com/s? id = 1634886215295093089&wfr = spider&for = pc。

果明确了视听作品的独创性构成，就能够在侵权诉讼中对独创性程度不同的作品提供更符合作品价值的损失计算。在央视国际公司诉暴风公司（2015）京知民终字第 1055 号案件中，法院对于该问题进行了详细的论述，无论是从我国著作权法的体系化角度分析，还是从国际著作权与邻接权制度历史发展以及司法实践的角度进行分析，均可得出如下结论：在我国著作权法区分著作权和邻接权两种制度，且对相关连续画面区分为电影作品与录像制品的情况下，应当以独创性程度的高低作为区分二者的标准。①

因此，在规定作品范围的门槛不高的情况下，对于侵权造成的权利人的实际损失可以对不同独创性程度的作品设定不同的损害计算标准。这样既符合我国互联网视听产业整体创意发展水平还不高的现实，又能鼓励和引导原创者投入创新程度更高的作品的创作当中。也正是因为立足于这样的现实，在尊重作者权利的同时，以最大限度地"兑现"版权价值为诉求也应该成为规制调整的重要方向。

（二）立足未来发展的"弹性空间"

互联网视听产业作为互联网内容产业的原生产业之一，天然地与互联网技术的发展结合紧密。技术甚至会成为作品生产、作品表达新样态的决定因素。比如 5G 技术作为与互联网内容产业密切相关的新技术，其"全面落地已经进入倒计时，进入 5G 上半场，将带来视听行业的彻底重构"②。此外，

---

① 央视国际公司经过授权享有 2014 年巴西足球世界杯的独家播放权利。北京暴风公司未经许可向公众提供赛事在线播放服务，并对涉案赛事节目进行剪辑。央视国际公司认为体育赛事节目构成类似摄制电影的方法创作的作品或录音录像制品，该行为严重侵害了其所享有的信息网络传播权。诉请判令北京暴风公司停止侵权，并赔偿经济损失。一审法院认定涉案体育赛事节目不构成类似摄制电影的方法创作的作品，但构成录音录像制品，被诉行为侵害了央视国际公司对录音录像制品所享有的信息网络传播权。故判令暴风公司对央视国际公司进行经济赔偿，共计 67 万余元。北京知识产权法院在二审中认为，一审对于涉案赛事节目属于录音录像制品的认定不存在问题，但一审对侵犯信息网络传播权的经济赔偿数额较少，故对央视国际公司诉请的 400 万元赔偿全额支持。（2015）京知民终字第 1055 号，引自《北京法院优秀裁判文书丨 央视暴风体育赛事节目著作权案——（2015）京知民终字第 1055 号》，商业新知，2020 年 9 月 30 日，https：//www. shangyexinzhi. com/article/2480339. html。

② 国家广播电视总局网络视听节目管理司副司长董年初在第七届网络视听大会上的讲话。引自《网络视听〈蓝皮书〉发布 5G 新技术将创造全新产业空间》，每日经济新闻，2019 年 5 月 29 日，https：//baijiahao. baidu. com/s？id=1634486621529509308&wfr=spider&for=pc。

基于 AI 和大数据的智能剧本分析、智能选角、智能流量预测使得产出精品内容的可能性更大。在视频制作生产环节，智能切条基于 AI 视频内容理解和图像算法基础上进行视频拆条、混剪、包装以及自动生成封面并且结构化视频内容，极大降低了用户获取内容的门槛。这两个技术领域是我国正在大力发展的，尤其是 5G 技术，我国已经领先于其他国家。新技术"催生"的新的作品形态甚至产业链条有着广阔的未来。依托当下良好的互联网视听产业的发展规模，加之新技术平台的全球领先，可能给包括未来产业的发展提供一个新的契机，实现和全球其他地区同类产品生产的一同起步。比如在视频方面，VLOG 这种专业用户制作的视频类型（PUGC）在国内的多个视频平台出现，这一时间与 VLOG 首次在其他国家视频平台上的出现的时间几乎没有差别。版权作品是以个人的独创性劳动为基础的，版权制度本身并不保护创意本身，而是保护"创意的表达"。创意能够在技术平台实现不同的表达，就能够实现不同形态的作品的创造。这同样意味着视听作品的综合程度的提高，规制体系在进行调整时应该为创作的主体、客体都保留一定的弹性空间，以便在未来能够应付层出不穷的新作品形态和作者类型。

互联网视听产业是以版权作品为核心的产业形态，版权纠纷从以拉动流量为目的带来的非授权传播的争议，发展到当下以内容抄袭为主要争议点，这意味着对独创程度较高的版权作品的需求的增加。这也加速了视听内容产品的两极分化：一极是专业制作人员创作的精细化产品追求更高的独创性表达；一极是普通非专业的网民制作的粗放化产品追求更吸引眼球的模仿性表达。这两个类型的产品在共享的互联网语境下会长期共同存在，前者将更多的发挥产业的主导性作用。受国家版权局委托，中国信息通信研究院在 2018 中国网络版权保护大会发布的《2017 年中国网络版权保护年度报告》称："2017 年，随着网络版权保护力度的不断加大，中国网络版权市场迎来了从流量经济向内容经济的结构性转变。"① 在这样的经济结构性调整的语境下，版权作品的专业生产者将成为主体性生产者。同时，"产业互联网"已经成为互联网产业的下一个发展阶段。在这个阶段，

---

① 《〈2017 年中国网络版权保护年度报告〉显示：侵权判赔力度加大》，中国经济网，2018 年 4 月 26 日，http://www.ce.cn/culture/gd/201804/26/t20180426_28956757.shtml。

渠道和内容的机构将会越来越细分化。对于视听产业来说,由于独创性较高的高版权价值作品大都来自专业制作机构,这意味着视听类节目的制作机构和传统广电走过的道路可能有相似之处:经过播出平台和制作机构的合一,仍然需要走上类似传统媒体时期的"制播分离"的道路。在这个过程中,对于版权权利中与传播有关的权利规定也需要有一定的弹性空间。本书也探讨了由于"跨屏传播"带来的多主体权利交叉的问题,以广播电视为例,作为传统媒体在"制播分离"的转型中,广播电视等传统媒体的定位趋向于"播"的身份。作为播出者的广播电视具有广播组织者的主体身份,享有相关的邻接权利。但在互联网语境下,这些传统媒体自身的优势在于专业化的内容生产能力,由它制作的节目如果不是版权意义上的客体,广播电视不能成为版权权利人,作为广播组织者同样对这些节目在网络的"转播"行为也没有对应的法律依据。以电视台在重大体育赛事中获得的"独家授权"为例,这个授权是针对转播行为的,但却无法保证对于他人网络转播行为的版权意义或者邻接权意义的追责。除了传统媒体转型带来的产业承继关系的版权主体的权利交叉,原生互联网主体之间也面临同样的问题。可以预见,随着技术对于作品形式的决定意义越来越重要、内容生产主体的构成和重要程度的变化,这种多主体权利的交集将会更加复杂,因此,规制的调整也必须为这些变化预留一定的弹性空间。

二 基于社会化生产平衡各方利益

链状生产方式是互联网视听产业的基本产业形态,本书第一、第二和第四章详细论述了这种建立在高度社会化分工基础上的生产方式与版权纠纷之间的联系。基于"产业中心"的转向来说,版权规制的调整主要是明确权利人和权利人之间、权利人与使用者之间以及权利人与传播者之间的权利义务关系。具体来说,可以将互联网视听产业的生产方式概括为"链状生产"和"中介化使用",未来规制的调整应就这两个特点,按照付出和回报相对平等原则对权利义务进行再分配。

(一) 基于链状生产方式的权利再分配

从主体的论证中可以发现,版权纠纷中涉及的主体众多,远远超越了原始版权人的范围。这说明互联网视听产业中的社会化分工越来越细，单个的作者无法实现作品的全部创作、投资和传播。第四章从产业转型角度分析了多个主体产业的原因以及他们之间复杂的权利义务关系。如果说，在传统版权制度的语境下，版权人与其他人的关系是一种伞状关系，也就是以作品为核心，以版权人权利为中心的构成格局，那么在版权制度改革的语境下，视听产业的这种细化分工实际上将这种伞状格局已经改造成了链状格局。这在第四章第二节中有过详细分析。从权利分配的角度来讲，这种链状格局令原始版权人，尤其是个体作者的权利已经分散，这样才能真正实现作品的版权价值。以在线音乐为例，音乐人通过作品的信息网络传播权的让渡获得收益。在这一过程中，音乐版权集体管理组织或者唱片（发行）公司获得授权，并根据与网络平台的协议，将音乐作品上传，由网络平台根据用户的下载和收听来收取费用，并基于协议将费用部分支付给管理组织或者唱片公司，作者最终才能从中获得自己的版权收益。在此过程中，作者或者集体管理组织等还可能委托版权维权机构对自己的版权权利侵害情况进行监控和评估。因此，链状生产方式涉及作者、制作者、投资者和其他管理组织之间的平衡。在国内和国外的规制调整中，基于整体产业的利益平衡理念大行其道。有研究者认为，与《罗马条约》和《与贸易有关的知识产权协定》中录音制品制作者和广播组织的规定一样，《世界知识产权组织保护广播组织条约》草案更是被认为是一个"只保护投资不保护创作活动"[1] 的国际条约。这是因为广播节目信号未能得到版权法律保护的情形下，有被他人盗用的风险。比如从美国影视产业生长起来的"娱乐法"概念在我国也有所讨论。有人提出"娱乐法"[2] 的"人、财、物"三要素[3]，即外延广泛的从业者、资本和著作权。这一概念的提出实际上正是给链状生产的视听产业的各个主体协调更为稳定的平衡关系。事实上，版权规制体系本身是可以容纳这一调整的。在版权法律中所有主体的权利来源只能基于原始版权人的权利的授权或者是获得邻接权的

---

[1] 郑文明、杨会永、刘新民：《广播影视版权保护问题研究》，法律出版社，2013，第33页。

[2] 娱乐法是英文"Entertainment Law"的翻译，这一概念首先出现在美国，是与娱乐产业有关的单行法律的总称。

[3] 刘承韪：《中国影视娱乐法论纲》，《法学杂志》2016年第12期。

主体身份。这需要进一步明确除作者之外的各个主体的范围以及进一步探讨各个主体之间的权利范围。比如以《中华人民共和国电影产业促进法》（2016）为代表的法律中关于由直接对投资者负责的制作机构成为原始版权人的方式是否可以适用于所有的视听产业、广播组织者是否应该赋予"向公众传播权"以及版权集体管理者和新近出现的版权维权机构等的法律地位还需要进一步明确。

同时，链状生产方式还意味着深度开发产生的多个作品及围绕这些作品的权利主体。除了少数由相同作者创作同一主体的不同作品的情形，社会化分工造就的更多可能是不同作者的开发模式。这产生了原著作者和演绎作者之间的争议。在第四章讨论的创作者主体的边缘化问题，一部分就来自产业链条不同环节作品版权价值彰显的情形下，原创者与演绎作品作者之间的权利分配问题。"二次获酬权"已经在《著作权法》修改草案中成为部分视听原创者的权利，但还值得注意的是，伴随新的制作技术的发展，视听产业链条呈现出长尾化的趋势，一旦原创者的获酬范围拓展到衍生作品的收益，应该进一步探讨合理的边界，以免对衍生作者造成新的不公平。并且，由于衍生作品的创作、开发和营销等过程实际上和原创作者并无直接的关系，原创作者很难获得平等的信息以核对自己获酬的份额。因此，作者"二次获酬权"的实现，还需要具有操作性的实施规则的跟进。此外，从互联网视听产业版权纠纷的趋势来看，近年来对于优质版权内容的需求量逐渐增加，反映在版权纠纷的特征上"抄袭"争议变得更多。这些抄袭争议中对利用互联网数据进行"再创作"的案例的讨论最为热烈，"混剪视频"等行为是否构成侵权成为讨论的焦点。值得注意的是，创作者和研究者对于这种创作行为的基本态度是有较大差别的。创作者一再表达了对这种创作方式的批评；但研究者试图寻找的是法律的解决路径，其中以转换性使用视角来审视合理使用制度是比较有代表性的一种看法。"在区分版权产业与互联网产业传播动机差异的基础上，可以将转换性使用作为判定'用户创造内容'合法性的标准，将基于或利用原作品增加新表达、新意义或新功能的'用户创造内容'行为视为合理使用。"① 就视听作品来说，在他人作品基础上构成新的连续画面作品的"可识别性"

---

① 熊琦：《"用户创造内容"与作品转换性使用认定》，《法学评论》2017 年第 3 期。

较之文字类等作品更明显，因此，还需要对这两种声音进行再讨论，并寻找一种既符合法理，又鼓励更多创作的具体路径。

（二）基于"中介化"使用方式的义务再分配

互联网视听产业中的作品使用与传统版权制度中的作品使用有着根本的区别。最早的文字作品，使用者需要借助的中介是复制者。版权法律的修订与复制技术的发展也有着密切的联系。但使用者如果实施了侵害版权的行为，获得了版权授权的复制者对侵权行为没有相关的责任义务。比如以印刷品进行了盗版，原出版者不会承担侵权责任。互联网视听产品的使用则必须依靠一定的中介才能实现，从视听产业的整体视角观察，使用者对作品的使用需要依靠的中介可以大致分为网络服务提供者和技术提供者。

对仅止于观看的使用者来说，提供相应网络服务的平台是使用视听产品的中介。不通过相应的网络服务，使用者没有可能接触到视听作品。我国的《信息网络传播权保护条例》也规定了提供信息储存空间、提供搜索、链接服务以及提供网络自动接入服务的四种网络平台以"通知—删除"为核心的义务。本书也就间接侵权行为的责任进行了梳理。比如在线观看视频，登录视频网站的观看行为实际上通过了网络储存、搜索等服务中介。近年来，对于网络服务者的义务内容有逐渐增加的趋势。《数字化单一市场版权指令》草案通过后，以谷歌（Google）、脸书（Facebook）等为代表的平台企业对于"链接税"的态度坚决反对，并在欧盟做了大量游说工作希望能否定这一规定。这与创作者团体形成了鲜明的对比：一些作曲家、作家、记者和摄影师的组织也发表了公开信，呼吁欧盟机构批准该指令。"合理的注意义务"是目前对于平台义务的普遍性描述，尽管对它的解读不尽相同。但对于当下网络环境下担任唯一入口的平台来说，体量的巨大使得它们不得不为了这种注意义务付出大量的经济成本，如果还要将这种"注意义务"上升为"审查义务"，将极大地增加平台企业的成本。

对于再创造的使用者来说，与视听作品相关的制作技术是他们的使用中介。事实上，间接侵权责任的标志性案例就与主要提供影视制作技术的索尼公司有关。在 1984 年"环球影视公司诉索尼公司"一案中确立的"非实质侵权使用"原则对于技术提供者的义务边界提供了一个有可操作性的判断标准。从版权制度与科技发展的历史来看，科学技术推动了版权作品的创作和传播，同时也加大了侵权的便利。目前我国《著作权法》对保护技术措施均有原则性规定，但缺乏可操作性；《计算机软件保护条例》对技术措施的定义、保护方法和例外做出了规定，但其适用范围仅仅涉及信息网络传播。在网络平台，类似"移除水印"的教程并不鲜见，技术提供者也需要以平台进行传播，一旦发生版权侵权行为，实际上侵权者和技术提供者的责任更为明显。如果没有相关的技术提供者的义务规定，平台承担的义务不仅不足以防止侵权行为的发生，对于视听产业这种中介化使用的情形来看，义务分配也是不平衡的。此外，有的版权维权企业"投放"作品的行为一旦和侵权行为有关联，也应该有相应的侵权责任。

在版权保护体系中，平台承担一定的义务已经成为共识，但是这种义务对应的主体地位和权利内容却不甚清晰，对于视听作品的使用者来说，使用行为必须基于一定的中介才能进行。从这个角度来说，规定主要的中介方平台企业一定的注意义务是必要的。但也要看到，包括互联网视听产业的内容产业是庞大和复杂的。在发生直接侵权的情形下，构成间接侵权责任的第三方的范围实际上是加大了，着眼于产业的整体性发展，应将相应的注意义务进行再分配，才能对侵权行为进行合理的处罚，使侵权者承担相应的侵权后果。

三 着眼国际交易接轨全球化规则

在接轨全球化规制的过程中，"外力"和"内功"同样都要重视。"外力"是指其他国家在立法实践上的进步性以及对中国国内规制体系调整的"敦促"力量，需要辩证地看待。"内功"则指从产业内部生发出来的规制要求和规制方式。要丰富互联网视听产业版权规制体系的本土内容，应在充分实践和论证的基础上，逐渐将这些"软法"内容充实到"硬法"的框架当中去。这一方面是视听产业全球化发展的需要，另一方面也是我国输出优秀视听作品，建构国家形象的要求。

（一）立足产业全球不平衡的"外力"辨析

在整个知识产权体系全球化的趋势下，加入和参与缔结国际公约是争取国际话语权的重要途径。同时，这也加重了我国相关产业对于国际公约的义务，这些义务也成了国内规制体系修改的外在推动力量。自从1992年《中美知识产权备忘录》签订之后，我国根据备忘录要求，陆续加入了《伯尔尼公约》①和《世界版权公约》。②并为了适应世界贸易组织（WTO）的要求，于2001年10月对《著作权法》进行了第一次修订。尽管如此，美国在十四年的时间里连续将中国列为"特别301报告"③的重点观察国家。在我国《著作权法》的第二次修订（2010）中，关于删除"依法禁止出版、传播的作品，不受本法保护"条款，并增加"国家对作品的出版、传播依法进行监督管理"条款就在极大程度上源于美国的两次"301报告"对于中国影视行业盗版情形的争议。此外，其他一些国际组织也持续关注中国视听产业的版权问题。比如国际唱片协会（IFPI）在《2006年视听产业盗版报告》中将包括中国在内的十个国家列为"优先观察国家"④。我国于2009年发布的《广播电台电视台播放录音制品支付报酬暂行办法》、2013年修订的《信息网络传播权保护条例》等都与"外力"的促使有关。在最近连续三年的"301报告"中，美国仍然将"在线盗版"作为中国是"大量侵权行为的实施地"的重要证据之一。⑤但通过前文分析可以发现，随着国内互联网视听产业现阶段"头部"平台版权秩序逐渐规范，对独创性更高的内容的"抄袭"已经超越了盗版纠纷⑥，应成为版权规制的重要调整内容。从对外来产品的大量需求到本国产业的高速发展，我国在坚持打击盗版的同时，法律规制的调整也应该朝着更有利于本国产业健康

---

① 中国1992年7月1日决定加入该公约，10月15日成为该公约的第93个成员国。
② 1992年7月30日，中国常驻联合国教科文组织使团代表秦关林代表中国政府向联合国教科文组织递交了加入《世界版权公约》的官方文件，标志着中国正式加入了《世界版权公约》。
③ "特别301报告"是对全球的知识产权保护及执法状况的年度审查报告。美国贸易代表遵照经修订的《1974年贸易法》（Trade Act of 1974）第182节每年进行特别301审查。摘自《美国贸易代表公布2018年关于知识产权的特别301报告》，美国驻华大使馆和领事馆网站，https：//china. usembassy – china. org. cn/zh/ustr – releases – 2018 – special – 301 – report – on – intellectual – property – rights/，访问日期：2018年10月2日。
④ IFPI, "The Recording Industry 2006 Piracy Report", 11 – 18, July 2006.
⑤ 见《美国贸易代表公布2018年关于知识产权的特别301报告》，美国驻华大使馆和领事馆网站，https：//china. usembassy – china. org. cn/zh/ustr – releases – 2018 – special – 301 – report – on – intellectual – property – rights/，访问日期：2018年10月2日。
⑥ 见本报告第一部分第四大点的相关内容。

发展的方向倾斜。事实上，20 世纪 80 年代，欧盟曾经是全球视听产品最大的市场，但因为产业发展水平滞后，不得不依靠进口视听产品，之后欧盟采取了一系列政策法律来保护自身产业的发展，才逐渐缓解了这一现象。

对于中国的视听产业来说，我国在承担国际公约的成员国义务的同时，对于其他国家"敦促"我国相关法律规制的调整要求，应立足国情语境，为本国产业的保护设置合理的边界。因为大量的事实证明了互联网视听产业在全球性发展的区域不平衡，这种不平衡是与整体经济水平和产业本身的发展路径相联系的。

在以美国为代表的发达国家的推动下，《与贸易相关的知识产权协定》（TRIPS）规定了所有成员应采纳的知识产权保护（IPR）最低标准，这对于拥有更多知识产权客体的大企业来说，可能将更加保护了它们基于创新型知识成果的市场扩张行为，因此引发发展中国家是否有必要实施和发达国家同样严格的知识产权保护标准的争论。在版权领域，各个国家的相关产业发展水平与本国的经济发展阶段相关，差别同样非常大。"2016 全球数字内容市场会议"在瑞士日内瓦召开，美籍作曲家田仁志介绍的"2008年诞生于瑞典的'声破天'（Spotify）是目前全球最大的正版流媒体音乐服务平台，在全球已拥有 7500 万用户，其中付费用户达到 2000 万"案例，以此来证明越来越多的人开始愿意为享受好音乐付钱的观点遭到了来自肯尼亚的与会者的质疑："如果一个国家的人均生活费每天不到 1 美元，人们有多大能力为听音乐、看电影付费呢？"来自尼日利亚的演员也称："在尼日利亚，一张电影票将近 7 美元，而一张盗版光盘只要 1 美元，因而绝大部分影片无法进入院线播放，导演、演员收入甚少。"① 产业发达国家和发展中国家在版权保护上的"统一标准"并不符合客观现实，也不利于未来的平衡发展，应该建立与具体的产业和规制环境相适应的版权保护强度。

2011 年美国曾要求我国加大对体育赛事直播的版权保护，并明确禁止未经授权的转播。但时至今日，体育赛事直播的客体地位在中国仍然是一个有争议的话题。我国的相关法律首先坚持了现行法律中的"类电作品"

---

① 许立群：《"2016 全球数字内容市场会议"日前在日内瓦召开，与会者关注探讨——数字化时代，如何保护原创者权益》，人民网，2016 年 4 月 28 日，http：//world. people. com. cn/n1/2016/0428/c1002 - 28310004. html。

的"固定"要件，并在司法实践中对于体育赛事直播是否具有独创性，能够构成作品仍在讨论之中。

随着中国在全球视听产业版权保护体系中承担的义务加重以及与其他国家，特别是与美国的知识产权摩擦不断发生，我国相关规制体系的调整会感受到越来越多的"外力"，需要根据本国的实际辩证性地采纳和反馈。

（二）　立足产业领域不平衡的"内功"修炼

本书从主体、客体、侵权行为和责任等方面对互联网视听产业的侵权纠纷特征进行了呈现，在这一过程中不难发现侵权纠纷的发生地基本集中于经济水平更为发达的"一线城市"。数据显示，这些纠纷的一半以上发生在北京、上海、广州、深圳和杭州等地。视听产业在全国范围的地域发展不平衡呈现为两个方面：一是内容产业发展的程度，二是相关平台企业拥有的数量。产业和平台的建设发展有着极大的地域渊源，除了产业传统，和地方资源、地方政策也是密不可分的。事实上，我国知识产权相关产业的区域不平衡是一个普遍现象。国务院印发的《"十三五"国家知识产权保护和运用规划》和《"十三五"国家战略性新兴产业发展规划》中提及的"知识产权区域布局"① 工作正是针对这种不平衡现象进行的制度探索。同时，从客体研究的数据呈现中还可以看出，以版权客体为中心的互联网视听产业的各个子类别在我国的发展也是不平衡的。有的子产业发展较快，与先发国家产业的差距逐渐缩小；有的子产业发展则相对较慢。面对国内产业发展的这种现状，规制的调整可以从两个方面逐渐接轨全球化规则：一方面是将产业发达地区的司法经验中具有产业典型性的部分进行"提炼"，发挥司法实践在规制调整中的"领头羊"作用；另一方面就是更为贴近各个子产业的发展特征，以版权自律联盟的方式促进版权诚信体系的建设和"软法"形态的丰富。前一方面在以最高人民法院逐年公布的典型案例中已经得以体现，但后一方面是视听产业规制调整中还需要着重加强的部分。

---

① 国家知识产权局从 2015 年开始在全国选择了 7 个地方展开知识产权区域布局试点工作，并形成了《中国知识产权区域布局研究报告（2017）》，中国政府网，2017 年 8 月 4 日，http：//www.gov.cn/xinwen/2017 - 08/04/content_5215907. htm。

从本书第一章的数据中可以看出，视听产业发达地区的相关司法实践更为丰富。最高人民法院从历年发布的"10大知识产权案件"中，涉及视听版权侵权案件的审理法院位于北京、上海、广东等视听产业较为发达的地区。这些案例中涉及视听产业发展中的普适性争议和版权新问题。通过将产业发达地区的案例上升为典型案例，并探索如何通过具体的司法解决方案去弥合法律与产业、国内法律与国际规则之间的差距。"新浪诉凤凰中超赛事转播侵权案"① 的一审法院就体育赛事的作品属性进行了全国性的调研，并形成了《体育赛事节目的法律保护研究报告》。②

立足地方性的优势资源，促进不同的产业版权自律联盟，是将视听产业版权规制"垂直化"落实的方式。事实上，以产业自治联盟来推动版权保护是视听产业发达国家一直以来的做法，行业自律联盟主要有两种方式：按照以具体产品为中心的联盟方式和以行政区域为中心的联盟方式。行业版权自律的方式能够具有规制功能的在我国主要体现为版权集体管理组织。但在《著作权集体管理条例》中明确规定版权集体管理组织必须是全国性的、唯一性的。在本书第二章关于版权纠纷主体的论述也可以看出，版权联盟并没有出现在主体名单中，从全球范围内来观察，版权自治联盟是一种基于组织章程组成的松散组织，它没有可能获得版权的集体管理授权，也就没有可能成为任何的版权权利主体。这种自治联盟的优势在于，它能够形成行业内部版权交易诚信体系的"数据库"，并随着加入成员的增多也显现其作用，且在运作的过程中形成业内可能达成普遍一致的惯例和规则。

在正式的法律规制无法频繁变动的情况下，"软法"概念的兴起能够弥补制度与现实社会之间的差距。所谓"软法"（soft law），是指那些不能运用国家强制力保证实施的法规范。软法是相对于硬法（hard law）而言

---

① 因认为凤凰网直播中超赛事的行为构成著作权侵权及不正当竞争，北京新浪互联信息服务有限公司将凤凰网的运营商北京天盈九州网络技术有限公司告上法庭。北京市朝阳区人民法院为该案的一审法院。引自《新浪网诉凤凰网转播中超赛事》，民主与法制网，2015 年 7 月 23 日，http：//www. mzyfz. com/cms/benwangzhuanfang/xinwenzhongxin/zuixin-baodao/html/2015 – 07 – 23/content_1138170. html。

② 《体育赛事节目的法律保护研究报告》由北京市朝阳区法院知识产权庭和中国互联网协会调解中心联合发布。引自《体育赛事节目受著作权法保护》，中华人民共和国国家版权局网站，2016 年 2 月 24 日，http：//www. ncac. gov. cn/chinacopyright/contents/4509/275520. html。

的，后者是指那些能够依靠国家强制力保证实施的法规范。[①] 具体来说，软法规范主要包括国家立法中的指导性、号召性、激励性、宣示性等非强制性规范；国家机关制定的规范性文件中的法规范；政治组织创制的各种自律规范和社会共同体创制的各类自治规范。自律联盟的自律举措显然属于这个范畴。就目前我国的知识产权诚信制度的建设[②]来说，同一个行业的自律组织显然更具有专业性和认可度。

目前中国的视听行业版权自律联盟的缔结主要有两种行业自律联盟，一种是基于一种版权客体的联盟，比如 2009 年 9 月 15 日成立的"中国网络视频反盗版联盟"、2011 年 1 月 8 日成立的"中国网络游戏版权保护联盟"、2015 年 1 月 29 日成立的"中国网络正版音乐促进联盟"、2016 年 11 月 24 日成立的"网络游戏反盗版和产业保护联盟"等；另一种自律联盟是基于相同利益关系的平台联盟，比如 2017 年 7 月 17 日由腾讯、百度、爱奇艺、搜狐、新浪、快手等公司共同发起和参与的"中国网络版权产业联盟"，该自治联盟还发布了《中国网络短视频版权自律公约》。然而，基于客体形成的视听版权自治联盟在我国的发展却有些"雷声大雨点小"的状态，大都是签署一纸声明或者没有约束力的协议，之后并没有后继运作和发挥作用。事实上，从第一章的数据可以看出，我国视听产业内部各个子产业的发展程度相差颇大，如果这些自治联盟能够进入长期、规范的运作，可以在建立版权诚信数据库的基础上，更近距离地创制与产业实际更为贴切的规范，不但弥合互联网视听产业各个子产业发展的不平衡带来的不同规制要求，也能逐渐通过借鉴其他国家相同行业版权自治组织的成熟经验，在行业内部发展出符合与之接轨的本土版权自治规约。

本书对互联网视听产业版权法律规制调整的"产业中心"的转向是基于研究的逻辑推演做出的判断。这和版权法律本身的"作者中心"的诉求并不矛盾，反而是以视听产业为代表的互联网内容产业在产业发展中推动作者权利实现的现实方向。在探讨对这一方向的具体路径落实之前，要处

① 徐慧：《互联网法治离不开软法　2016 中国行为法学会软法研究会年会召开》，上海人民代表大会网站，2016 年 7 月 12 日，http：//www.spcsc.sh.cn/n1939/n1944/n1945/n2300/u1ai131103.html。

② 最高人民法院 2017 年 8 月 7 日颁布了《关于为改善营商环境提供司法保障的若干意见》。国家版权局在《版权工作"十三五"规划》中提出，将探索建立侵权盗版信用评价机制，发布失信单位和个人"黑名单"。

理好三组关系，即如何立足本国产业实际制定合理边界、如何立足产业特征分配权利义务以及如何接轨国际规制促进产业的全球性发展。立足本国产业意味着视听产业的相关规制调整既要正视我国视听产业中原创力尚未充分开发的现实，也要看到在有的领域，我国实际和其他国家的产业发展都处于起步的同一阶段。也就是说规制调整的方向是立足产业发展的现实阶段，又要能够给予未来发展一个具有"弹性"的调整空间。立足产业特征分配权利义务意味着立足视听产品的链状生产和"中介化"使用的个性特征，分析其中复杂的权利主体及其关系，达成权利义务的相对平衡；接轨国际规制意味着对于基于国际公约的义务其他国家对于我国相关法律提出的要求，坚持"兼听则明、偏听则暗"，吸纳其中应该完成的成员义务，但也没有必要采纳与本国经济发展阶段不相适应的"统一标准"。

第二节　明确与细化：规制内容的改进路径

从第一章和第六章的梳理中可以看出，与互联网视听产业相关的版权规制内容构成是立体而丰富的。从基本法律，到法规、规章以及国际公约中的相关性规定共同构成了对视听产业版权规制的体系。本书第二章和第三章就主体、行为和责任分别探讨了中国视听版权纠纷中所呈现出的版权理论、法律规定与行业实践产生的新问题之间的冲突。解决这些冲突是一个规制调整的法律技术问题，但又不仅是个法律问题，还必须吸纳全球化版权制度调整中的理论资源，也要在尊重本国产业实践现实和惯例的基础上，创造性地开发新的制度空间，并以此向全球的规制调整贡献中国智慧。下面将在前面几章的基础上，继续从主体、客体、网络中介和免责等几个方面的规制内容提出具有针对性的改进路径。

一　"自始行使版权"主体的明确

互联网视听产业从链状生产到中介化传播，其涉及的主体构成较之其他内容产业更为复杂，视听类作品的创作者在网络技术的进步中对自身作品的控制力极大地减弱。更为重要的是，在作品的传播和深度开发中，创作者的经济话语日趋式弱。因此，在本书第二章关于主体的研究中提出了创作者的边缘化问题。同时，视听类作品的大部分作品，尤其是专业制作（PGC）的视听类作品中，创作作品的人不止一个，就算是非专业自制（UGC）的视听作品，近年来以 VLOG 等形态为代表，也出现了"半专业化"的团队制作趋向。这意味着如果没有对作品整体质量承担责任以及直接对投资者负责的人，视听作品的版权价值将无从实现。基于规制调整已经发生"产业中心"转向的判断，明确"自始行使版权"的权利主体是厘清主体关系的关键。作者经济权利的保证是作者话语权的基础，保证产业版权链条的价值和延伸，与保证作者个体利益实际上是一个硬币的两面，辩证统一于作品版权经济价值的最大化。

（一）创作组织者协调视听作品内部版权的统一

制片人"自始行使版权"身份是德国民法典的创造，这一创造调和了以美国为代表的"版权归雇主即制片人所有"过于保护投资者的做法和以法国为代表的"版权属于参与创作的每一个自然人"过于保护作者的做法。这也就是说，理论上承认各自作品的作者，但制片人以"自始行使版权"取得相当于原始版权人的主体地位。由于视听作品的子类型众多而且新的作品形态不断出现，制片人这一名称实际上并不能完全概括发起制作作品并承担相应责任的人①，比如视听类新闻节目的制作中，最后为节目负责的是新闻媒体；在社交媒体平台上以公众号等团体创作的作品，组织创作并最终负责的除了法人或者其他组织的情形，也有可能是拥有公众号的个人。因此，以"创作组织者"来指代该类主体更符合视听作品而不仅仅是电影作品的实际。

2020 年 11 月修订后公布的《著作权法》第 15 条规定："视听作品中的电影作品、电视剧作品的著作权由制作者享有，但编剧、导演、摄影、作词、作曲等作者享有署名权，并有权按照与制作者签订的合同获得报酬。视听作品中的剧本、音乐等可以单独使用的作品的作者有权单独行使其著作权。"明确对制片者享有著作财产权做出了重大改变，明确了主要作者的范围，规定只有在作者和制片者有相应约定、没有约定或约定不明的情况下，制片者才能成为"自始行使版权"的主体。

在《著作权法》第三次修订过程中，视听作品的规定曾引起视听作品创作者的激烈讨论。在 2014 年 7 月 2 日中国电影文学学会对送审稿的研讨会上，编剧呼吁将剧本继续列为文学作品，并认为是"制片人购买剧本许可适用的摄制权，聘用导演来组织众多艺术家参与制作"②。

---

① 张春艳：《视听作品著作权研究——以参与利益分配的主体为视角》，知识产权出版社，2015，第 74 页。

② 《编剧集体吐槽〈著作权法（修订草案送审稿）〉不如不改》，中国经济网，2017 年 12 月 30 日，www. ce. cn/culture/gd/201407/03/t20140703_3087132. shtml。

　　另一个值得注意之处是,《著作权法》(2020)对于视听作品的作者采用了开放的列举式,将创作特质比较明显,并在较多国家的法律中得到普遍承认的导演、编剧、专门为视听作品创作的音乐作品的作者以及"视"的部分主要创作者——摄影列为视听作品的作者,并用了一个"等"字,保证了列举的开放性,以容纳未来可能的具有独创性劳动的其他作者。实际上,编剧和音乐可以单独作为文字作品和音乐作品存在,并在不影响视听作品的前提可以单独行使其版权,但导演和摄影的独创性表达只能通过视听作品呈现。德国和日本认为电影作品是"不可分割"的合作作品,因此享有单独版权的作者不应该是电影作品的作者。

　　可以看出,视听作品的作者是一个特殊、复杂又具有争议的概念。正是由于以电影为代表的视听作品的主体的复杂性,三大版权国际公约都没有对此做出明确规定,但最早的《伯尔尼公约》中承认"电影作品版权所有人"是"文学和艺术作品的作者"的例外。[①] 从正在调整的法律来看,对于视听作品给予了极大的关注,直接包含"视听作品"关键词的条文多达5条,《著作权法》(2020)直接确定视听作品作者的做法更接近于大陆法系的"作者权法"倾向,但基于前文分析的产业中心的版权规制转向来说,这种倾向值得商榷。正如上一点所分析的,产业中心的转向与保证创作者权益并不矛盾,反而是辩证统一的,对于产业实践来说,确定"自始行使版权"的主体更为重要,既然作者之间基于合作的关系,无法独自决定视听产品的版权权利的相关问题,在确定作者的基础上,仍然采用赋予创作组织者"自始行使版权"的主体地位,才能更为方便地将全部精力投入到为作品的版权市场扩大、实现版权增值的过程中去。对于深度开发的视听产业版权链来说,下游产品在开发之初,才能及时就相关的版权利益进行约定。

　　按照目前的调整内容,创作组织者取得版权的规定比较混乱:依照签订的合同从编剧、导演和音乐作者处取得版权的继受版权人;或者因为没有签订合同或者合同不明的情况直接行使版权的版权人。其中的例外是新闻类的视听作品,《著作权法》(2020)第18条规定:"报社、期刊社、通

---

① Makeen F. Makeen, "Authorship/Ownership of Copyright Works under Egyptian Author's Right Law", *International Review of Intellectual Property and Competition Law*, 5 (2007), p. 573.

讯社、广播电台、电视台的工作人员创作的职务作品，作者享有署名权，著作权的其他权利由法人或非法人组织享有。"这实际上承认了作为创作组织者的新闻媒体"自始取得版权"的情形。

另外还存在一种"自始取得版权"的情形就是这种创作组织者成为法人作者的情形。《著作权法》（2020）认可"由法人或者其他组织主持或者投资，代表法人或者其他组织意志创作，以法人、其他组织或者其代表人名义发表，并由法人或者其他组织承担责任的作品"，其作者为法人。

从本书的第二章中可以看出，版权纠纷中的权利主体不但个体众多，而且为了更好的统一行使版权权利，制片人、媒体和平台往往还身兼数职，具有复杂的身份构成。因此，如果能够在创作组织者不具有作者身份的情形下，将版权权利赋予他们自己行使，对于视听作品的版权增值具有极大的便利。将于 2021 年 6 月 1 日施行的《著作权法》（2020）第 17 条规定了"视听作品中的电影作品、电视剧作品的著作权由制作者享有"，但这种"自始行使版权"的主体情形并没有覆盖到所有视听作品的创作情形。事实上，网剧、视听模板游戏甚至一些拥有巨大粉丝数量、自媒体创作的新的作品形式，也与这些"专业制作"的生产方式有着类似的创作主体结构，应该考虑将"自始行使版权的情形"扩大到所有视听作品。

（二）创作组织者保证二次获酬的实现

在链状开发的权利再分配中，"二次获酬权"使得作者能够获得来自产业链条各个环节的收益，从而保证原创者的利益在视听产业的营利格局中的最大化，这与版权制度的诉求是吻合的。从产业性质的角度来说，视听产业的驱动力来自创造力，保证原创者的利益也是促进产业健康发展的基础。但从版权意义来说，"二次获酬权"并不是具有独占性的版权权利，而是依附于版权作品的一项特殊权利。

在我国版权法律规制的调整中，"二次获酬权"在《著作权法》第三次修订草案第二稿首次出现，分别是第 17 条的"原作作者、编剧、导演、作词、作曲作者有权就他人使用视听作品获得合理报酬"和第 36 条的"主要表演者有权就他人使用该视听作品获得合理报酬。"在修订草案送审稿中，第 19 条修改为："著作权中的财产权和利益由制片者和作者约定。没有约定或者约定不明的，著作权中的财产权由制片者享有，但作者享有署名权和分享收益的权利。"以及第 37 条的"视听作品中的表演者根据第 34 条第（五）项和第（六）项规定的财产权及利益分享由制片者和主要表演者约定。如无约定或者约定不明的，前述权利由制片者享有，但主要表演者享有署名权和分享收益的权利。"在国家版权局对第二稿修订稿进行的说明中，也明确提到了作者对视听作品后续例用行为享有"二次获酬权"①。但在 2020 年 11 月颁布的《著作权法》中，直接与视听作品作者相关的"二次获酬权"相关内容被取消了，仅增加了第 16 条②有"二次获酬权"的内容。

"二次获酬权"不止字面的两次的意思，而是当作品被多次使用时，视听作者都能获得相应的利益。在产业链条式的开发中，视听作者多次获取报酬的可能性显然是比较大的，尤其是对于一些独创性程度高、具有市场价值的视听作品的作者而言。如前文所说，"二次获酬权"并非版权权利，即对他人使用版权作品的限制；恰恰相反，"二次获酬权"应该是基于版权作品的报酬请求权，这是建立在他人对作品使用的基础上才能实现的权利。就目前的立法现状来看，这项权利的内容尚缺少明确的规定，分享利益的范围、方式等并不明确，因此，这项权利的最终落实，实际上在于视听作品的作者与创作组织者之间的约定。有研究者认为支付报酬的不一定就是影视公司，也可能是其他使用方，但在互联网公开传播的视听作品实际上已经进入播放市场，作者本身是创作者，但并不是市场经营者，他们既没有经营资质也没有市场资源，更因为已经实现了"一次获酬"，没有对投资人负责的紧迫感。加之视听作品的综合性，视听作品的链条式开发中的版权转移的相关问题实际的承担者也只能是创作组织者。因此，视听作品的作者要实现二次甚至多次获酬，在很大程度上必须依靠创作组织者。

另外，从现行法律规制体系来看，以列举的方式明确了作者的范围，但未能将所有视听作品的创作参与者都囊括进去，承认其作为作者的法律主体地位。这种规定可能造成作品的创作者之间的利益不平衡。比如，音

---

① 《五类作者视听作品享有"二次获酬权"》，人民网，2012 年 7 月 7 日，http：//media.people.com.cn/n/2012/0707/c40606 - 18464616.html。

② 《著作权法》（2020）第 16 条规定："使用改编、翻译、注释、整理、汇编已有作品而产生的作品进行出版、演出和制作录音录像制品，应当取得该作品的著作权人和原作品的著作权人许可，并支付报酬。"

响、动作捕捉、服装、造型、美术、灯光等实际参与了视听创作的创作者的经济权益的保证也只能来自和创作组织者之间协商的协议。

再从视听产业的多元客体的现状来看。现行法律和立法趋势实际仍然没有脱离以电影作品作为对这类作品进行规定的特征。事实上，尽管电影作品也将在网络播放，但并不是今天互联网视听产业的主体内容产品，在2020年10月发布的《2020年中国网络视听发展研究报告》中，以短视频为代表的互联网原生视听作品使用率最高。① 与电影作品的投资巨大、分工明确、产业成熟的制片人制度不同的是，很多原生视听作品的生成实际处于一种更开放的组合状态。从国内首个短视频MCN机构商用音乐侵权案②和中国音乐著作权协会诉斗鱼公司音乐侵权案③中也可以看到这种并没有共同完成作品，独立作品在互联网流通中"组合"为新作品的产业现实。在这样的现实下，互联网视听产业中的版权作者如果要实现"二次获酬权"，其可行的路径依然是新作品的创作组织者与原作者之间的版权协议。

正如前文所言，在视听产业中，由于链状开发和技术升级减弱了创作者对作品的控制力。从版权制度的规定而言，他们拥有法律赋予的种种权利，但权利，尤其是经济权利的实现，实际依靠的不是作为版权作品，而是作为市场化产品的再生产和再流通，因此，对视听作品"自始行使权利"主体的确定，实际是平衡市场与作者、作者与作者之间的利益的着力点，从自始行使版权开始，创作组织者不仅是版权人，更是版权作品的市场经营者，明确其这一主体身份和权利的初始起点，才能最大程度实现版权价值和保证创作者在产业链条中的利益。

---

① 《触达用户超8亿，短视频如何"吸睛"又"吸金"》，新华网，2020年8月25日，http：//www. xinhuanet. com/fortune/2020 - 10/25/c_1126653694. htm。

② papitube旗下视频博主@ Bigger研究所在广告视频中未经授权使用了Lullatone于2011年发布的原创歌曲《Walking On the Sidewalk》，北京互联网法院于2019年9月一审判决papitube所属公司北京春雨听雷网络科技有限公司赔偿原告版权方VFine Music及音乐人Lullatone的经济损失及合理支出7000元。

③ 斗鱼直播平台网络主播冯某某在线直播过程中，播放歌曲《恋人心》（以下简称涉案歌曲），时长约1分10秒（歌曲全部时长为3分28秒）。直播结束后，视频被保存在斗鱼平台，观众可随时登录该平台随时随地进行播放观看和分享。中国音乐著作权协会认为，歌曲《恋人心》的词曲作者张超与音著协签订有《音乐著作权合同》，斗鱼公司侵害了其对歌曲享有的信息网络传播权，起诉要求斗鱼公司赔偿涉案歌曲著作权使用费及合理开支共计4万余元。2018年12月北京互联网法院一审判决斗鱼公司赔偿中国音乐著作权协会经济损失2000元及因诉讼支出的合理费用3200元。该案一审判决现已生效。

二 二元独创性客体认定的细化

第二章中关于互联网视听产业版权纠纷的客体研究呈现了在司法实践中，对不同的视听产品在版权认定上的现状和争议。尽管《著作权法》（2020）使用了"视听作品"概念，但面对形态丰富、构成复杂且日新月异的视听产业，相对静态的法律规制与活跃的产业实践之间的矛盾主要体现在对新形态的视听产品是否属于版权作品的判断。更重要的是，视听技术和传播技术的门槛日益降低，视听产品从一种专业化的产品类型逐渐转型为以非专业制作的产品为主的类型。版权法律与之相对应的作品类型实际是在前者产品类型基础上形成的，因此，面对变化的产业现实，准确界定视听作品的内涵和保护作者利益可版权性标准是法律规制应当做出的必要调整。

（一）互联网语境下视听作品的法律再定义

就法律而言，用语必须准确而简洁，也因此留有太多阐释空间，但如果术语的阐释空间过大，就会引起争议。视听类产品要获得版权保护，必须首先成为作品。《著作权法》（2010）中"电影作品和以类似摄制电影的方法创作的作品"存在的阐释空间就较大，需要挤压。从这一概念的来源来说，尽管今天在大部分国家，它已经成为"电影作品"的上位概念，但它是从电影作品的概念演变而来的（在英国的版权法律中，戏剧作品是视听作品的上位概念）。早在1908年《伯尔尼公约》柏林文本就规定"在电影制作中，作者如果通过对表演方式编排或者所表现事件的组合付出了个人和原创性劳动，那么该电影制作应当作为文学或者艺术作品进行保护"。此后各个国家的版权法律对电影作品进行了略有差异的规定，但其中，"活动图像"是普遍认可的一种表述方式，起源于英语国家的电影的名称本来就是"Motion Picture"或者"Moving Picture"。我国《著作权法实施条例》（2002）规定："电影作品和以类似摄制电影的方法创作的作品，是指摄制在一定介质上，由一系列有伴音或者无伴音的画面组成，并且借助适当装置放映或者以其他方式传播的作品。"从第二部分争议的客体来看，"类似摄制电影的方法""介质"和"一系列画面"均存在扩大化阐释的可能。在《著作权法》修订草案送审稿中曾规定视听作品是"由一系列有伴音或者无伴音的连续画面组成，并且能够借助技术设备被感知的作品，包括电影、电视剧以及类似制作电影的方法创作的作品"，虽然没有直接规定"固定"的要素，但在送审稿第三条的开始部分已经规定"本法所称的作品，是指文学、艺术和科学领域内具有独创性并能以某种形式固定的智力成果"。对比这两个界定方式，改变的只有"摄制"和"制作"的表述发生了变化，也就是说电影和电视剧制作的方法仍然是能否成为视听作品的一个构成要件。但这一表述是模糊的。在正式颁布的《著作权法》（2020）中并未对"视听作品"的概念进行阐释，可望在《著作权法实施条例》的修订中有更为接近产业生产特征变化的阐释。

从第二章客体相关的数据中可以看出，大量引发争议的客体实际上与以电影、电视剧的摄制或者制作方法不符合。2020年6月之前的《著作权法》中的"摄制"排除了不以摄像机或者其他设备摄制的产品，包括只以计算机技术制作的作品。曾出现在修订草案中的表达以"制作"代替了"摄制"，但"类似制作电影的方式"是一个不甚清晰的表述。因为电影已经成为视听类作品中制作方式最为复杂的产品，特别是与数量庞大的互联网视听产品而言。电影至少要经过剧本、拍摄和后期制作三个阶段。但这是类似短视频、社会直播等互联网原生内容所无法达到的。尤其是就作品和剧本的关系来看，剧本作者一直以来都是电影作品和类电影作品的作者之一，甚至英国认为电影本就是剧本的衍生作品。我国《著作权法》（2020）也把"编剧"对于一些互联网视听产品尤其是非专业制作的内容产品来说，专业剧本甚至可以溯源的原作品一般是不具有的。2018年12月北京互联网法院审理的"短视频第一案"发布于抖音社交平台，虽然涉案短视频"5·12我想对你说"是社交平台制作较为精良的短视频作品，也有一定的制作，可能基于一定的设计，但没有剧本或者类似的脚本，短视频的制作一般是没有剧本的，这一特征在社会直播类视频中更为明显。

另外，"一系列连续画面"的说法也可能有不同的理解。世界知识产权组织1980年出版的《著作权与邻接权法律术语汇编》中将其定义为"一系列的相关图像"[①]；以美国为代表的版权法国家对"视听作品"与其

---

① 世界知识产权组织：《著作权与邻接权法律术语汇编》，刘波林译，北京大学出版社，2007，第16页。

下位概念"电影作品"关于"连续画面"的具有更宽泛的界定：视听作品是系列相连的图像构成的作品；电影则要求图像与声音连续播放并"产生一种动感"。有一些国家将这种"动感"的主观感受也加入到对视听作品的要求中。① 其他大部分国家的相关描述则以"连续画面"和"活动的图片"为主。2012 年缔结的《视听表演北京条约》中也强调视听录制品是"活动图像"。如果仅指电影作品，连续画面或者活动图像之间无疑是适应故事化叙事机制的逻辑关系的，但 2019 年 8 月 12 日北京互联网法院就延时摄影作品的版权侵权案的判决中，认为"将拍摄的一组照片或视频通过照片串联或是视频抽帧压缩在一个较短的时间内，以视频的方式播放"的延时摄影作品属于类电作品。司法实践对"连续画面"的解释也延及了基于主题简单排列起来的类似于幻灯片的画面组成的视频。在这一案例中，构成连续画面的是静态的照片，照片之间的连接不是故事化的叙事机制，而在于对主题构成说明的简单组合。这一认定对于互联网视听作品是有利的，但也对"类似制作电影的创作方法"的适当性提出了新的疑问：因为电影的连续画面的组合不仅在逻辑连接上更为紧密，而且叙事机制更为复杂；更重要的是，电影画面的连续性和活动性还来自画面中的活动影像，不管这种影像来自表演还是电脑制作。

因此，从视听作品占比最大的互联网视听作品的角度来说，既然在法律修订中已经以"视听作品"代替了"电影作品和以类似摄制电影的方法创作的作品"这一类别，那么对这类作品的外延以"包括电影、电视剧以及类似制作电影的方法创作的作品"进行描述就显得不甚恰当。

（二）作品外延扩大后独创性标准的差异化衡量

法律规定和司法实践对"连续画面"的阐释已经不限于电影和电视类的作品的画面特征，对类电作品的外延做出了扩大化的判断。也正因为如此，视听作品的独创性内涵也相应"稀释"了，也就是其标准就电影电视作品来说，实际上是降低了这类作品独创性的标准。首先要说明的是，不同的作品类别基于表达的不同，对其独创性的描述是不尽相同的，比如美术作品的独创性是基于线条、色彩等的组合等体现的创造力，文字作品的

---

① 比如巴西《著作权法》第 5 条中规定视听作品必须给人们一种"活动的印象"。

独创性是来自叙事结构、语言风格等的表达体现出的作者个性。因此，不同作品的独创性来源是不同的，只有针对具体的作品类别讨论独创性内涵，才具有实际意义。

本书客体研究部分提及了独创性的哲学来源，财产权劳动学理论和激励理论对于作品这一智力成果的"回报"来自创造性劳动；人格理论更是强调了劳动的个性特征，尽管在这一理论中，这些"不同"来自人格这一说法在人工智能的语境或许遭遇了挑战，但不得不承认，独创性作为作品的可版权性要件，仍然是版权制度的基础，因为版权制度并不奖励人的劳动，而是奖励这些劳动对文学、科学和艺术领域的产生的推动力量。因为外延扩大"稀释"的视听作品的独创性的标准显然是降低了，但同时也加大了不同作品之间的独创性程度差距。在上一点中本书说明了三种独创性高度的描述，实际上，在一些国家的司法实践中，对独创性程度不同的作品采取了不同的保护。比如美国衡量版权作品性质时常常采取等级保护理论，该理论认为对不同性质的作品的保护等级也不同，对有原创性，创造力高的作品的保护应当大于对于衍生性、纪实性作品的保护。[①] 这种理论对同时包含了个性化创作和"文化工业线"创作方式的互联网视听产业是适用的。

上文中视听作品外延的扩大主要表现在两个方面：一是记录性而非创作性作品，二是基于静态性作品非动态性作品的再创作作品。就视听作品的定义来说，"连续画面"的表达使得它的独创性主要来自画面之间的组合以及画面与可能有的伴音之间的组合。对于电影、电视剧、网络剧以及一些广告作品来说，连续画面的组合不仅来自基于剪辑技术的表层组合，还来自基于剧本拍摄形成的深层逻辑。从叙事符号学的角度来说，叙事的结构可以有表层结构和深层结构两个层次[②]，这一视角同样可以引入对视听作品独创性的判断上来。事实上，有学者曾将作品的独创性分为三个层次：高度独创性、一般独创性、细微独创性或无独创性[③]，不过，他们没

[①] Campbell v. Acuff – Rose Music, Inc. 510 U. S. 569（1994）.

[②] 法国结构主义语言学家及符号学家 A. J. 格雷马斯将文本分为浅层结构和深层结构。前者主要指文本的叙事语法，展示叙事的推进过程；后者则涉及文本的主题结构。引自申丹《叙事学》，《外国文学》2003 年第 3 期。

[③] Gideon Parchomovsky, Alex Stein, "Originality", *Virginia Law Review*, 2009,（95）：1505 – 1550.

有指出划分的具体标准。有研究者则在此基础上进一步阐释表层为作品的外观，也就是符号形式层次。中层和深层都是符号信息层次。中层为作品的框架，包括作品的情节、结构、形象等要素；深层为作品的灵魂，包括思想观点、意蕴等要素。作品中的增量要素随之也可以分为三种：表层增量要素、中层增量要素和深层增量要素，在此基础上形成了表层独创性、中层独创性和深层独创性，它们对于作品的可版权性具有不同的意义。[①]对于无剧本或脚本的视听产品，如赛事直播、短视频、新闻节目和节目模板，其画面组合则主要是基于线性叙事，不是对剧本的画面再现。虽然新闻节目的画面构成有可能基于文字稿件、节目模板基于文字策划（Format Bible），但这些文字很容易排除在剧本之外，因为剧本也是一种独立的、易于辨认的作品类型。也就是说，视听作品的独创性来源不仅仅是直接诉诸视觉和听觉的画面之间的组合，还来自画面组合最终体现出的基于主题形成的不同逻辑进路的叙事及其风格。之所以说电影作品实际上已经不是视听作品中的代表性作品，而是视听作品中独创性程度高的作品，恰恰就是因为互联网视听类作品的大量出现，且其并没有实际按照电影或电视剧作品的创作方式进行创作，也没有专业化的剧本为画面之间的组合提供深层的逻辑组合。

2018 年 12 月，北京互联网法院挂牌成立后受理的第一起案件"抖音短视频诉伙拍小视频"一审宣判，这是我国首次认定短视频属于《著作权法》保护的作品。[②]同年杭州市中级人民法院就"恺英、盛和诉苏州仙峰侵害《蓝月传奇》著作权纠纷案"对角色扮演类游戏中的独创性情节做出了可类推适用类电作品的法律规制保护的一审判决。[③]2019 年，北京海淀法院就"知乎回答文字被改编成短视频案"[④]进行了判决，拍摄方被判罚赔偿 6 万元。从我国的司法实践来看，现行法律中的"类电作品"的外延已经容纳了大量的原生网络作品，这些非专业制作者的创作，也逐渐"稀

---

① 王坤：《论作品的独创性——以对作品概念的科学建构为分析起点》，《知识产权》2014 年第 4 期。

② 陶凤、彭慧：《北京互联网法院第一案：短视频首次受保护》，人民网，2018 年 12 月 27 日，http：//media. people. com. cn/n1/2018/1227/c40606 - 30489876. html。

③ 杭州市中级人民法院（2018）浙 01 民初 3728 号民事判决书。

④ 《"知乎回答"文字被改编成短视频　法院判侵权拍摄方赔偿 6 万》，《北京晚报》2019 年 7 月 3 日，https：//www. takefoto. cn/viewnews -1831333. html。

释"了这类作品的独创性内涵。

因此，从产业实践和司法实践的角度来看，视听类作品的可版权性要件独创性已经逐渐发展成了二元格局，也就是高独创性的作品来自视听元素的多元性，更重要的是，来自剧本作品提供的更深层次的画面组合和逻辑结构。相对而言，其他视听元素相对简单，无剧本的画面组合则具有较低的独创性。需要说明的是，独创性的高低与实际产生或者可能产生的市场价值有关系，但并非一定是正比关系。独创性高低的判断的功能只是在于解决许多"溢出"版权法律的客体的问题。也就是说，尽可能将符合视听产品的类型纳入版权意义的作品范畴。这对于作者个人的权利没有影响，因为一旦产生侵权纠纷，损害赔偿主要是以实际的损害为范围，这并不以独创性高低来衡量，而是以损害的经济价值来计算。因此，二元独创性判断标准的细化是规制调整的内容之一。

独创性是版权作品的必要条件，也是其成为作品，受到版权法律制度保护的基本原因。但在规制内容和司法实践中，对独创性的认定又是一个伴随争议的过程。以视听作品为代表的互联网内容产业强大的"变现"能力"倒逼"着法律规制要在保护个性化创作和产业化创作之间找到对独创性边界的适当认定，以使更多实际已经产生了巨大经济价值的作品能够成为版权法律规制保护的客体。因此，现行法律规制和立法修订中关于视听作品的定义尚需考虑互联网视听产业的实际情形做出调整，对独创性的标准也需要在二元格局的基础上进行规范性的细化。

三　素材原则和关注获利对合理使用抗辩的排除

根据本书第一章，在现阶段，以"抄袭"为由提起的侵权诉讼数量增长很快。正如第四章分析的那样，技术的升级使得制作和传播的便利，可能导致责任边界的模糊化。在第三章对免责情形讨论中也可以看出，在侵权诉讼中，合理使用已经成为一个常见的免责抗辩理由。合理使用设立的初衷之一是满足公众小范围的使用。但事实上，在互联网环境下，私人使用也可能在网络中得以放大，同时由于互联网内容的"视听化转向"带来的内容需求量的激增，在视听作品使用中的"再创作"作品是否适用"为介绍、评论某一作品或者说明某一问题，在作品中适当引用他人已经发表的作品"这一合理使用情形引发的争议最为突出。

（一）现有排除标准的模糊性

无可否认创新总是在前人作品基础上的再创造，版权作品也总是难以避免对已存作品的借鉴。但目前在互联网内容产业中，"洗稿式创作"引发了广泛的争议。这一引用他人作品拼接创作的方式之所以被创作者所诟病，主要在于其素材几乎全部来自其他作品，甚至拼接的方式也可能与先作品相似。表现在视听作品中，引发争议的主要是混剪音频或者视频作品。但是，与创作者对此类创作行为同声谴责形成对比的是，法律实务界一直试图寻找对这类作品的认定之道，并对此持相对乐观的态度。在第五章中，在类似的案例中美国法官创造出"转换性使用"即变形使用的判断标准，如果富有创造性地使用了原作的材料，但是以不同的形式或者出于与原作不同的目的，则可能被认为是转换性使用，这可以视作是法官智慧对于合理使用的具体阐释。

关于是否属于合理使用的判断方法主要有"三步检验法"和"四因素法"。前者来自《伯尔尼公约》的第9条第2款"本联盟成员国法律有权允许在某些特殊情况下复制上述作品，只要这种复制不致损害作品的正常使用也不致无故危害作者的合法利益"，从该条款可以引申出三个步骤"在特殊情况下""不损害作品的正常使用""不致无辜危害作者的合法权益"。《伯尔尼公约》要求各缔约国在接受上述条款后根据本国的实际情况将"三步检验法"纳入各国著作权法予以考量。后者则来自美国版权法，从四个方面进行检验：首先是该使用的性质和目的，是商业使用还是非营利的目的；其次是受版权保护作品的性质；再次是使用部分占版权作品全部内容的比重；最后是该使用对版权作品市场价值是否有影响。这种判断方法摒弃了对"特殊情况"这种开放性规定的约束，转而运用操作性更强的利用比例、商业性和商业价值贬损等因素去具体衡量。

《著作权法》（2020）第24条明确"在下列情况下使用作品，可以不经著作权人许可，不向其支付报酬，但应当指明作者姓名或者名称、作品名称，并且不得影响该作品的正常使用，也不得不合理地损害著作权人的合法权益。"此处的表达与《著作权法实施条例》（2002）第21条的规定基本相同，是《伯尔尼公约》中"三步检测法"的国内法化。在司法实践则对"四因素法"也有所采纳,如 2014 年 4 月 21 日最高人民法院公布的"2013 年中国法院十大创新性知识产权案件"中存在一起对是否属于合理使用行为的判断案件即《盐酸情人》信息网络传播权纠纷案件,北京市高级人民法院审理认为"判断是否构成合理使用,一般应当考虑使用作品的目的和性质、受著作权保护的作品性质、所使用部分的质量及其在整个作品中的比例和使用行为对作品现实和潜在市场及价值的影响等因素"①。

《著作权法》中有关"合理使用"的界定仍然比较模糊,操作性不强。上述司法实践是主要针对文字作品的案例进行的创新,视听作品本身具有的剪辑特性以及互联网传播的"分享"特性使得合理使用情形显得尤为复杂。

第一,"影响作品的正常使用和不合理损害著作权人合法权益""对作品现实和潜在市场及价值的影响等因素"的原则在视听作品使用中有时难以衡量。比如在有关混剪视频的争议中,混剪者常常辩称自己剪辑的视频实际对原作品起到了宣传的作品。以"谷阿莫案"为代表的介绍性视频中,谷阿莫的解说混剪素材全部来源于原版权作品,表达内容为原版权作品的浓缩,如果并不存在贬损性内容,客观上是促进了原作品的传播还是影响了作品的正常使用,实际上难以量化。还有一类混剪视频则在同一主题下集合了数个其他作品的片段,与原作品几乎不会形成同一市场的竞争关系,也难以说明其影响了原作品的使用和损害了版权人的权益。即便是"戏仿"类的作品可能对原作品的内容和主题有不同的理解,但只要没有达到歪曲的程度,也不妨碍这类作品在大多数国家被承认为新的版权作品。

第二,从使用部分的质和量来看,也难以判断,因为以混剪等手法再创作的音视频使用的原作品比例并不高。"谷阿莫案"中,谷阿莫的解说视频剪辑的电影镜头不足正片的 1%;2019 年 8 月 6 日,北京互联网法院审结的"《三生三世十里桃花》电视剧图片集"一案中,该电视剧的第一集网络版共有 45 分钟,2700 秒,根据现有技术电视剧标准为每秒 24~25 帧,即该电视剧可以清晰截取超过 6 万 4 千幅图片,而被告图片集播放时

---

① 《最高法公布十大创新性知识产权案例》,人民网,2014 年 4 月 21 日,http://legal.people.com.cn/n/2014/0421/c42510 - 24923365.html。

长仅为几秒钟，由此可见被告图片集占用原告作品的比例低于千分之一。尽管在判罚中，法院也认为这样使用侵害了版权人的权利，并不适用于"合理使用"。但这一判罚之所以引起较大的争议，原因就在于对于使用一个有版权的作品，没有一个绝对的标准来限定能够复制、引用多少原作品还能构成合理使用。这一标准在以多部作品素材为基础及进行的再剪辑作品中更难以衡量，因为再剪辑的作品对每一部之前的作品都只截取了数量微小的素材数量，是主要以"叠加"的手法形成了新的音视频。

因此，在现有判断标准的基础上，应该将标准进行更为细致的可量化操作，或者可以将现有的标准作为一个适合所有版权作品的共性标准，具体到视听作品本身来说，其判断的标准还需要针对作品的具体特征进行补充。在现有法律的框架下，对于互联网视听作品的合理使用可以加入两个排除原则，其一是与视听表达特性相关的素材比例和性质原则；其二是与互联网传播相关的关注获利原则。

（二）素材原则和关注获利的合理性

版权保护的是独创性的表达，这一表述在实践中常被解读为版权保护的形式而非内容。事实上，对于文学艺术作品来说，形式和内容是有机结合，难以截然分开的。从立法的角度来看，各个国家的版权法律都没有明文规定不保护内容，"倒是有一些国家的版权法指出：如果作品包含某些不应有的内容，则不受包含。由此可以从反面推出这样的结论：该法则确定是否将某作品列为受保护客体时，将估计该作品的内容。"① 作为内容原始来源的视听素材，在获取的过程中不仅包含了创作者的选择和判断，更是由于摄录作为记录方式的特征，使得视听作品的素材从一开始就可能包含以角度、构图、光线以及作者的参与程度等具有一定的独创性。这里的素材原则由新作品中排除他人素材之后的素材比例和独家素材两个标准组成，关注获利则是将因为侵权获得的流量和粉丝也纳入判断的标准，因为这在互联网语境视听产业中是获取利润的商业模式的重要一环。

第一，素材比例原则以新作品素材比例而非新旧作品比较的比例作为判断标准，也就是"再创作"的作品中来源于已发表作品的素材比例占新

---

① 郑成思：《版权法》（上），中国人民大学出版社，2009，第49页。

作品中素材比例。素材标准常常不被考虑主要有两点原因：其一就是版权法律保护的不是思想而是思想的表达，只要表达方式不同就可以视为新作品的理念使得无论作品素材来源如何，其表达与原作品表达不同且未侵害原作品的权利即可以成为新作品。在这种理念下，取材多元素的混剪视频的创作者们使用这些来源不同的素材是要表达其自身的观点，且这种观点与任何一个原素材来源的作品均不相同。其二就是正如本书第四章所说，制作技术和传播技术的普及化使得制作和传播音视频作品不再仅仅是可能由专业制作者完成，同时视听作品本身的剪辑特性使得这种拼接组合成为常态。新的音视频剪辑的每一个素材元素可能只是原作品中占比非常小的一段，是否能够构成核心内容也因不同作品而异，但从公平角度出发，互联网视频的选取对象哪怕是几秒钟的素材片段，原作品为了形成该素材片段均投放了一定的人力和财力。

第二，素材性质原则以使用独家内容的表达而非实质性内容使用作为判断标准。视听素材的获取在一些视听作品的创作中比如何呈现这些素材更为重要，并且有视听素材的转瞬即逝的特性也决定了摄录中的独家素材具有唯一性，并且在拍摄中的记录已经带有角度、景别等创作者的选择。因此，独家性素材的表达构成独创性的可能性更大。1985 年美国联邦最高法院对 "Harper & Row Publishers, Inc v. Nation Enterprises 案"[1] 进行了宣判，虽然被告出版公司仅引用了原告即将出版的对美国前总统福特的回忆录中的 300~400 字，所占原版作品比例非常低，但是由于引用的内容是有关福特处理关于对前总统尼克松罪行的豁免情况，该内容是原版作品的精华所在，美国法院认为该引用因为涉及了原版作品的实质性内容，

---

[1] 1979 年 3 月，《国家》（*Nation*）周刊从匿名渠道获得了尚未发表的《愈合的时代：杰拉德·R. 福特自传》（*A Time to Heal: The Autobiography, of Gerald R. Ford*）的原稿。《国家》周刊的一位编辑直接利用该被窃取的原稿制作了一篇短文，题为《福特回忆录——赦免尼克松的背后》（*The Ford Memoirs – Behind the Nixon Pardon*）。《国家》周刊抢先发表了该篇短文。此前，《时代》周刊已同意从版权所有人——哈泼 & 罗出版股份公司（Harper & Row, Publishers, Inc.）和读者文摘联合股份公司（Reader's Digest Association, Inc.）——那里买下在先出版尚未发表的《福特回忆录》的片段的专属权。由于《国家》周刊的文章已抢先发表，故《时代》周刊解除了与版权所有人签署的协议。上诉人对《国家》周刊提起了版权诉讼并且胜诉。引自孙新强、王剑锋《美国联邦最高法院对 Harper & Row 出版股份公司等诉 . Nation 企业等侵犯版权案的判决》，《科技与法律》2005 年第 4 期。

因此不能适用合理使用条款。版权法保护表达而非思想的观点原本是要排除属于公共性的思想，以保证创作通道的不被垄断。在司法实践中，"思想表达二分法"是一个重要的判断方法，但一直存在争议，其原因就在于思想和表达无法完全分开。再结合上文中对独创性程度的差异性的讨论，对独家性素材的使用应该得到更高程度的保护，这种独家素材的获得和记录通常需要更多的投入，应该视为原创性来源，成为原作品中的实质性构成，以此成为"再创作"合理使用抗辩事由的排除原则。

第三，以关注获利而非对使用作品的目的和性质标准。在我国司法实践中承认的使用作品的目的和性质通常基于是否是商业目的来区分，也就是说从举证责任来说，版权人需要证明在原作品基础上的再创作是否出于商业目的，或者处于商业流通之中以及使用者是否因此而营利。但事实上这是比较困难的，因为在"流量经济"的语境下，除了"打赏"和直接销售相关物品之外，网络主体获得的经济利益不一定直接与某一作品的使用直接联系。在网络传播的语境下，视听制作者和传播者的身份常常集于一身，这和传统媒体语境下的创作者和传播者区别是根本不同的。由于视听制作者本身就是传播者，如果能建立有效的粉丝群体，就能产生经济收益。这有点类似传统媒体产业的二次销售：第一次销售是将传播内容贩卖给受众，第二次销售是将受众贩卖给广告商。因此，流量和粉丝数量已经成为重要的营利手段。网名"Papi 酱"的博主通过自行创作的搞笑短视频，吸引了大量粉丝，首批融资 1200 万元，市场估值超过 3 个亿。前文中"X 分钟带你看完电影"系列的原创作者谷阿莫微博享有 1121 万粉丝，微博分享的电影短视频每集点击人数均超过 100 万；同时，他还将其视频上传至 YouTube 等网络平台，借助点击率创造分红利润。互联网视听作品的中介式传播的方式实际上有可能模糊商业机构和公益机构的边界，并且不是直接以商业目的建立的内容发布机制，也可能因为某一"爆款"带来流量，并吸引广告投放。也就是说，作品带来的流量本身就和经济收益相关，或许和使用目的没有关联。因此，素材原则可以判断"再创作"作品与原作品的关系，流量则可以作为实际获利的参考来判断使用者是否因此而获得收益。

素材原则和关注获利并非是要建立新的对合理使用原则的考量标准，

而是针对视听作品的网络传播以及互联网视听产业的盈利模式对现有标准的细化。素材原则修正了现有判断规则中的使用数量和质量，但数量标准是与原作品相比较而言，在"洗稿式""混剪式"的"再创作"纠纷一再发生的背景下，已经很难作为排除规则，对这种明显有损市场公平的行为无法起到有效的遏制作用。独家素材作为对质量标准的补充，对于时效性已经成为视听作品的普遍营利特性来说，也是符合时宜的。流量和粉丝数量与制作者的商业价值直接相关，互联网的各种显性和隐形的营利，实际都和商业价值的高低息息相关，因此，在发生侵权纠纷时，将获得的关注作为是否具有商业用途和是否有营利目的这一判断原则的补充，对互联网视听产业是有现实意义的。

四　网络服务主体的义务与对等权利的明确

前文已经提到，互联网视听作品的使用是一种"中介化"的使用，使用者通常无法通过占有作品的物质载体进行使用，必须通过网络服务的平台才能观看、下载等。因此在发生侵权纠纷时，网络服务主体可能因为其作为或不作为，承担相应的责任。本书第三章中分析了这种尽管没有实施侵权行为，却可能承担间接侵权责任的情形在互联网视听产业的版权纠纷中已经成为一种并不少见的现象，并且在第五章也可以看到，在其他国家和地区的版权制度的调整中，网络服务主体的注意义务普遍被加强了。权利与义务的对等是法律的基本，在民事法律中，这更关乎准确衡量义务边界的基本问题。

（一）　准确界定网络服务主体的范围

在我国现行版权规制体系中，网络服务主体在通常被称为"网络服务提供者"，实际上主要包括以储存、搜索和链接技术为基础提供网络服务的主体。事实上，在包括视听产业在内的网络内容产业，其使用的中介化主要体现在垂直性、行业性的大型平台型企业的出现。表现在互联网视听产业就更为典型：根据中国网络视听节目服务协会发布的《2018 年中国网络视听发展研究报告（完整版）》，腾讯、爱奇艺和优酷作为提供视听产品的三大"头部平台",占据了89.6%的用户比例。① 其中,爱奇艺的订阅会员在 2019 年 6 月 22 日突破了一亿人。② 在我国现行法律制度中这类网络信息内容提供者 (ICP),即自己组织信息通过网络向公众传播的主体是否也属于网络服务提供者尚有争论。但在本书的案例统计中,成为视听版权诉讼主体的更多的是网络信息内容提供者而非网络服务提供者。对于包括互联网视听产业的内容产业来说,提供网络内容提供者必须基于互联网技术作为物质基础。

我国现行法律中,"网络服务提供者"最早出现在 2010 年实施的《侵权责任法》第 36 条:"网络用户利用网络服务实施侵权行为的,被侵权人有权通知'网络服务提供者'采取删除、屏蔽、断开链接等必要措施。"2013 年修订的《信息网络传播权保护条例》第 14 条规定了网络服务者的三种类型,即"提供信息存储空间或者提供搜索、链接服务的网络服务提供者"。《最高人民法院关于审理涉及计算机网络著作权纠纷案件适用法律若干问题的解释》第 5 条和第 6 条提出了"提供内容服务的网络服务提供者"的描述,在司法解释中出现过网络内容服务提供者属于网络服务提供者的倾向。但在其后的《最高人民法院关于审理侵害信息网络传播权民事纠纷案件适用法律若干问题的规定》中又重新使用了"网络服务提供者"这一名称。除了民事法律,《刑法》第 286 条之一"拒不履行网络安全管理义务罪"中也出现了"网络服务提供者"这一主体;2017 年实施的《网络安全法》中则提到了"网络产品和服务提供者""关键信息基础设施运营者""网络运营者"等,其中是将产品提供者和服务提供者并列的。

在现行法律中没有对"网络内容提供者"进行明确界定,有关间接侵权的司法实践往往也因为提供内容的前提是提供储存、搜索和链接等服务为由,将内容提供者也归为了网络服务提供者。在"北京搜狐新媒体信息技术有限公司诉上海全土豆网络科技有限公司侵害作品信息网络传播权纠纷案"中,一审和二审法院认为视频分享网站全土豆公司属于提供信息存储空间的网络服务提供者,具备作为侵权主体的资格。在该案中的被告全土豆公司全名是上海全土豆网络科技有限公司,是我国较早的视频分享网

---

① 《2018 中国网络视听发展研究报告发布(完整版)》,凤凰网,2018 年 11 月 29 日,http://ent.ifeng.com/a/20181129/43142743_0.shtml。

② 《爱奇艺会员数突破一亿,你是其中的一员吗?》,新浪财经,2019 年 6 月 27 日,http://finance.sina.com.cn/stock/relnews/us/2019-06-27/doc-ihytcitk8065513.shtml。

站土豆网的注册公司。根据其官网的介绍，该网站从 2005 年成立之初，是一个主要以网友上传来源为主的视频分享网站，其宣传语"每个人都是生活的导演"也契合了这一内容来源特征。2010 年该网站又将自己的定位从"视频内容平台供应商"调整为"平台提供商 + 内容出品方"，从该公司的自我业务定位来看，网络内容提供者显然更贴近这一定位。围绕内容提供储存、下载、上传以及一定的搜索功能是技术基础，也是接入技术。如果网友上传的视频来自别的视频网站，该网站也会提供转链接的服务。

事实上，从梳理的产业发展历程中可以看到，大部分音频和视频网站都经过了类似的发展道路，并最终沉积为目前活跃在市场的这些互联网视听平台。这些平台作为互联网视听产业的经济单元，实际上兼具了内容提供者和服务提供者的角色。这一平台兼具不同角色的趋势在早期以单纯的中介型技术服务的提供者那里也同样如此。比如以提供搜索服务为主的百度，已经成为包括云储存、视频内容提供的互联网平台企业。因此，在"全土豆"一案中，法院的判决是根据相关法律的规定，将视频网站认定为提供储存服务的网络服务提供者进行的判决，虽然多少反映了法律规制中对于"网络服务提供者"界定模糊的状况，但也顺应了目前互联网平台的这种角色融合的趋势。

网络服务者的间接版权侵权责任的首次法定化来自美国《数字千年版权法》（DMCA），是否参与内容制作以及是否对内容知情是该法案区分网络信息内容提供者和网络服务提供者的分界线：前者参与内容制作或对内容知情；后者则既不参与内容制作也不知情，只提供中介性服务。

我国曾在《著作权法》修订案草案送审稿第 73 条第 1 款中试图以"单纯技术服务"提供者区别于其他网络服务提供者，这类主体将"不承担与著作权或相关权有关的信息审查义务"。第 4 款则规定："网络服务提供者通过网络向公众提供他人作品、表演或者录音制品，不适用本条第 1 款规定。"就互联网视听产业来看，第 4 款的规定实际是指自己上传内容的网络服务者将承担审查义务。从这一表述中，网络服务提供者的行为实际上是"以无线或有线方式向公众提供作品，使公众可以在其个人选定的时间和地点获得作品"的行为，发生侵权时，应当承担的是直接侵权责任。对于互联网视听产业来说，草案的这种分类方式实际上令网络服务提供者的外延缺失了重要的部分：这种直接向公众提供视听作品或者制品的

网络中介大部分是具有大量版权资源的"头部网站",非自己上传内容的
P2P 网站和直播类网站在此规定中难以找到自己的位置。2020 年 11 月颁
布的《著作权法》中则没有直接关于"网络服务提供者"或"网络内容
提供者"的相关规定,在"平台经济"① 的趋势下,平台型互联网企业,
已经成为互联网经济运行的基本单元,这些企业大部分既是网络内容提供
者,也是网络服务提供者。因此,如果法律规制在未来能够对网络服务提
供者的外延范围进行明确的扩大解释,将内容提供者直接囊括进去,以是
否面向公共提供内容和技术服务作为标准,是一种更符合产业实际的
修正。

(二) 合理界定审查义务与对等的权利内容

在当下对网络服务提供者的不甚明确的规定以及一些新型视听产品作
为版权客体的不明确,目前更多的音视频网站提供的一部分内容是自制内
容或者已经确认版权转让协议的内容,在这种情形下,网站既是版权人也
是网络服务提供者,在发生侵权的情形下,网站应当以版权人而非以网络
服务提供者的身份承担侵权责任。在"斗鱼主播播放歌曲被诉侵权"一案
中,尽管斗鱼网站已经履行了"通知—删除"义务,但不能适用"避风港
原则"作为免责事由,正是因为网络主播与斗鱼公司签订了《斗鱼直播协
议》,约定主播在直播期间产生的所有成果的全部知识产权、所有权和相
关权益均由斗鱼公司所享有。②

在排除这种非"第三人"的情形之后,根据第三章的分析,作为第三
方平台的网络内容和服务提供者在版权侵权中可能承担的间接侵权责任的
情形主要有事前的引诱或者帮助的作为,或者没有尽到"合理注意义务"
及时履行"通知—删除"的不作为。从司法实践来看,对网络内容和服务

---

① 平台经济是一种基于数字技术,由数据驱动、平台支撑、网络协同的经济活动单元所构成
的新经济系统,是基于数字平台的各种经济关系的总称。引自赵昌文《高度重视平台经济
健康发展》,国家互联网信息办公室网站,2019 年 8 月 16 日,http://www.cac.gov.cn/
2019 - 08/16/c_1124875447.htm。在 2019 年 8 月发布的国务院办公厅《关于促进平台经
济规范健康发展的指导意见》(国办发〔2019〕38 号)中也认为:"互联网平台经济是生
产力新的组织方式。"

② 《音著协诉斗鱼直播平台案胜诉》,中华人民共和国国家版权局网站,2018 年 12 月 29 日,
http://www.ncac.gov.cn/chinacopyright/contents/4509/391044.html。

者的"合理注意义务"的要求有普遍提高的趋势，比如在"腾讯公司诉青声公司侵害信息网络传播权案"① 中，法院认为青声公司仅在通知后进行删除，而不采取其他制止侵权的必要措施的做法构成对"注意义务"的违反。甚至在有的案例中，已经显现出从"合理注意义务"到"事先注意义务"，甚至特殊"审查义务"转变的趋势，2007 年的"北京慈文公司诉广州数联公司侵害信息网络传播权纠纷案"② 是我国法院第一次对涉及 P2P 服务提供者版权侵权责任的判决，法院认为数联公司应当知道其用户希望获得的是投入市场不久的热门电影作品，该软件的效用、宣传用语及对网络用户对作品类型、时间的需求的结合，容易引发大量未经许可传播他人作品的行为发生。同时，法院认为数联公司比权利人"更有能力"控制和减少侵权行为的发生，应承担对用户传输内容的"事先注意义务"。在"爱奇艺诉凡科科技公司侵害信息网络传播权纠纷案"③ 中，法院认为被告没有对侵权用户占有大量存储空间的事实进行审查，没有尽到"合理的注意义务"，这实际上是认为对于反复侵权用户，网络内容和服务提供者应该负有特殊的"审查义务"。

2015 年最高人民法院发布的《关于充分发挥知识产权审判职能作用 推

---

① 原告诉称 2014 年 2 月经转授权获得了英皇娱乐（香港）有限公司授权的拥有合法录音制作者权之音乐制品在中国大陆的信息网络传播权，被告未经授权擅自通过其共同经营的手机客户端利用互联网传播原告享有独家信息网络传播权的上述专辑中的音乐制品共计 95 首。一审法院广东省深圳市南山区人民法院判决原告胜诉。引自企查查《腾讯科技（深圳）有限公司、深圳市腾讯计算机系统有限公司等与上海青声网络科技有限公司等侵害作品信息网络传播权纠纷一审民事判决书》，2019 年 1 月 4 日，https：//www.qichacha.com/wenshuDetail_com_b7d1fa590a9a3251f848172365566a73.html。

② 原告北京慈文公司称于 2005 年 11 月 14 日发现被告数联公司在其经营的网站向公众提供原告拥有著作权的电影《七剑》的在线播放及下载服务，原告认为被告的行为严重侵犯了原告权益并造成原告重大经济损失，因此起诉至广州市中级人民法院。该案的一审和二审均判决原告胜诉。引自《北京慈文影视制作有限公司诉广州数联软件技术有限公司信息网络传播权纠纷案》，天眼查，2006 年 8 月 14 日，https：//www.tianyancha.com/law-suit/8395a
1299c1111e788a5008cfaf8725a。

③ 原告爱奇艺公司诉称是电视剧《蜀山战纪》独家信息网络传播权所有人。被告未经授权在其运营网站上擅自播出该电视剧，侵害了自己的信息网络传播权。一审法院广东省广州市珠海区人民法院判决原告胜诉。引自《北京爱奇艺科技有限公司与广州凡科互联网科技股份有限公司侵害作品信息网络传播权纠纷一审民事判决书》，天眼查，2017 年 7 月 31 日，https：//www.tianyancha.com/lawsuit/bdb62860979111e788a5008cfaf8725a。

动社会主义文化大发展大繁荣和促进经济自主协调发展若干问题的意见》中在规定"不使网络服务提供者承担一般性的事先审查义务和较高的注意义务",同时又强调"又要适当地调动网络服务提供者主动防止侵权和与权利人合作防止侵权的积极性"[①]。从一些立法倾向来看,更有从"特殊审查义务"向"一般审查义务"转变的趋势。《互联网信息服务管理办法》第 15 条规定互联网信息服务提供者不得制作、复制、发布和传播的信息中第九种为"含有法律、行政法规禁止的其他内容"。国家广播电影电视总局的《互联网视听节目服务管理规定》第 15 条规定:"互联网视听节目服务单位应当遵守著作权法律、行政法规的规定,采取版权保护措施,保护著作权人的合法权益。"第 18 条规定:"互联网视听节目服务单位对含有违反本规定内容的视听节目,应当立即删除,并保存有关记录,履行报告义务,落实有关主管部分的管理要求。互联网视听节目服务单位主要出资者和经营者应对播出和上传的视听节目内容负责。"

换言之,我国司法实践中已经有了关于网络内容和服务提供者在特定情形下的"事前审查"的要求,版权法律规制及其调整更倾向于让一部分网络内容和服务提供者承担"普遍审查义务"。有学者认为网络服务提供者承担相应的义务的正当性可以基于功能主义路径或规范主义路径的逻辑。[②] 功能主义路径是基于网络服务提供者进行审查的便利,出于对违法行为制止和扩大的经济考量视角。规范主义路径则更偏向于义务与权利的平等,认为提供网络服务的性质、网络服务提供者对违法行为的影响和从中获得的经济利益是对网络服务者可承担义务的考量标准。

从版权法律的视角来看,功能主义的路径实际是将更多的公共职能加诸网络内容和服务提供者,但他们并没有明确的主体地位,以公权力去保证义务的完成。尤其在目前网络内容和服务提供者的"注意义务"已经提高至"事前注意"甚至"审查义务"的背景下,网络内容和服务提供者发现潜在的版权侵权风险之后能够采取的措施是有限的。一些国家反复讨论

---

① 最高人民法院《关于充分发挥知识产权审判职能作用　推动社会主义文化大发展大繁荣和促进经济自主协调发展若干问题的意见》,《人民法院报》2011 年 12 月 21 日,ht-tp://rmfyb.chinacourt.org/paper/html/2011 - 12/21/content_37879.htm。

② 谢尧雯:《论美国互联网平台责任规制模式》,《行政法学研究》2018 年第 3 期。

的"三振条款"(Three – Strikes Policy)① 在立法中遇到的困难也是由于网络内容和服务提供者没有做出"断网"决策的主体资格,必须由相应的行政机关或者经由诉讼决定。

规范主义的路径似乎更符合民事法律的权利义务对等的原则。综合上文中典型案例的判决,对网络内容和服务提供者的义务要求是因为其商业模式本身的侵权风险、在侵权中的帮助、引诱等行为或者获取的经济利益。实际上,这三种判断标准仍然是网络内容和服务主体在发生侵权时承担共同侵权或者间接侵权的依据,并非承担"事前审查义务"的相对权利。更何况,网络内容和服务提供者同时也是市场主体,将过重的"审查义务"加诸之上,对市场行为和竞争来说,也可能造成新的不平衡。从目前的技术发展程度来看,尚不存在百分之百准确的过滤技术,哪怕是采用Content ID 多年的 Youtube 都无法完全准确地过滤。② 更何况,如前文所言,视听制作和传播技术的便利使得视听作品还存在即使完整使用了作品,因其以其他表达提供转换性价值的可能性,这也对网络内容和服务提供者的事前审查带来了极大的困难。在"北京爱奇艺科技有限公司诉珠海多玩信息技术有限公司信息网络传播权纠纷"中,一审法院将涉案影视作品电视剧《盗墓笔记》的知名度也纳入了考虑的因素判决"多玩公司"败诉。二审法院推翻了一审判决,认为多玩公司的 YY 直播平台具有即时性和随意性,事前监管较难进行,难以对数量巨大用户群的所有用户进行全程实时监控。在视听产业的内容和服务提供者不断融合成为提供垂直内容产品的网络平台的背景下,规制的调整应该从平台提供服务的整体模式出发,通过衡量要求平台承担"审查义务"所施加的成本与避免侵权所带来的收益之间的大小,赋予避免侵权的义务以正当性。

将网络服务主体分为网络服务提供者(IAP)、网络内容提供者(ICP)和网络平台服务提供者(IPP)其实反映了伴随互联网内容产业的发展,网络服务主体的进化谱系:从面向公众提供接口的服务者首先以技术服务

---

① "三振条款"源自美国《刑法》中对重复犯罪者处以重刑的用语。在版权领域,这一条款源自 2008 年美国唱片产业协会提出的与网络服务提供者合作,对于严重、反复侵权用户以断网、停止服务的提议。

② 据谷歌 CEO 桑达尔·皮查伊(Sundar Pichai)近日在接受美国 CNN 采访的内容。引自《谷歌 CEO:不可能 100% 过滤掉 YouTube 中的不良内容》,金融界,2019 年 6 月 18 日,https://baijiahao.baibu.com/s? id = 1636645029693818560&wfr = spider&for = pc。

为主，到提供内容产品，再到当下的提供内容和服务两者的融合。这一趋势在我国版权法律规制中并没有得到及时的反映。现行规制体系和司法实践逐渐建立起来的间接侵权责任制度将版权侵权中的第三人责任归为"网络服务提供者"，但从司法实践中的具体案例来看，这种第三人责任的判罚对上述三种网络服务主体都有所涉及。此外，法律规制的调整显现出要求集网络服务和内容提供于一体的平台服务提供者承担更多"事前审查义务"的趋向，因此，应明确与当下产业现实符合的网络服务主体，并本着权利义务一致的基本准则，明确其相应的权利。

本章小结

　　本章就前面所讨论的互联网视听产业版权纠纷中的特征、产业原因和规制原因中呈现的问题做出了再分析，并从规制调整的角度提出了解决的方向和具体的解决路径。版权法律制度的现代转向是确立了以保护作者权利为中心的基本诉求。这一诉求在互联网语境下的实现遭遇了诸多挑战，要面对这些挑战，必须首先注意到创作者个人利益只有在产业的健康发展中才能实现，因此，"以产业为导向"是未来规制调整的重要方向。这一导向是基于中国互联网视听产业发展的实际，同时明确我国产业在全球产业中所处的阶段的实际。在此基础上，要具体解决前文讨论的主体问题，应从确立"自始行使版权"的主体开始，促进作品深层开发中的复杂法律关系的顺畅，以保证个体创作者利益的实现。"以产业为导向"也意味着面对视听作品外延扩大，独创性"稀释"的现实，需要细化二元标准的独创性判断，并在此基础上解决在版权纠纷中合理使用滥用的情形，补充以素材原则和关注获利的排除原则。在版权纠纷中，网络平台通常会因为较强的经济支付能力被列为被告，行政主管机关也会因为实现的便利性要求它们承担更多的公共职责，从版权法律的视角来看，也必须同时考虑其相应的权利内容是否与这一义务相一致，只有在这种情形下，其义务的实现才具有正当性和可持续性的保证。

结 语 JUNCTION

互联网视听产业的版权规制空间建构

视听产业已经成为整个网络内容产业中体量最大的产业群，视听产品已经在用户规模、使用频率等方面成为"互联网第一内容产品"。在产业规模不断增长的同时，其版权纠纷也成为我国文化产业知识产权问题的"重灾区"。从法律规制的角度看，现有版权法律与新媒体出现了某种程度的不兼容性。伴随着产业的全球化贸易，相关纠纷的数量越来越多，并出现了明显具有产业生产带来的新特征。更重要的是，这些纠纷不仅发生在国内，争议的双方还常常来自不同国家和地区。频发的版权纠纷甚至对中国的国家形象产生了影响。互联网视听产业产生了哪些新的版权问题？这些新问题产生的原因是什么？针对这些问题调整和完善法律规制的思路有哪些？这些是本书试图探讨的问题。

本书在纵向维度，从中国视听产业的发展脉络中去探寻各个阶段版权问题的特征，以典型案例勾勒现有版权法律规制面对的产业新问题；在横向维度，以全球性的版权制度调试为参考，在其中寻找适应中国产业现实的解决这些新问题的思路。从规制空间的视角来看，针对互联网内容产业有关的版权规制数量逐年递增，但也呈现出碎片化的特征，关注规制资源的统一性，建构协调统一的规制空间，有效配置版权资源，将是一个更为宏大的研究目标，本书也可以视作实现这一目标的阶段性研究。

本书由现象逻辑层、原因逻辑层和解决逻辑层三个层次构成。现象逻辑层由宏观描述层和微观描述层组成。前者主要是基于已经判决的诉讼纠纷作为核心案例，呈现版权纠纷在产业发展各阶段的特点；后者从纠纷主体、客体、行为和责任四个方面分别对核心案例进行了不同角度的描述和分析，重点并非关注这些案例的裁判结果，而是其中的产业实践与法律规制的矛盾互动。原因逻辑层则分别从互联网视听产业的"内因"分析产业特征与版权纠纷之间的可能关联以及从规制体系的"外因"方面分析版权规制体系的全球化调整中凸显的"不适"问题。在解决逻辑层中则借鉴了其他国家和地区的相关法律规制内容，再提出我国相关法律规制调整的思路和路径。

在全面梳理我国互联网视听产业发展各个阶段版权纠纷特点的基础上，本书以下面三个结构支点进行书写，每一个支点都全面贯通了前文所称的三层逻辑层。下面将围绕这些支点，对于本书的主要内容、重要观点和对策建议逐一简述。

一　主体研究的内容、观点和建议

在主体方面，本书研究的对象并非版权主体，而是纠纷主体。通过对主体的梳理，报告发现纠纷的主体构成十分复杂，既包括版权和邻接权人个体或者组织，也包括大量非权利主体，这些主体在产业链条式推进中逐渐发生交集和矛盾。同时，主体的身份杂糅，有的主体身兼版权人和邻接权人，有的主体既是权利人也是非权利人。更为重要的是，在这种复杂的情形下，可以看到作为版权作品起点的作者在产业链条中被"边缘化"的现状。作为现代版权制度中心的创作者，在产业生产中减弱了对作品的控制，在收益的分配上也无法拥有较大的话语权，这也可以视为版权制度与产业矛盾的集中体现之处。本书的前三章认为这一矛盾并不能通过加重作者的独占权利进行缓解，因为视听产业的跨屏传播、多平台传播已经带来了复杂的主体构成和主体关系。第四章从规制角度认为这种基于主体诉求的保护策略已经出现了不适。第五章则在研究了其他国家和地区的相关规制调整现状后发现，对于主体的规定呈现出开放性的思路：一方面是作者外延的扩大认定，另一方面作者内涵则趋向于以实际创作为唯一认定原则。因此，第六章提出未来相关规制的调整应该从方向上由作者视角的"个体中心"转向"产业中心"，基于这一视角，本书认为"自始行使版权"主体的明确有利于在产品生产、流通、营利的基础上，能对包括作者在内的版权人利益提供实际的保障。

二　客体研究的内容、观点和建议

在客体研究方面，本书基于核心案例库梳理了版权纠纷涉及的视听客体类型，发现除了在现行法律中明确规定的类电作品和音乐作品类型，围绕难以归类的客体发生的争议成为版权纠纷的重要特征。这些客体主要集中在短视频、节目模板、直播类视听产品，并且这部分版权纠纷呈现出递增的趋势，其中游戏和赛事直播的版权纠纷由于相关产品市场份额的增大，矛盾尤其突出，这些矛盾同时包含了视听产品由于技术智能化和内容多元化产生的普遍性争议。视听作品作为单独作品类型已被大部分国家的法律所采纳，也明确纳入了我国将于 2021 年 6 月 1 日施行的新《著作权法》中。但面对外延的不断扩大，并没有发生较大改变的内涵仍然无法准确描述基于互联网生产方式产生的视听新作品。此外，独创性作为界定的边界和侵权争议的判断标准，其准确性讨论显得尤为重要。在对产业链条的描述中也可以看到这种讨论不仅关联到单个作品，更可能引发与特定作品相关的上下游产业链的合法性基础。在第四章规制原因的探讨中，发现版权制度建构的技术基础和成文法律对于客体所采用的列举方式已经与当前生产语境不相适应。第五章在他国和地区经验的基础上认为，视听客体尽管受到广泛重视，但将外延大范围增大并不可取，固定方式可以成为客体标准的一种新的角度。因此，第六章中的相关对策提出对于客体的范围，要立足本国产业当下和未来的情况探讨适度的边界，提出独创性应该至少分为三个不同的层级进行判断，并创造性地提出独家素材及其表达应该作为衡量独创性的重要标准之一。

三 侵权行为和责任研究的内容、观点和建议

在侵权行为和责任研究方面，核心案例的分析显示在直接侵权行为中侵害经济权和邻接权的行为占大多数，但判决中的赔偿损失的金额偏低，甚至不足以覆盖侵权损害的全部。这也是间接侵权行为被逐渐引入版权制度的原因之一。在互联网传播平台的海量传播内容的侵权行为中，侵权责任的认定也出现了超越侵权行为人的趋势，这主要是在侵害后果产生的过程中，不同主体的卷入程度构成了与侵害后果的因果联系。研究也发现随着产业相关主体的增加，尽管间接侵权行为的主体也有扩大的趋势，互联网平台企业仍然是视听产业版权纠纷中最主要的间接侵权人，并且在现有的立法趋势下，服务平台和技术平台将承担越来越严格的侵权责任，这与

前文所呈现的多平台授权的判定困难、技术升级令创作的大数据技术特征突出、版权人对作品的控制减弱的因素直接相关。在普遍呼吁平台责任增加的语境下，本书提出平台承担的义务与其对应的权利和主体地位存在不平衡，因此，未来的规制调整应该明确网络服务主体的范围，并在此基础上为其将承担的审查性质的义务匹配对应的权利内容。

在免责情形的研究方面，分析数据显示合理使用是最为常见的抗辩事由。但在司法实践中，由于数据技术深层介入视听产品的生产，使得这一免责情形有被滥用的嫌疑。这固然与产业技术升级有关，更与市场竞争和规制体系本身的失衡相关。通过第五章的梳理可以看出其他国家和地区对合理使用的具体情形和判断标准在更加细化中追求公共利益和权利人利益的新的平衡。第六章认为需要将素材与原作品比例以及现有的对于是否获利的判断做出改进，由素材与新作品的比例和获得的关注利益作为对合理使用原则的对抗。

斯科特认为，规制资源呈碎片化分布的样态，在规制空间理论下，更要强调法律与政策过程的多元化，要关注规制空间内所有规制资源与主体，要更多利用规制空间中不同主体的相互依存关系来制定标准，实施监督与规制执法。[①]

以互联网视听产业来关注中国版权法律规制中的这些碎片，发现视听产业具有的媒介未来性使得这些相关联的规制"碎片"越加呈现出数量激增甚至打破固定法律规制由于不同渊源形成的效力等级。探讨这些"碎片"的来源和主体以及这些碎片之间的统一和协调的具体路径，将是一个尚未结束的研究之旅。

---

① 〔英〕科林·斯科特：《规制、治理与法律：前沿问题研究》，安永康译，清华大学出版社，2018，第 7 页。

参考文献

专著

〔英〕埃斯特尔·德克雷:《欧盟版权法之未来》,徐红菊译,知识产权出版社,2016。

陈传夫:《高新技术与知识产权法》,武汉大学出版社,2000。

陈明涛:《网络服务提供商版权责任研究》,知识产权出版社,2011。

陈鹏:《中国互联网视听行业发展报告(2018)》,社会科学文献出版社,2018。

陈笑春:《创意的边界:全球化语境下电视节目模板的内涵与知识产权》,四川大学出版社,2014。

丛立先:《网络版权问题研究》,武汉大学出版社,2007。

崔国斌:《著作权法原理与案例》,北京大学出版社,2014。

黄为群:《网络时代的影视版权保护与展望》,中国广播电视出版社,2010。

蒋凯:《中国音乐著作权管理与诉讼》,知识产权出版社,2008。

〔英〕科林·斯科特:《规制、治理与法律:前沿问题研究》,安永康译,清华大学出版社,2018。

〔法〕克洛德·科隆贝:《世界各国著作权和邻接权的基本原则——比较法研究》,高凌翰译,上海外语教育出版社,1995。

〔德〕M. 雷炳德:《著作权法》,张恩民译,法律出版社,2005。

〔法〕雷吉斯·德布雷:《普通媒介学教程》,陈卫星、王杨译,清华大学出版社,2014。

李明德:《美国知识产权法》(第二版),法律出版社,2014。

〔英〕罗伯特·鲍德温、马丁·凯夫、马丁·洛奇：《牛津规制手册》，宋华琳、李鸻、安永康、卢超译，上海三联书店，2017。

〔美〕丹尼尔·史普博：《管制与市场》，余晖等译，上海三联书店、上海人民出版社，1999。

〔美〕格里格雷·古德尔：《独立制片》，高福安译，中国传媒大学出版社，2005。

欧阳宏生：《电视综艺节目的版权客体界定及侵权界定》，北京大学出版社，2015。

施本植等：《国外经济规制改革的实践及经验》，上海财经大学出版社，2006。

十二国著作权法翻译组：《十二国著作权法》，清华大学出版社，2011。

〔奥〕斯蒂芬·茨威格：《人类的群星闪耀时：十四篇历史特写》（增订版），舒昌善译，生活·读书·新知三联书店，2017。

宋海燕：《中国版权新问题——网络侵权责任、Google 图书馆案、比赛转播权》，商务印书馆，2011。

王利民：《境外影视作品版权二元保护论》，法律出版社，2012。

王迁：《版权法对技术措施的保护与规制研究》，中国人民大学出版社，2018。

王迁：《网络环境中的著作权保护研究》，法律出版社，2011。

〔德〕西尔克·冯·莱文斯基：《国际版权法律与政策》，万勇译，知识产权出版社，2016。

熊琦：《数字音乐之道：网络时代音乐著作权许可模式研究》，北京大学出版社，2015。

徐剑：《中国网络版权侵权实证研究》，上海人民出版社，2017。

严波：《现场直播节目版权保护研究》，法律出版社，2016。

杨东锴、朱严政：《著作权集体管理》，北京师范大学出版社，2010。

张春艳：《视听作品著作权研究——以参与利益分配的主体为视角》，知识产权出版社，2015。

郑成思：《版权法》（上、下），中国人民大学出版社，2009。

郑文明、杨会永、刘新民：《广播影视版权保护问题研究》，法律出版社，2013。

〔日〕植草益：《微观规制经济学》，朱绍文、胡欣欣等译，中国发展出版社，1992。

〔澳大利亚〕Albert Moran and Justin Malbon, *Understanding the Global TV Format*, Bristol：Intellect Books，2006.

〔瑞士〕Gervais, Daniel J.，"Use of Copyright Content on the Internet：Considerations on Excludability and Collective Licensing," *In The Public Interest：The Future Of Canadian Copyright Law*，（Irwin Law，2005）Chapter 18，p. 545.

〔美〕Patterson, Lyman Ray，*Copyright in historical perspective*，Vanderbilt University Press，1968.

〔美〕Phlip Selznick，"Focusing Organizational Research on Regulation,"in Roger G. Noll，ed.，*Regulatoty Science and the Social Science*，University of California Press，1985.

〔英〕See Pascal Kamina，*Film Copyright in the European Union*，Cambridge University Press，2002.

〔美〕Zittrain, Jonathan，*The Future of the Internet – And How to Stop It*，Yale University Press，2009.

研究报告

国家版权局：《中国网络版权产业发展报告（2017）》。

国家版权局：《中国网络版权产业发展报告（2018）》。

国家版权局：《中华人民共和国著作权法实施条例（2002）》。

国家广播电视总局：《网络视听〈蓝皮书〉发布5G新技术将创造全新产业空间》。

国家新闻出版广电总局发展研究中心：《中国视听新媒体发展报告（2013）》。

恒大研究院：《短视频：后起之秀成新风口，差异化产品矩阵初成——视频行业系列报告》。

中国互联网络信息中心：《第45次中国互联网络发展状况统计报告》。

中国网络视听节目服务协会：《2015年中国网络视听发展研究报告》。

中国网络视听节目服务协会：《2019年中国网络视听发展研究报告》。

中国网络视听节目服务协会：《视听节目著作权司法保护实务综述及

大数据分析白皮书（2013—2017）》。

　　中国网络视听节目服务协会官网：《2018 年中国网络视听发展研究报告》。

　　中国信息通信研究院：《2017 年中国人工智能产业数据报告。

　　中华人民共和国国家新闻出版广电总局：《2017 年全国广播电视行业统计公报》。

　　中华人民共和国国家新闻出版广电总局：《互联网等信息网络传播视听节目管理办法》。

　　中华人民共和国国家新闻出版广电总局：《互联网视听节目服务管理规定》。

　　最高人民法院：《知识产权侵权司法大数据专题报告》。

　　Sandvine：《2018 年全球互联网现象报告》。

数据库

　　中国知网（CNKI）资源总库，https：//www. cnki. net。

　　读秀中文学术搜索，http：//edu. duxiu. com/。

　　万方数据知识服务平台，https：//c. wanfangdata. com. cn/periodical。

　　北大法宝，https：//www. pkulaw. com。

　　超星数字图书馆，http：//edu. sslibrary. com/。

　　中国经济社会发展统计数据库，http：//tongji. oversea. cnki. net/chn/navi/NaviDefault. aspx。

　　JSTOR 回溯资源数据库，https：//www. jstor. org。

　　Springer 全文期刊库，https：//link. springer. com。

　　台湾 airitilibrary 学术文献数据库，http：//www. airitilibrary. cn/。

　　ProQuest 欧美博硕士学位论文全文数据库，http：//www. pqdtcn. com。

后 记

  《网络视听版权规制论》一书以 2020 年 4 月结项的国家社科基金课题的结项报告为基础修改而成。这个课题 2014 年立项，当时互联网视听产业正进入快速发展阶段，网络视听类产品正全面替代电视节目，成为超越介质的视听新内容。这种超越介质的"流动性"特征使得网络视听内容不仅在"依附"不同的平台时因为传播形态的不同发生变化，也因为网络技术的更迭呈现出创作方式的无限可能。业态的美好景象和蓬勃发展同时在客观上也增加了不同主体之间的碰撞，使客体之间的边界变得模糊。正因如此，网络视听产业产生的诸多版权问题，使得这一领域成为互联网立法规制的重要对象。在版权制度的全球化调整中，对于互联网视听相关问题的规制，不仅成为各国面对的探索性话题，也是我国参与建构国际版权秩序、输出版权治理经验的重要部分。

  在当今世界的任何领域，变动都是牵一发而动全身，更何况在互联网空间，权利和义务的交织与重叠更是前所未有地频繁。任何法律规制的发展，既要遵循法律本身的科学性和技术性，更要在与社会的有效互动中，嵌入相关领域的社会生产和生活。通过纠纷这个"节点"，本书试图观察的是在"节点"上交集的权利义务、现行规制的"适"与"不适"，并尝试从产业实践和法律实践两个维度，探索未来的道路。在开展研究的五年中，课题组进行了调查、分析、梳理和总结。我们所做的工作是微小的，但也希望为我国的媒介版权研究领域贡献一份力量。

  在课题研究的过程中，从我的 2013 级硕士生到 2019 级博士生，他们大部分都参与到课题的前期调研或者后期写作的工作中。他们是蔡雨坤、王亚楠、王秀、温璐、张洁、毛磊、赵学敏、岳依桐、陈晓寒、颜雪伦、钱坤、陈阳、赵丹丹、文小成、王鑫雪、曹振华、王雪琳、宗昊、王昕、王军红。将要完稿时，恰逢《民法典》颁布和《著作权法》《刑法》等法律的修订，这给写作于 2019 年的原稿带来了诸多校对的困难，2020 级博士生唐瑞蔓、孙海龙，硕士生刘欢、聂颖颖、黄映月、王婷、段然、苏东梅都参与了校对工作。也正因如此，一些同学也逐渐对媒介版权领域产生了浓厚的兴趣，并找到了自己的论文方向。2011 级已经毕业的硕士、目前在吉林大学法学院攻读博士的李蔷，也在参与报告的写作中发表了有关"混剪视频"版权问题的论文。在研究中，师生共同阅读、调研、讨论，促进了学术积累，也培养了良好的师生情谊。

小儿汤圆出生于课题立项之年，今年已经进入小学。结项报告的很多文字，是在等候汤圆上兴趣班的时间写成的。在许多陪伴的时刻，当妈妈的我也是"身在曹营心在汉"，为此颇感自责。课题的"良好"结项、本书的顺利出版，暂时为这一段研究画上一个句号。以后，妈妈还要沿着这个方向继续走艰苦而有趣的学术道路；希望小汤圆你也能不断挑战自我、超越自我，在漫漫的学习路上看到不一样的风景。

陈笑春
2020 年立冬于重庆照母山

图书在版编目（CIP）数据

网络视听版权规制论 / 陈笑春著. -- 北京：社会
科学文献出版社，2021.11
ISBN 978 - 7 - 5201 - 8967 - 5

Ⅰ.①网… Ⅱ.①陈… Ⅲ.①互联网络 - 视听传播 -
版权 - 研究 - 中国 Ⅳ.①D923.414

中国版本图书馆 CIP 数据核字（2021）第 175738 号

网络视听版权规制论

著　　者 / 陈笑春

出 版 人 / 王利民
责任编辑 / 李　晨
文稿编辑 / 常春苗　刘同辉
责任印制 / 王京美

出　　版 / 社会科学文献出版社·政法传媒分社（010）59367156
　　　　　地址：北京市北三环中路甲 29 号院华龙大厦　邮编：100029
　　　　　网址：www. ssap. com. cn
发　　行 / 市场营销中心（010）59367081　59367083
印　　装 / 三河市尚艺印装有限公司

规　　格 / 开　本：787mm × 1092mm　1/16
　　　　　印　张：20.5　字　数：326 千字
版　　次 / 2021 年 11 月第 1 版　2021 年 11 月第 1 次印刷
书　　号 / ISBN 978 - 7 - 5201 - 8967 - 5
定　　价 / 79.00 元

本书如有印装质量问题，请与读者服务中心（010 - 59367028）联系